Pour commander les ouvrages Français Étude de la langue CM1-CM2

Bon de commande à photocopier et à retourner à : **Éditions Belin - BP 02 - 28410 Saint-Lubin-de-la-Haye**

Je commande	Code	Prix	Forfait spécimen	Quantité	Total
Français Étude de la langue CM1-CM2	004999	~~14,00 €~~	**12,00 €***		
Guide pédagogique	005100	12,00 €			
Participation aux frais de port et d'emballage	+ (France métropolitaine)		4,00 €		
	+ (DOM-TOM et étranger)		11,00 €		
			Montant total de la commande		

Adresse de l'établissement exclusivement

Nom : . . . . Prénom : . . . .

Nom de l'établissement : . . . .

Adresse complète de l'établissement : . . . .

. . . .

N° : . . . . rue : . . . .

Code postal (boîtes postales non desservies) : . . . .

Ville : . . . .

email : . . . .

☐ Je souhaite être informé(e) par mail des nouvelles parutions des Éditions Belin

Vous trouverez ci-joint mon règlement

☐ par chèque à l'ordre des Éditions Belin

☐ par carte bancaire Numéro

Date de validité Cryptogramme visuel

(3 derniers chiffres au verso de votre carte, sur le panneau signature)

Rendez-vous sur **www.editions-belin.com** → votre espace enseignant. Vous pourrez :

- consulter et feuilleter les nouveautés scolaires
- découvrir les manuels numérisés et les mini-sites dédiés aux collections
- faire des demandes de spécimens
- télécharger les compléments pédagogiques des ouvrages
- vous tenir au fait de l'actualité qui vous concerne (actualités, lettres d'informations)
- être informé des dates de parution des nouveautés
- commander vos ouvrages en ligne
- découvrir les nombreuses parutions des Éditions Belin

Document non contractuel

Offre valable jusqu'au 31/10/2009

*Offre limitée à 1 exemplaire par personne.

Français
Étude de la langue

CM1 CM2

Annick Mauffrey • Isdey Cohen

BELIN
8, rue Férou 75278 Paris cedex 06
www.editions-belin.com

Table des matières

ISBN 978-2-7011-4999-8

Les fonctions dans la phrase 93

Le verbe et sa conjugaison 135

Annexes 193

Avant-propos

Conforme aux Instructions et Programmes de 2008, le manuel ***Étude de la langue CM1-CM2*** permet à l'enseignant de construire sa démarche pédagogique à partir d'une structure claire et accessible à tous les élèves de Cours moyen.

Objectifs

- Fournir aux élèves des **connaissances** de base et des **démarches** propres à les aider :
  - dans la maîtrise de la **langue orale**, tant pour l'utilisation que la réception,
  - dans la compréhension des textes écrits, lors de la **lecture**,
  - dans la rédaction de textes variés, lors des activités de **production d'écrit**.
- Mettre en place les **automatismes orthographiques** par une attention constante portée à l'écrit, visant tant à l'amélioration de l'orthographe qu'à l'efficacité accrue de la prise d'indices lors de la lecture.
- Intéresser les enfants par une **étude active de la langue** captant leur curiosité.

Contenu

31 chapitres regroupés en **4 grandes parties**. Chaque partie se conclut par un tableau de synthèse permettant de **structurer les apprentissages**. Tous les chapitres sont construits sur le même modèle.

- **Une page de leçon**
  * **Un texte d'introduction.**
  * **J'observe** : **des questions** sur le texte, dont une au moins de vocabulaire.
  * **Je retiens** : **un résumé** facile à mémoriser qui conclut les observations.
- **5 pages d'exercices** progressifs
  * **Est-ce que je sais faire ?** : des exercices, conçus pour pouvoir être **pratiqués collectivement à l'oral**, qui permettent à l'enseignant(e) d'alterner découvertes, explications et entraînement.
  * **Je m'entraîne** : des exercices conçus pour être **pratiqués individuellement à l'écrit,** permettant d'aborder la notion dans tous ses aspects : **grammaire**, **vocabulaire** **et** **orthographe**. Une **dictée**, qui prend des formes variées (autodictée, dictée préparée...) conclut toujours la rubrique orthographe.
  * **J'apprends à rédiger** : des exercices appliquant la notion étudiée à la **lecture** et à l'**écriture**.

Tous les exercices sont annotés d'une ou deux étoiles, selon que l'exercice concerne davantage le CM1 ou le CM2, sauf pour le chapitre sur le conditionnel (réservé au CM2) où le nombre d'étoiles se réfère alors au seul degré de difficulté.

En fin de livre, de nombreux outils pédagogiques **sous forme de tableaux synthétiques, ainsi qu'un glossaire** grammatical, complètent les tableaux qui ponctuent chaque partie.

Ce manuel veut ainsi offrir aux enseignants des instruments variés pour conduire au mieux **l'étude de la langue au Cours moyen**, tout en les laissant entièrement libres de leur démarche pédagogique.

LES AUTEURS

La phrase

Voir tableau des signes de ponctuation, p. 208

1 Qu'est-ce qu'une phrase ?

Un match qui nous a marqués

Gaston Lagaffe remplaçait au pied levé notre gardien de but.

Troisième minute. Attaque du Sporting. Lagaffe a trop enfoncé sa casquette – empruntée à Guy Bollen, qui a une très grosse tête – et la balle entre dans le but, alors que Gaston essaie de dégager son nez.

1 - 0

Une pluie fine se met à tomber. À la septième minute, un tir direct entre dans le but vide. Lagaffe est parti chercher un parapluie qu'il avait aperçu dans un coin du vestiaire.

2 - 0

La pluie s'intensifie. À la douzième minute, un avant du Sporting dépasse la défense. Lagaffe, blotti sous son parapluie, n'a rien vu. Au moment où le tir part, il entend les cris de Prunelle, relève le parapluie et reçoit la balle dedans. L'arbitre, qui se trouve devant ce problème pour la première fois, juge l'arrêt irrégulier et accorde une pénalité…

Franquin, *Lagaffe mérite des baffes*, Dupuis.

J'observe

- Relève des phrases construites autour d'un verbe conjugué (phrases **verbales**).
- Relève des phrases construites autour d'un nom (phrases **nominales**).

Vocabulaire

- Que signifie l'expression « remplacer au pied levé » ?
- « La pluie s'intensifie » : trouve un synonyme au verbe *s'intensifier*.

Je retiens

- Une phrase est une suite de mots organisés selon des règles et présentant un sens.
- À l'écrit, la phrase commence le plus souvent par une majuscule et se termine par un point (: ; . ? !).
- La phrase verbale est construite autour d'un **verbe noyau**.

  *L'équipe adverse **remporte** la victoire.* *Comment **contrer** cette attaque ?*
- La phrase nominale est construite autour d'un **nom noyau**.

  ***Victoire** de l'équipe adverse.*

Est-ce que je sais faire ?

* CM1 **1 En utilisant ta connaissance du français, dis pour chaque énoncé si c'est une phrase ou non. Si l'énoncé n'est pas une phrase, fais-en une phrase correcte.**

Exemple : « Loup vieux seul vit forêt dans. » n'est pas une phrase.
→ Un vieux loup vit seul dans la forêt.

1. C'est dans cette boîte qu'elle range ses coquillages.
2. Enjambe pont le vieux la rivière.
3. Professeur distribue.
4. Une chouette, dans le lointain, poussait son cri lugubre.

* CM1 **2 Même exercice.**

1. Quelle histoire ennuyeuse !
2. Mal élevé quel garçon !
3. S'il fait beau, nous irons pique-niquer.
4. Savoir.
5. Attendez.

* CM1 **3 Parmi ces dix phrases, repère les phrases verbales et relève le verbe de chacune.**

Exemple : Le capitaine cria :
*→ phrase verbale, verbe **cria**.*

1. Le capitaine cria :
2. « Lieutenant Ockelford ? »
3. Le lieutenant répondit :
4. « Présent ! »
5. Le capitaine reprit :
6. « Combien avons-nous de minutes ?
7. – Vingt. »
8. Le capitaine dit :
9. « Cela suffit.
10. Que chacun s'embarque à son tour. »

Victor Hugo, *Pendant l'exil.*

** CM2 **4 Chacune de ces phrases verbales est-elle construite autour d'un verbe conjugué ou autour d'un verbe à l'infinitif ?**

Les abricots-framboises

1. C'est une recette délicieuse et facile à faire.
2. Prendre une petite casserole.
3. Mettre dedans deux barquettes de framboises et le jus d'une orange pressée.
4. On les laisse tremper pendant cinq minutes.
5. Pendant ce temps, couper les huit abricots en deux.
6. Enlever les noyaux.
7. Placer six moitiés dans une assiette et six moitiés dans une autre.
8. Il reste quatre moitiés.
9. Retirer les framboises du jus d'orange.
10. Remplir les moitiés d'abricots avec les framboises.
11. Mettre les quatre moitiés restantes dans le jus d'orange.
12. Faire chauffer à feu doux.
13. On éteint dès l'ébullition.
14. Écraser avec une fourchette le mélange, une fois refroidi.
15. Verser le coulis obtenu sur les abricots.
16. On peut aussi rajouter une boule de glace à la vanille dans chaque assiette.

D'après *Petites recettes faciles pour enfants et parents gourmands*, Bayard Éditions.

** CM2 **5 Le titre du texte d'introduction,** Un match qui nous a marqués**, comporte un verbe conjugué et pourtant ce n'est pas une phrase verbale. L'un de vous saurait-il expliquer pourquoi ?**

Je m'entraîne

grammaire

* CM1 **6** **Recopie le texte en mettant les points à la fin des phrases et les majuscules au début.**

je ne pouvais pas croire que c'était vrai Riquet s'est soulevé un peu je l'ai pris dans mes bras c'était bien lui il a blotti sa bonne petite tête ronde contre mon épaule, à la place où il la met toujours je sentais ses cheveux mouillés dans mon cou je riais je pleurais

D'après **Colette Vivier**, *La Maison des petits bonheurs*, Casterman.

** CM2 **7** **Dans ce texte, les phrases sont mal ponctuées. Recopie-le en rétablissant correctement les majuscules et les points.**

La traversée dura. Trois jours je passai. Ces trois jours sur le pont, descendant au salon juste pour manger. Et dormir le reste du temps. J'allais me mettre à la pointe extrême du navire. Près de l'ancre il y avait là une grosse cloche. Qu'on sonnait. En entrant dans les villes je m'asseyais. À côté de cette cloche, parmi les tas de corde je posais. La cage du perroquet entre mes jambes et je regardais le Rhône. Était si large qu'on voyait à peine ses rives.

D'après **Alphonse Daudet**, *Le Petit Chose*.

* CM1 **8** **Classe ces titres de livres selon que ce sont des phrases verbales ou des phrases nominales.**

1. Quand j'avais cinq ans, je m'ai tué
2. Ne m'oublie pas
3. Trois hommes dans un bateau
4. Faisons le tour de la terre

** CM2 **9** **Même exercice que le précédent.**

1. Le pays où l'on n'arrive jamais
2. Le tour du monde en quatre-vingts jours
3. Qui est ma mère ?
4. Ali Baba et les 40 voleurs
5. Si tous les gars du monde

* CM1 **10** **Classe les phrases numérotées de ce texte selon que ce sont des phrases verbales ou des phrases nominales.**

1. Le petit pirate leva les yeux. **2.** Et il eut le souffle coupé. **3.** Par la peur.
4. Il vit venir à lui un bateau plus épouvantable et plus effrayant qu'il n'en avait vu de toute sa vie. **5.** Il avait la taille de trois maisons, la coque et la voile noires comme l'encre. **6.** Il était armé de canons, avec vingt-sept hommes à bord.

* CM1 **11** **Même exercice avec la suite du texte.**

7. Chacun de ces vingt-sept hommes était trois fois plus grand que le petit pirate et deux fois plus fort que le gros capitaine. **8.** Ils portaient des bottes noires, des pantalons noirs, des gilets noirs, et sur les yeux des masques noirs et à la main des couteaux étincelants. **9.** Sur leur pavillon, au-dessus de la voile, ricanait méchamment une tête de mort sur deux os croisés. **10.** Des pirates ! **11.** De vrais, d'authentiques pirates !

Irène Rodrian, *Les Incroyables Aventures du plus petit des pirates...*, Flammarion.

* CM1 **12** **Recopie cet extrait en le ponctuant autrement. Conserves-tu le même nombre de phrases ?**

Le petit pirate leva les yeux. Et il eut le souffle coupé. Par la peur.

* CM1 **13** **Invente une phrase verbale à partir de chaque verbe conjugué.**

- parlait
- avons oublié
- deviennent

** CM2 **14** **Invente une phrase nominale à partir de chaque nom.**

- disparition
- vengeance
- rêve

CM2 ** **15** **Recopie le tableau et complète-le avec les numéros des phrases proposées.**

Phrases interrogatives	Phrases exclamatives	Titres	Slogans publicitaires

1. Quel exercice ?
2. La petite maison dans la prairie
3. Quel beau château !
4. Blédine, pour lui apprendre à dire « encore ».
5. Combien d'œufs ?
6. Un tigre dans la cafetière
7. Un jouet pour chaque âge, un ami pour la vie.
8. Pourquoi cette punition ?

Vocabulaire

CM1 * **16** **Réécris chaque phrase nominale de manière à en faire une phrase verbale.**

Exemple : Enlèvement d'un éléphant au zoo.
→ On a enlevé un éléphant au zoo.

1. Découverte d'une nouvelle galaxie.
2. Renforcement des mesures de sécurité dans les gares.
3. Mystérieuse disparition de la voiture rouge.
4. Atterrissage d'un hélicoptère sur un stade.

CM2 ** **17** **Réécris chaque phrase verbale de manière à en faire une phrase nominale, qui pourrait être un titre.**

Exemple : On a enlevé un éléphant au zoo.
→ Enlèvement d'un éléphant au zoo

1. Les touristes arrivent dans notre région.
2. Les températures montent dans l'Est de la France.
3. On a découvert un trésor dans la grotte.
4. L'ours se réveille.

CM2 ** **18** **Même exercice.**

1. On élit un nouveau président. **2.** On change d'heure cette nuit. **3.** Les élèves bavardent. **4.** On équipe les écoles en informatique.

CM2 ** **19** « La petite part ? » **Cette phrase peut être une phrase nominale ou une phrase verbale.**

• Montre-le en disant dans quel cas on pourrait avoir à la suite : C'est pour toi. / Elle va chez sa grand-mère.

• Indique la nature des mots qui composent la phrase « La petite part ? » dans chaque cas.

CM1 * **20** **a. Trouve une phrase verbale dont le verbe conjugué est le verbe** « schtroumpfer ». **b. Traduis les paroles du Schtroumpf à Lunettes.**

orthographe

CM1 * **21 En tenant compte des accords, rétablis l'ordre de chaque phrase. Recopie chacune sans faire de faute. N'oublie pas la majuscule et le point.**

1. les / leurs / de / cailloux / poches / promeneurs / ont rempli
2. le / les / petit / affamés / bouc / loups / attaque
3. le / les / rideaux / lit / grand / rouges / cache

CM2 ** **22 Même exercice, mais cette fois plusieurs phrases sont possibles. Trouves-en au moins trois et recopie-les sans faute. N'oublie pas la majuscule et le point.**

un / deux / marquis / lynx / vieux / gros / chasse

CM1 * **23 Choisis un mot dans chaque colonne ; puis construis une phrase correctement orthographiée et ayant un sens.**

Les	vieil	chèvre	restent	de	soif.
Une	pauvres	bêtes	meurs	au	soleil.

Quelques	fillette	pressé	restais	debout	dans	les	couloir.
Une	personnes	sympathiques	attendaient	assise	sous	le	arbre.

CM2 ** **24 Même exercice, mais cette fois de nombreuses phrases sont possibles. Trouves-en quelques-unes.**

Un	curieux	radis	ont	dans	le	concours.
Ces	beau	lilas	pousse	gagné	plusieurs	jardin.

AUTODICTÉE

On raconte qu'aux temps anciens, il était une jeune femme belle, aussi belle que la lune. Et cette femme, les nuits de pleine lune, se fardait, peignait et parfumait ses longs cheveux, revêtait ses habits les plus riches, se parait de tous ses bijoux et sortait. Pour mieux découvrir le ciel, elle gagnait une hauteur. Et là, elle levait son visage resplendissant vers la lune et lui demandait :
« Qui de nous est la belle, ô lune, qui de nous est la belle ? »

Marguerite Taos-Amrouche, *Le Grain magique,* Maspéro.

J'apprends à rédiger

25 Voici un jeu à deux consistant à produire des phrases bizarres. (CM1)

a. Tu commences par écrire sur une feuille de papier **cinq groupes sujets** numérotés de 1 à 5, tandis que, en se cachant, ton camarade écrit sur une autre feuille **cinq verbes + compléments** numérotés aussi de 1 à 5.

b. Ensuite, vous vous montrez ce que vous avez écrit ; vous associez le **groupe sujet 1** au **verbe + complément 1**, en faisant les accords si nécessaire ; même chose pour le **groupe sujet 2** et le **verbe + complément 2**, et ainsi de suite pour obtenir cinq phrases.

c. Vous recommencez les deux premières étapes en inversant les rôles : c'est ton camarade qui écrit **cinq groupes sujets** et toi qui écris **cinq verbes + compléments**.

d. Choisissez ensemble, parmi les dix phrases que vous avez produites, celles qui vous semblent les mieux réussies ; puis essayez de composer un petit texte en mettant les phrases en ordre.

26 Ce dialogue est donné en désordre, rétablis-en l'ordre logique. (CM1)

a – Monsieur, dit alors l'enfant, tu me racontes une fable ?
b – Je ne suis pas ton papa, répliquai-je nettement.
c – Ni ton petit oncle ! Je suis un citoyen libre qui n'a rien à voir avec toi.
d – Bien, je vais te raconter une fable, dis-je. »
e – « Mon joli papa...
f – Mon petit oncle...

27 Même exercice avec la suite du texte. (CM1)

a – Comme tu voudras. Il y avait une fois un enfant qui s'appelait Jacques ; il habitait une jolie petite maison au milieu d'un jardin.
b – Ce n'est pas vrai, répliqua le mauvais sujet. Il habitait dans une grande maison en ville, et une bombe tomba sur la maison, et la maison s'écroula. Et Jacques avait froid et dormait par terre.
c – « Il y avait une fois un enfant qui s'appelait Poussinet, commençai-je.
d – Oui, continuai-je, il avait froid ; mais un jour apparut une fée avec des cheveux d'or. Elle descendit de son char tiré par des papillons... »
e – Ce n'est pas vrai, coupa l'enfant. Il s'appelait Jacques.

D'après **Guareschi**,
Mon Petit Monde à moi, Hachette.

28 En prenant un groupe dans chaque catégorie, construis quatre phrases correctes. Recopie les phrases en mettant une majuscule et un point, sans faire de fautes d'orthographe. (CM1)

Groupes sujets : • le voyageur • le poète • le singe • la vieille dame
Verbes : • achète • a découvert • photographie • est devenu
Compléments : • une plante carnivore • un navigateur solitaire • un ours en peluche • un téléphone portable

29 Pour construire un texte cohérent, recopie-le en complétant les phrases en tenant compte des analyses proposées. Imagine la suite de l'histoire (CM2)

...... [G. sujet] ramena un jour ...... [Complément] qui, n'ayant plus de mère et mourant de faim, s'était tapi ...... [Complément de lieu]. ...... [G. sujet], inquiet et timide, avait peur ...... [Complément]. Ceux-ci, voyant sa terreur, prenaient plaisir à le tourmenter : le coq le ...... [Verbe] ...... [Complément de lieu], ...[G. sujet] faisaient mine de le mordre et le chien ...... [Verbe] ...... [Complément de manière].

2 Les manipulations de la phrase

De quoi sont, dites-moi, faits les petits garçons ?
De quoi sont, dites-moi, faits les petits garçons ?
De grenouilles et d'escargots,
Et de queues de chiots,
Et voilà de quoi sont faits les petits garçons.

De quoi, dites, sont faites les petites filles ?
De quoi, dites, sont faites les petites filles ?
D'épices et de sucre candi,
Et de tout ce qui est exquis,
Voilà de quoi sont faites les petites filles.

Henri Parisot, *73 comptines et chansons*, Flammarion.

J'observe

➤ La deuxième strophe comporte des phrases qui ressemblent à celles de la première strophe Recopie la comptine en les mettant face à face.

première strophe	deuxième strophe

➤ Observe maintenant les différences et dis pour chaque vers les modifications entre la première et la deuxième strophe. (Des mots sont ajoutés, déplacés, supprimés, remplacés.)

➤ Approuves-tu la différence que la comptine établit entre les petits garçons et les petites filles ?

Vocabulaire

➤ Trouve au moins un synonyme de l'adjectif *exquis*. Cherche dans ton dictionnaire ce qu'est le sucre *candi*.

Je retiens

→ *Le chat des voisins poursuit un mulot dans notre jardin.*

On peut se livrer à diverses manipulations sur une phrase.

- Réduction : *Le chat des voisins poursuit un mulot.*
  Phrase minimale : *Le chat poursuit un mulot.*
- Expansion : ***Ce matin****, le chat des voisins poursuit un mulot dans notre jardin.*
- Déplacement : ***Dans notre jardin****, le chat des voisins poursuit un mulot.*
- Remplacement : *Le* ***chien*** *des voisins* ***chasse*** *un mulot dans notre jardin.*
- Transformation (interrogative) :
  Est-ce que *le chat des voisins poursuit un mulot dans notre jardin ?*

Est-ce que je sais faire ?

* CM1 **1 Enlève dans chaque phrase tous les groupes qui peuvent être supprimés.**

Exemple : Dans le jardin, un chien aboyait avec fureur.
→ Un chien aboyait.

1. De nombreux visiteurs attendaient devant le musée.
2. Pour conserver cette plante, il faut l'arroser souvent.
3. Hier, je suis tombé en essayant d'attraper le bus.
4. Sans dire un mot, l'enfant a sorti son cahier.
5. Les vautours tournoyaient dans le ciel autour de la carcasse de mouton.
6. Il y avait un gros camion sur le parking.
7. Ne répondez pas si on vous interroge.

* CM1 **2 Ajoute un complément circonstanciel à chaque phrase.**

Exemple : Un chien aboyait.
*→ Un chien aboyait **avec fureur**.*

1. Les enfants ont cassé un carreau.
2. Un éclair zébra le ciel.
3. Nous avons cueilli des fleurs des champs.
4. Une petite souris a traversé la pièce.

* CM1 **3 Même exercice.**

1. Trois assiettes manquaient.
2. Il faut éplucher les carottes.
3. Ouvrez vos cahiers.
4. La mer est calme.

* CM1 **4 Trouve dans chaque phrase le complément qui peut être déplacé, puis lis la phrase obtenue en plaçant ce complément à un autre endroit.**

Exemple : Dans le jardin, un chien aboyait.
*→ Un chien aboyait **dans le jardin**.*

1. On entendit un bruit de lutte dans le buisson.
2. Cet enfant met tous les jours la table.
3. Demain matin nous irons à la piscine.
4. Il faut éteindre les lampes avant de sortir de la classe.
5. Soudain un éclair illumina le paysage.
6. Je voudrais une feuille de couleur pour recopier ma poésie.
7. La neige recouvre les sommets depuis la semaine dernière.

* CM1 **5 Relis chaque phrase en remplaçant le groupe nominal sujet par un autre groupe nominal de ton choix. Fais les accords si c'est nécessaire.**

*Exemple : Dans le jardin, un chien aboyait contre les passants. → Dans le jardin, **un cocker** aboyait contre les passants.*

1. La caisse était très lourde.
2. Dans ce conte, le prince a été transformé en lézard par un magicien.
3. Attention ! le chemin est très glissant.
4. Le petit chat s'est caché sous l'armoire.

* CM1 **6 Même exercice.**

1. Une mouche s'est posée sur le gâteau.
2. Sa chemise était très sale.
3. Soudain, un oiseau se mit à chanter.
4. Le hibou chasse la nuit.

* CM1 **7 Transforme chaque phrase en phrase interrogative. Utilise l'interrogation par inversion.**

1. Il fera beau demain.
2. Vous avez repeint les volets.
3. Cet animal court vite.
4. Ce livre est intéressant.
5. Il y a beaucoup de vipères dans la région.
6. C'est un jeu dangereux.

Je m'entraîne

grammaire

CM1 * **8 Réécris ces phrases en supprimant tous les groupes et tous les mots qui peuvent l'être. Tu obtiendras des phrases minimales.**

Exemple : Un gros chien noir aboyait furieusement contre les passants qui s'approchaient de la grille.
→ Un chien aboyait.

1. Tout à coup, en plein milieu de la nuit, un cri effrayant réveilla le village endormi.
2. À chaque effort, l'animal s'enfonçait plus profondément.
3. Un jour, mon meilleur ami me confia son perroquet pour que j'en prenne soin durant ses vacances.
4. Dans le ciel, au-dessus des cimes dentelées, noires contre le ciel pâle, la lune se levait lentement.

CM2 ** **9 Cherche dans ce texte les phrases minimales, c'est-à-dire celles dont on ne peut enlever aucun mot sans qu'elles deviennent incorrectes. Recopie ces phrases.**

Au milieu de la nuit, mon frère me pousse tout doucement et, d'une voix blanche, il me dit :
- Entends-tu ?
Je me réveille tout à fait. J'écoute. Et, en effet, on entendait comme si une main allait et venait pour chercher quelque chose, parmi nos papiers. Le bruit s'arrêtait, reprenait, s'arrêtait de nouveau. Mon cœur faisait top top dans ma poitrine. Mon frère s'était enfoui au fond du lit sous les couvertures.

CM2 ** **10 Même exercice avec la suite du texte.**

Cela devint intolérable. Je pris courage. Je saisis une allumette sur la table de nuit et frottai le phosphore sur la boîte, persuadé qu'un pistolet allait me viser dès que la flamme brillerait. Il n'en fut rien. Levant l'allumette à bout de bras, je ne vis que l'ombre mouvante dans les coins de la vaste chambre. Le bruit s'était arrêté. J'allumai la chandelle. Mon frère, s'arrachant à son refuge, constata, de ses yeux, qu'il n'y avait rien... Il n'y avait rien ! J'éteignis. Nous nous recouchâmes. Mon frère ne dormait pas. Du fond du lit, il me poussa de nouveau et, d'une voix devenue caverneuse :
- Entends-tu ? Entends-tu ?

G. Hanotaux, *Mon temps*, Plon.

CM1 * **11 Ajoute des expansions aux mots ou aux groupes de mots en gras.**

Exemple : Dans le jardin, ***un chien*** *aboyait.*
→ Dans le jardin, ***un gros chien noir*** *aboyait.*

1. Une brise légère agitait **les branches**.
2. Sur la route, une jeune fille **marchait**.
3. Un essaim s'abattit sur l'ours qui volait le miel.
4. Dans une pièce, des enfants **chantaient**.

CM1 * **12 Ajoute des expansions à ces phrases minimales.**

Exemple : Un chien aboyait.
→ Dans le jardin, un gros chien noir aboyait furieusement toute la journée.

1. Un lion guettait les zèbres.
2. Un homme courait.
3. Le cycliste lâcha le guidon.
4. Il fait froid.
5. J'ai peur.

CM1 * **13** **À partir de cette phrase, fais trois phrases différentes. Tu dois pour cela déplacer en divers endroits les groupes qui peuvent l'être.**

Après le souper, quand il faisait beau, on s'asseyait dans le jardin, pour écouter le chant du rossignol.

CM1 * **14** **Classe en deux colonnes les groupes en gras, selon qu'ils peuvent être déplacés ou non.**

1. Des roses trémières poussaient **le long de la maison**.
2. La pauvre femme s'appuya **sur le mur**.
3. Les deux enfants, **sans dire un mot**, rejoignirent **leurs camarades**.
4. Nous posterons **cette lettre tout à l'heure**.

CM1 * **15** **Remplace le groupe verbal en gras par un groupe verbal de ton choix.**

*Exemple : Un chien **aboyait**.*
*→ Un chien **poursuit un chat errant**.*

1. Un héron **pêche** au bord de la mare.
2. Une lueur **brillait** à l'horizon.
3. Nous **achèterons du pain**.
4. La jeune fille **était très grande**.
5. M. et Mme Martin **aiment la montagne**.

CM1 * **16** **Remplace chaque pronom sujet par un groupe nominal de ton choix.**

Exemple : Il aboyait contre les passants.
*→ **Un gros chien** aboyait contre les passants.*

1. Ils ramassaient des châtaignes.
2. Elle se trouve sur mon bureau.
3. Il ne bougeait plus.
4. Elles s'éparpillaient sur la route.

CM1 * **17** **Transforme chaque phrase en suivant le modèle.**

La valise est pleine. → La valise est-elle pleine ?
→ La valise n'est-elle pas pleine ?

1. Les champs sont inondés.
2. Il y a des fourmis.
3. Tu t'es lavé les mains.
4. La championne a gagné la course.
5. Le robinet fuit.
6. C'est une belle histoire.
7. L'homme s'est enfui.

CM2 ** **18** **Recopie et complète le tableau, en transformant la phrase passive en phrase active.**

Phrase passive	Phrase active
Les fleurs ont été cassées par le vent.	*Le vent a cassé les fleurs.*

1. Cet œuf a été pondu par une oie.
2. Les trottoirs ont été lavés par la pluie.
3. Un petit a été renversé par un grand.
4. Ce chat a été abandonné par ses maîtres.

Vocabulaire

CM1 * **19** **Supprime dans chaque phrase le groupe en gras et dis en quoi le sens de la phrase change.**

1. Cette plante embellit **la pièce**.
2. Les joueurs se félicitent **de l'état de la pelouse**.
3. Les pirates ont coulé **une goélette royale**.

CM2 ** **20** **Même exercice.**

1. Le motard était ivre **de vitesse.**
2. Son manteau est blanc **de craie.**
3. Rien ne pousse sur cette terre riche **en cailloux.**
4. Ce temps pluvieux est idéal **pour la pêche.**

CM2 ** **21** **Choisis parmi les adjectifs proposés le synonyme qui convient pour remplacer l'adjectif écrit en gras.**

1. Claire est une élève **sérieuse.** (*appliquée, importante*) **2.** Il s'agit d'une blessure **sérieuse.** (*appliquée, importante*) **3.** Voici un raisonnement **rigoureux.** (*rude, strict, précis*) **4.** L'hiver fut cette année-là très **rigoureux.** (*rude, strict, précis*) **5.** Le maître exige une application **rigoureuse** des règles de sécurité. (*rude, stricte, précise*)

Orthographe

CM1 * **22 Réécris cette phrase en remplaçant** le géant **par** les brigands. **Modifie tous les accords qui doivent l'être.**

Cruel, brutal, bavard et querelleur, le géant est la terreur de toutes les peuplades : il dévaste les cultures, brûle les maisons et assomme les gens.

CM2 ** **23 Recopie le texte, en y rétablissant à la bonne place les adjectifs qui ont été supprimés. Aide-toi des accords.**

Adjectifs : • *active* • *carrées* • *grande* • *gris* • *grise* • *plats* • *poussiéreux*

Le quartier de la Salpêtrière où nous demeurions est un quartier ... et tout ..... Nous habitions boulevard de la Gare, dans le treizième, une ... avenue, ... et populeuse. Notre maison était entre la Sucrerie Say et le pont de Bercy. Elle était ... et poudreuse à l'image de tout le quartier. Bâtie au fond d'une courette, elle faisait partie d'une dizaine de logis semblables : maçonnerie grossière trouée de fenêtres ..., toits ... à tuiles épaisses, escalier de pierre à rampe de fer...

D'après **E. Van der Meersch**, *Le Péché du monde*, Albin Michel.

CM1 * **24 Un animal a sifflé : est-ce une marmotte ou un merle ? Repère dans le texte l'accord qui te permet de le savoir.**

Voilà que ... a sifflé, là-haut, sur la pente. Je regarde de tous côtés à m'en faire mal aux yeux. Rien ne bouge. Ah ! un buisson a remué. Tout est immobile de nouveau. Mais non ! Là-haut dans le ciel, plane un aigle. Et c'est à cause de l'aigle que ... a sifflé, puis s'est cachée.

D'après **E. Van der Meersch**, *Le Péché du monde*, Albin Michel.

DICTÉE PRÉPARÉE

Radamar était un horrible géant. Il avait une tête de singe et des oreilles plus larges que celles d'un éléphant. Quand il ouvrait et refermait la bouche, ses mâchoires faisaient un bruit épouvantable. Ses épaules s'élevaient à la hauteur des montagnes, et sa voix résonnait au loin comme le tonnerre.

D'après **Georges Riquet**, *Légendes et récits tunisiens*, Larousse.

1. À quel temps les verbes sont-ils conjugués ? Indique le sujet de chacun et justifie la terminaison.

2. Relève tous les mots comportant une double consonne.

3. Quel groupe nominal est remplacé par le pronom celles ?

J'apprends à rédiger

CM2 ** **25 Voici la suite du texte des exercices 9 et 10. Chaque phrase a été réduite à la phrase minimale. Réintroduis-y des expansions, afin d'en faire un texte intéressant, ayant un sens.**

Le bruit recommença. Mon attention était surexcitée, mes nerfs étaient tendus. Le bruit venait de la cheminée. C'était une cheminée et il y avait un paravent. Je le poussai. Il tomba. Un pigeon s'envola. La tempête l'avait abattu. Ses ailes faisaient ce bruit. Il se tenait tranquille, mais il remuait. Il se mit à voleter et il s'enfuit.

D'après **G. Hanotaux**, *Mon temps*, Plon.

• Compare ton texte avec ceux de tes camarades.

CM1 * **26 À partir de cette phrase, fais une phrase différente en déplaçant en divers endroits les groupes qui peuvent l'être.**

Alors, pour faire comme les Esquimaux, dans cette immensité de glace où rien ne vit, ayant rangé mon traîneau et sorti mes outils, je commence à construire un abri pour la nuit, sous le regard attentif de mes chiens.

• Compare ta phrase avec celles de tes camarades.

CM2 ** **27** **Place au début de la phrase le groupe en gras et dis en quoi le sens de la phrase change.**

1. L'employé lui a recommandé de répondre **poliment**.
2. Leur fils ne mange pas **au restaurant**.
3. Le moniteur a dit aux enfants de prendre leur douche **à cinq heures**.

CM2 ** **28** **Recopie la phrase en rétablissant chacun des groupes à un endroit qui convienne. Tu peux changer les majuscules et la ponctuation.**

Groupes à rétablir :
• *au temps jadis* • *en allant ramasser du bois* • *près de Douai* • *qui se roulaient à l'entrée d'une caverne*

Il arriva qu'un bûcheron de Cantin trouva dans la forêt cinq oursons.

• Compare ta phrase avec celles de tes camarades.

CM2 ** **29** **Même exercice avec la suite du texte : rétablis chacun des groupes à un endroit qui convienne dans le texte.**

Groupes à rétablir :
• *à sa vue* • *attirés par un phénomène aussi curieux* • *avec surprise* • *des pieds à la tête* • *du nom de son père adoptif* • *en poussant des grognements qui ressemblaient à des cris humains*

Ces animaux s'enfuirent, excepté un seul. Il vint vers lui. Bien que ce petit être marchât à quatre pattes, le bûcheron reconnut que c'était une créature comme vous et moi. Il le prit, se hâta de regagner le village et se rendit chez le maire, où les voisins accoururent. Jamais on n'avait entendu dire qu'un enfant eût été élevé par une ourse. On n'en baptisa pas moins le jeune gars, on l'habilla et on le confia au bûcheron qui l'envoya à l'école.
On l'avait nommé Jean Gélon, mais, quoiqu'il fût déshabitué de marcher à quatre pattes, ses petits camarades le trouvaient si laid qu'ils ne l'appelaient que Jean l'ourson.

D'après **Charles Deulin**,
Contes d'un buveur de bière, La Découvrance.

• Compare ton texte avec ceux de tes camarades.

CM1 * **30** **Supprime les nombreuses répétitions en utilisant des pronoms chaque fois que cela te paraît utile.**

Le vaillant Hubert, duc de Normandie, qui vivait il y a pour le moins huit cents ans, épousa la duchesse Isole, la fille du duc de Bourgogne, la princesse la plus accomplie qui fût au monde. Vingt années après son mariage, la duchesse Isole eut un fils. On nomma ce fils Robert, et ce fut Robert qui, plus tard, devint le fameux Robert le Diable. Robert grandit si rapidement que c'était merveille.

CM2 ** **31** **Même exercice avec la suite du texte.**

Mais plus Robert croissait, plus Robert devenait méchant ; à grands coups de bâton Robert frappait les servantes et les domestiques, et si Robert apercevait un petit garçon ou une petite fille, vite Robert se jetait sur le petit garçon et la petite fille, battait le petit garçon et la petite fille et arrachait les cheveux au petit garçon et à la petite fille.
Plusieurs années passèrent. Chacun détestait le méchant garçon pour le mal que le méchant garçon faisait, et la pauvre duchesse Isole passait ses jours et ses nuits à pleurer.

D'après **Henri Carnoy**,
Les Légendes de France.

3 Phrase simple / Phrase complexe

Jane serra le chat contre sa poitrine et alla s'asseoir dans un fauteuil de metteur en scène en faux cuir, en face de Rex, un caniche. Une femme et ses deux enfants entrèrent. La femme tint la porte ouverte pour que les enfants poussent un landau à l'intérieur. Le garçon se pencha sur le landau et demanda à son chat :

« Gooby, ça va ? Gooby sait qu'il est chez le docteur, maman.

– Vous m'attendez ici, les enfants, dit la maman qui s'approcha de la réception d'un air fatigué.

– Nous amenons un chat à opérer, je m'appelle Miller. »

La femme de la réception sortit de son poste habituel et elle leur ouvrit la porte qui donnait derrière, sur le cabinet.

D'après Lorrie Moore, *Joie Vies cruelles*, Rivages.

J'observe

➤ Recopie le texte et souligne en rouge les verbes conjugués au passé simple, à l'imparfait et au présent de l'indicatif.

➤ Sépare à l'aide d'un trait les propositions construites autour de chacun des verbes que tu as soulignés.

Vocabulaire

➤ Le mot *cabinet* peut avoir plusieurs sens. Quel sens a-t-il dans le texte ?

➤ Où se trouvent donc les personnages de cette histoire ?

Je retiens

- Une **proposition** est construite autour d'un verbe conjugué. Dans une phrase, il y a autant de propositions que de verbes conjugués.
- La **phrase simple** comporte un seul verbe conjugué. C'est une proposition **indépendante.** *La dame **sortit**.*
- La **phrase complexe** comporte plusieurs verbes conjugués, donc plusieurs propositions. *La dame **sortit** et elle leur **ouvrit** la porte qui **donnait** derrière.*

CM2 • Dans une phrase complexe, les propositions peuvent être :

– **juxtaposées**, c'est-à-dire séparées par une virgule :

*La dame **sortit,** / elle leur **ouvrit** la porte.*

– **coordonnées**, c'est-à-dire reliées par une conjonction de coordination :

*La dame **sortit** /**et** (elle) leur **ouvrit** la porte.*

– **subordonnées**, c'est-à-dire reliées par un pronom relatif ou une conjonction de subordination :

*La dame leur **ouvrit** la **porte** / **qui donnait** derrière.*
prop. principale — prop. sub. relative

Est-ce que je sais faire ?

* CM1 **1 Repère les verbes conjugués. Combien y en a-t-il dans chaque phrase ?**

1. Plus je le connais et plus je l'aime.

2. L'orage qui menaçait éclata pendant que la famille déjeunait.

3. Il montait et démontait les poêles, raccommodait la vaisselle cassée, remettait des manches aux couteaux, posait des sonnettes, graissait les serrures, réglait les pendules, opérait les déménagements et les emménagements, donnait des soins aux noyés, mettait les bourrelets aux portes et aux fenêtres. (Anatole France)

4. Lorsque la fumée se dissipa, on vit le savant qui tenait toujours son tube à essais.

* CM1 **2 Lis chaque phrase numérotée, puis dis s'il s'agit d'une phrase simple ou d'une phrase complexe.**

1. Six petits bergers gardent leur troupeau dans un pré. **2.** Tout à coup ils voient sur la route un chien de forte taille qui passe, la gueule pleine de bave. **3.** À leur vue, l'animal quitte la route pour se précipiter sur eux. **4.** La bande des enfants se sauve en poussant des cris. **5.** Le plus âgé, qui est dans sa quinzième année, Jean-Baptiste Jupille, veut protéger la fuite de ses camarades. **6.** Armé de son fouet, il marche droit sur l'animal.

* CM1 **3 Même exercice avec la suite du texte.**

7. D'un bond, le chien se jette sur Jupille et lui mord la main gauche. **8.** Une lutte s'engage, Jupille terrasse le chien. **9.** Puis de sa main droite, il lui ouvre la gueule pour dégager sa main gauche, toujours serrée comme dans un étau. **10.** Il y parvient, mais sa main droite reçoit à son tour de graves morsures. **11.** Il lutte encore. **12.** Il saisit le chien par le cou.

René Valléry-Radot, *La vie de Pasteur*.

** CM2 **4 Dans chaque phrase, repère les propositions et dis si ces propositions sont juxtaposées, coordonnées ou subordonnées.**

1. En arrivant, elle soufflait et haletait.

2. La cuisine du château était immense, un grand feu brûlait dans la cheminée.

3. Il buvait du thé quand nous sommes entrés.

4. Jeanne ouvrit l'armoire et sortit le coffret qui se trouvait sur une étagère.

5. La mer était calme, aucune brise ne l'agitait.

6. Nous porterons tous une casquette rouge pour qu'on nous reconnaisse.

Je m'entraîne

grammaire

5 Classe les phrases du texte en phrases simples et en phrases complexes. (CM1)

1. J'ai bondi en poussant une exclamation de stupéfaction. **2.** Un homme nous regardait par le hublot ! **3.** Était-ce du délire ? **4.** J'ai empoigné Maracot par l'épaule, et je l'ai secoué violemment. **5.** Il s'est redressé et, bouche bée, incapable d'émettre un son, il a contemplé cette apparition. **6.** Puisqu'il voyait la même chose que moi, il ne s'agissait donc pas d'une fiction jaillie de mon cerveau.

A. Conan Doyle, *Le Monde perdu sous la mer*, Laffont.

6 Recopie le texte en écrivant en rouge les verbes conjugués. Puis isole les différentes propositions à l'aide d'un trait vertical. (CM1)

La chouette effraie est très utile, car elle dévore un grand nombre de campagnols, de mulots, de rats et de souris, tous rongeurs nuisibles et indésirables. L'effraie niche dans les clochers, les ruines et les greniers des fermes.

7 Même exercice avec la suite du texte. (CM1)

La femelle couve seule, mais le mâle la nourrit alors qu'elle est sur le nid. Pendant trois mois, le mâle et la femelle nourrissent les petits, qui commencent à voler à l'âge de deux mois. L'effraie a une deuxième couvée, les années où les rongeurs pullulent.

E. Van den Driessche, *Guide du jeune naturaliste à la campagne*, Delachaux et Niestlé.

8 Construis une phrase sur chaque schéma. (CM1)

1. P. indépendante ***mais*** P. indépendante.
2. P. indépendante, P. indépendante ***et*** P. indépendante.
3. P. principale ***quand*** P. subordonnée.

9 Recopie les phrases en introduisant la conjonction de coordination qui convient. (CM1)

• *or* • *ou* • *car* • *et* • *mais* • *donc*

1. L'enfant glissa .... tomba.
2. Il pleut .... je prends mon parapluie.
3. Tu peux te baigner .... l'eau est chaude.
4. Il hésite : il louera une voiture .... il prendra l'avion.

10 Réécris les propositions dont le groupe sujet n'est pas exprimé en rétablissant ce groupe. (CM1)

Exemple : Le champion prit son élan et sauta.
→ *et* ***le champion*** *sauta.*

Jupille appelle son petit frère, qui revient sur ses pas, ramasse et apporte le fouet. De la lanière, Jupille lie la gueule du chien. Prenant alors son sabot, il frappe et assomme l'animal. Enfin, pour être bien sûr que la bête ne mordra plus, ne bougera plus, il la traîne jusqu'au ruisseau, qui coule le long du pré. Il lui tient plusieurs minutes la tête sous l'eau. Le chien enragé est bien mort. Dès lors plus de danger pour les autres enfants.

René Vallery-Radot, *La Vie de Pasteur*.

11 Relève le numéro des phrases qui comportent une proposition subordonnée. (CM2)

1. Ezzio perçait ainsi à travers bois un sillage qui se refermait sitôt après son passage. **2.** Vers midi, il traversa la clairière qu'on appelait le verger de l'ermite. **3.** Il vit Notre-Dame de Lure, au bout de la trouée. **4.** Il longea quelques minutes l'allée de tilleuls qui y descendait. **5.** Il aperçut frère Calixte de loin qui attachait une ruche à la fourche d'un tilleul.

CM2 ** 12 **Même exercice avec la suite du texte.**

6. Frère Calixte dit plus tard qu'il avait vu l'enfant au loin, comme une flamme blanche, le panier à bout de bras. **7.** Ezzio fit un crochet pour éviter la Chapelière où une ribambelle de cousins risquaient de lui emboîter le pas. **8.** Il n'en voulait pas. **9.** Il ne voulait partager ni ses secrets ni sa récolte de champignons.

D'après **Pierre Magnan**, *Les Charbonniers de la mort*, Fayard.

CM1 * 13 **Termine chaque phrase à l'aide d'une proposition.**

Exemple : Elle heurta la petite table et ....
→ et ***le vase tomba****.*

1. Les voyageurs ont fait une halte dans la clairière car ....
2. Comme il fait froid, ...
3. Un enfant lisait quand ....
4. J'ai perdu le livre que ....

CM1 * 14 **Ajoute à chaque groupe nominal une proposition subordonnée relative.**

Exemple : Nous avons perdu la clé ....
→ Nous avons perdu la clé ***qui ouvre ce tiroir****.*

1. Ils arrivèrent sur une petite place.
2. Il a pêché un poisson.
3. Dans la grotte, on ne voyait rien.
4. Le chien les a effrayés.

CM1 * 15 **Complète chaque phrase.**

Exemple : Nous espérons que ...
→ Nous espérons ***que vous allez bien****.*

1. Tu sais que ...
2. Autrefois, les hommes croyaient que ...
3. Leur chien attend que ...
4. Le prisonnier a reconnu que ...

CM1 * 16 **Même exercice.**

Exemple : Nul ne l'entendait parce que ....
→ Nul ne l'entendait ***parce qu'il murmurait****.*

1. Quelqu'un éternua quand ...
2. Les magasins sont fermés, parce que ...
3. Comme ..., les récoltes seront maigres.
4. La lumière s'éteignit pendant que ...

Vocabulaire

CM2 ** 17 **Remplace chaque proposition subordonnée relative par un adjectif qualificatif** (épithète) **ou par un groupe nominal** (complément du nom).

Exemple : Ils ont rapporté des fleurs ***qu'ils avaient cueillies dans les champs****.*
→ Ils ont rapporté des fleurs ***des champs****.*
→ Ils ont rapporté des fleurs ***champêtres****.*

1. J'aime beaucoup cette chanson qu'on a écrite pour les enfants.
2. L'homme portait une valise qu'on avait faite en métal.
3. Tout était recouvert de sable qui venait du Sahara.
4. L'enfant rejeta son jouet, d'un geste qui manifestait sa colère.

CM2 ** 18 **Remplace chaque complément en gras par une proposition subordonnée de sens proche.**

1. L'enfant marche difficilement, **à cause d'une blessure au pied**.
2. Les alpinistes repartiront **dès le lever du soleil**.
3. Les villageois ont signé une pétition **pour le maintien de la clinique**.
4. La sortie est annulée **en raison de la pluie**.

CM2 ** 19 **Exercice inverse : remplace la proposition subordonnée par un groupe nominal complément circonstanciel.**

1. Notre rue est barrée depuis que les travaux ont commencé.
2. Ce sont des vêtements que l'on met quand il fait chaud.
3. Colin a fait ces erreurs parce qu'il n'a pas fait attention.
4. Les élèves recopiaient leurs leçons pendant que la cloche sonnait.
5. Le guépard a attrapé la gazelle parce qu'il court vite.

Orthographe

CM1 * **20** **Complète le texte en choisissant entre :**

• *et* = conjonction de coordination
• *est* = verbe *être*

L'âne n'... point un cheval dégénéré ; son sang ... pur, ... , quoique sa noblesse soit moins illustre, elle ... tout aussi bonne, tout aussi ancienne que celle du cheval. Il ... d'un naturel aussi humble, aussi patient, aussi tranquille, que le cheval ... fier, ardent, impétueux ; il supporte avec constance les châtiments ... les coups. Il ... sobre ... sur la quantité ... sur la qualité de sa nourriture.

D'après **Buffon**, *Histoire naturelle*.

CM1 * **21** **Complète le texte en choisissant entre :**

• *et* = conjonction de coordination
• *est, es* = verbe *être*
• *ai* = verbe *avoir*

« As-tu peur de me regarder en face ?
– Non, Monseigneur, je n'... pas peur. Mais mon regard ... si perçant qu'il détruit toute chose située à moins d'un jet de pierre de moi.
– Tu ... un phénomène peu ordinaire ! dit le prince. Montre-nous donc ça !
– Comme il vous plaira. »
..., ayant détourné la tête ... dénoué son bandeau, il fixe un gros rocher. Quand le prince ... ses compagnons voient le rocher se lézarder, leur stupéfaction ... grande.

D'après **Évelyne Lallemand**, *Le Vaisseau merveilleux et autres contes de Bretagne*, Hachette Jeunesse.

CM2 ** **22** **Complète le texte en choisissant entre :**

• *mais* = conjonction de coordination
• *mes* = déterminant
• *m'est* = pronom + verbe *être*

« – Sophie que faites-vous ?
Personne ne répond ... une forme humaine surgit de la penderie ; elle prend le chandelier, l'élève au-dessus de sa tête, et se met à examiner ... vêtements accrochés au portemanteau. J'appelle plus fort : « Sophie, Sophie ! »
... nul ne me répond. Dressée sur mon lit, je me penche en avant ; mon sang se glace dans ... veines : cette créature ne ... jamais apparue auparavant. »

D'après **Charlotte Brontë**, *Jane Eyre*, Flammarion.

CM2 ** **23** **Recopie les phrases en choisissant entre la conjonction de coordination** ou **et le pronom relatif** où.

1. Tu lis ton livre ... tu viens avec nous au marché ?
2. Les alpinistes ont atteint le sommet ... ils ont planté un drapeau.
3. La maison ... nous dormirons est un ancien moulin.
4. Pendant les vacances j'irai à Nîmes ... je visiterai les arènes, ... je resterai ici près du lac ... je pêcherai.

CM1 * **24** **Après avoir observé l'orthographe et les accords, trouve qui parle et écris-le aux endroits indiqués. Souligne les accords qui t'ont permis de trouver.**

• *le coq* • *la poule* • *les poussins* • *les vaches*

Un jour, le coq, la poule et ses poussins allèrent à l'étable pour bavarder avec les vaches.
« Bonjour, les vaches, je suis bien contente de voir que vous êtes bien au chaud dans l'étable, dit ....
– Nous sommes fatigués ! Nous avons trop chaud ! Nous avons faim ! pleurnichaient ....
– Et moi, je suis fatigué de vous entendre toujours vous plaindre ! cria ....
– Ne te fâche pas, nous sommes si heureuses d'avoir de la visite ! s'exclamèrent ....
– Ces poussins sont si fatigants ! Mais je suis impatiente de vous conter les nouvelles de la basse-cour. Écoutez donc... », commença ....

DICTÉE POUR APPRENDRE

Sur le fond sablonneux croissaient des massifs d'algues noires, où vivaient les holothuries, ou limaces de mer, qui sont peut-être les échantillons les plus laids de la faune sous-marine.

Gerald Durrell, *Féeries dans l'île*, Stock.

J'apprends à rédiger

CM2 ✱✱ 25 En t'aidant du sens, rétablis les mots de liaison qui conviennent.

• *avant que* • *lorsque* • *pendant que* • *quand*

1. Les invités bavardaient … l'on servait les hors-d'œuvre.
2. Les spectateurs applaudirent … les clowns entrèrent sur la piste.
3. Prenez un chocolat … il n'y en ait plus.
4. Vous mettrez votre pantalon … il sera sec.

CM1 ✱ 26 Fais trois phrases complexes différentes à partir de ces deux propositions.

Le père lave les assiettes. Les enfants les essuient.

CM1 ✱ 27 Recopie les phrases en les complétant, selon le sens, avec les conjonctions de coordination et, mais, ou**.**

1. Nous pique-niquerons … nous irons au restaurant.
2. Il faisait encore jour … elle avait allumé la lampe.
3. Cette robe est très jolie … elle te va bien.
4. Cette robe est très jolie … elle est trop petite.

CM2 ✱✱ 28 Recopie le texte en rétablissant les mots de liaison supprimés.

… j'étais petit, … les hommes et la nature étaient en harmonie, ces grosses bêtes à quatre pattes n'existaient pas. Mes parents disent eux-mêmes … ils n'en avaient jamais vu. … les pères de mes pères non plus. … les Blancs sont arrivés sur mon île, ils ont amené ces bestiaux. Depuis ce moment, l'accord … unit les plantes et les roches, les animaux et les humains est en danger.

D'après **Xavière Gauthier**, *L'Herbe de guerre*, Syros-Alternatives.

CM1 ✱ 29 Sauras-tu compléter ce texte en rétablissant à la bonne place les mots de liaison supprimés ? Attention, il y a deux intrus.

• *qui* • *ou* • *mais* • *où* • *parce qu'* • *qu'* • *qui*

Les rires qui coururent autour d'eux exaspérèrent le garçon … voulut empoigner Déborah aux épaules, …, jugeant …'elle s'était montrée assez patiente, elle lui écrasa le nez d'un coup de poing … fit pousser un glapissement à l'imprudent. Portant vivement les mains à son appendice nasal d'… le sang coulait, il battit en retraite sous les quolibets des spectateurs. Une femme félicita la jeune fille.

D'après **Charles Exbrayat**, *Une Brune aux yeux bleus*, Librairie des Champs-Élysées.

CM2 ✱✱ 30 Recopie le texte en complétant les propositions subordonnées.

Ma mère était montée auprès de mon père, et, en attendant le retour du capitaine, je dressais la table pour son déjeuner, lorsque … et un homme que … entra. Il n'avait rien d'un matelot, et néanmoins il s'exhalait de son aspect comme un relent maritime.
Je lui demandai ce qu'…, et il commanda un rhum. Je m'apprêtais à sortir de la salle pour l'aller chercher, lorsque …. Je m'arrêtai sur place, une serviette à la main.
« Viens ici, fiston, plus près. Est-ce que cette table est pour mon camarade Bill ? » interrogea-t-il en ébauchant un clin d'œil.
Je lui répondis que … et que la table était pour une personne qui … et que ….

D'après **R. L. Stevenson**, *L'île au trésor*, Gallimard.

• Compare ton texte avec ceux de tes camarades.

4 Les types de phrases

VAN BUCK. – Voulez-vous que je vous laisse seules ?

LA BARONNE. – Non, restez donc, ça ne fait rien. Cécile, tu peux parler devant monsieur.

CÉCILE. – Moi, maman ? Je n'ai rien de secret à dire.

LA BARONNE. – Vous n'avez pas à me parler ?

CÉCILE. – Non, maman.

LA BARONNE. – C'est inconcevable. Qu'est-ce que vous venez donc me conter, Van Buck ?

VAN BUCK. – Madame, j'ai dit la vérité.

LA BARONNE. – Ça ne se peut pas : Cécile n'a rien à me dire ; il est clair qu'elle n'a rien reçu.

VAN BUCK, *se levant.* – Eh ! Morbleu, je l'ai vu de mes yeux !

LA BARONNE, *se levant aussi.* – Ma fille, qu'est-ce que cela signifie ? Levez-vous droite, et regardez-moi. Qu'est-ce que vous cachez dans votre poche ?

CÉCILE, *pleurant.* – Mais, maman, ce n'est pas ma faute ; c'est ce monsieur Valentin qui m'a écrit.

LA BARONNE. – Voyons cela. (*Cécile donne la lettre.*)

Alfred de Musset, *Il ne faut jurer de rien* (Acte II, scène 2).

J'observe

- Relève les phrases interrogatives.
  - Dis pour chaque phrase ce qui t'a permis de la reconnaître.
  - Classe ces phrases selon que l'on peut y répondre par *oui* / *si* / *non* ou par une autre réponse.
- Trouve une phrase exclamative et dis ce qui t'a permis de la reconnaître.
- Relève les phrases injonctives impératives et dis ce qui t'a permis de les reconnaître.

Vocabulaire ➤ Comment est formé l'adjectif *inconcevable* ? Trouve-lui un synonyme.

Je retiens

CM2

Selon le message que l'on veut communiquer, une phrase est nécessairement :

- ou déclarative → *Vous cachez une lettre dans votre poche.*
- ou interrogative → *Est-ce que vous cachez une lettre dans votre poche ?*
- ou exclamative → *Vous cachez une lettre dans votre poche !*
- ou injonctive impérative → *Cachez une lettre dans votre poche.*

Est-ce que je sais faire ?

*** CM1** **1** **Transforme ces phrases en phrases interrogatives. Utilise pour chacune les trois possibilités.**

Exemple : La lumière s'est éteinte.
→ La lumière s'est éteinte ?
→ Est-ce que la lumière s'est éteinte ?
→ La lumière s'est-elle éteinte ?

1. Tu as apporté un ballon.
2. Il pleut à torrents.
3. La voiture roulait très vite.
4. Nous irons au zoo.
5. L'exercice était très facile.

*** CM1** **2** **Réponds à la question par une phrase complète.**

Exemple : Où est ton cahier ?
→ Mon cahier est dans mon cartable.

1. Que vois-tu ?
2. Que faisons-nous ?
3. Pourquoi pleure-t-il ?
4. Quand les cerises seront-elles mûres ?
5. Où la Seine prend-elle sa source ?

*** CM1** **3** **Réponds à chaque question par** oui **ou par** si**, suivi d'une phrase.**

N'es-tu pas inquiet ?
→ Si, je suis inquiet.

1. Avez-vous soif?
2. N'y a-t-il pas de récréation ?
3. Ne l'as-tu pas aidé ?
4. Est-ce que je peux prendre un livre de bibliothèque ?
5. Le téléphone a-t-il sonné ?

*** CM1** **4** **Un élève est tombé dans la cour et s'est blessé.**

L'un de vous jouera le rôle du directeur. Il interrogera ses camarades pour recueillir des informations : l'élève qui jouera le directeur posera des questions, les autres élèves répondront.

*** CM1** **5** **Transforme ces phrases en phrases injonctives impératives.**

Exemple : Vous vous rangez. → ***Rangez-vous***.

1. Tu y vas.
2. Nous nous cachons.
3. Vous le dites.
4. Tu ne te retournes pas.
5. Vous me prêtez un livre.

*** CM1** **6** **Tu refuses d'obéir à chacun de ces ordres. Réponds par une phrase complète.**

Exemple : Pose ton crayon. → ***Je n'ai pas fini !***

1. Mange ton pain.
2. Lave-toi les mains.
3. Prenez votre cahier de brouillons.
4. Passe-moi ta gomme.
5. Cesse de bavarder avec ton voisin.

*** CM1** **7** **Jouez à « *Jacques a dit* ».**

L'un de vous sera le meneur de jeu et donnera les ordres, ses camarades obéiront.
Si le meneur de jeu dit : « Jacques a dit : "Levez la main droite" », ses camarades doivent lever la main droite. S'il dit simplement : « Levez la main droite. », personne ne doit le faire, ceux qui ont levé la main sont éliminés.

**** CM2** **8** **Transforme ces phrases en phrases exclamatives. Utilise, à ton choix, les mots** comme, combien, quel(s) / quelle(s), que...

Exemple : Il fait froid.
→ Comme il fait froid ! Qu'il fait froid ! Quel froid ! ...

1. Il portait un masque effrayant.
2. C'est beau.
3. Il y avait beaucoup de monde.
4. Nous avons pris de nombreux risques.
5. Tu as beaucoup grandi.
6. Vous êtes sages.
7. J'aimerais avoir un ordinateur.
8. Ce film est ennuyeux.

Mention CM1/CM2 réservée à l'exemplaire enseignant

Je m'entraîne

grammaire

9 CM1 **Trouve une question dont la réponse pourrait être le groupe en gras. Utilise l'interrogation par inversion.**

*Exemple : La lumière s'est éteinte **à huit heures**.*
*→ Quand la lumière s'est-elle éteinte ? **À huit heures**.*

1. **Lise** est tombée dans la cour.
2. J'ai acheté **des bananes**.
3. J'ai trouvé ce manteau **devant l'école**.
4. **Demain** nous ferons une dictée.

10 CM1 **Trouve, pour chacune de ces réponses, la question qu'on aurait pu poser pour l'obtenir.**

*Exemple : Dans le jardin. → **Où est le chien ?***

1. Dans mon cartable.
2. Un champignon vénéneux.
3. Parce qu'il fait froid.
4. Si.

11 CM1 **Classe les phrases interrogatives selon que l'on peut y répondre par** oui, si, non **ou par une autre réponse que** oui, si, non.

1. Avez-vous de la colle ?
2. Qu'est-ce que tu fais ?
3. Quand iras-tu en Corse ?
4. Cendrillon n'avait-elle pas perdu sa pantoufle ?
5. Qu'avez-vous appris ?
6. Où est mon manteau ?
7. Demain ?
8. Avez-vous compris ?

12 CM1 **Écris cinq questions que l'on pourrait poser sur ce texte, puis pose-les à tes camarades. Utilise l'interrogation par inversion.**

Exemple : Avec qui la vieille dame habitait-elle ?

Une vieille dame habitait à la campagne, avec son chat, nommé Mistigris. La maison était blanche avec un toit rouge ; on y entrait par un perron, c'est-à-dire un escalier de pierre, qui avait cinq marches et une rampe de fer. Le jardin, devant la maison, était entouré d'un mur blanc, au-dessus duquel on pouvait passer la tête, et il était tout plein de soleil, parce que les poiriers, les pruniers et les cerisiers n'étaient guère plus hauts que le mur ; mais, en face du perron, il y avait un gros marronnier, qui donnait un bel ombrage sur la maison.

Léon Frappié, *La Maternelle*, Librairie Universelle.

13 CM2 **Recopie toutes les phrases exclamatives.**

« Élisabeth Mazalaigues, qu'attendez-vous pour manger votre soupe ?
– Mon huile de foie de morue est tombée dedans, dit Élisabeth.
– Vous n'aviez qu'à faire attention !
– Ça y est ! s'écria Élisabeth. On me pousse et c'est moi qui me fais attraper !
– Personne ne vous a poussée.
– Si, Mademoiselle !
– Vous devriez avoir honte de mettre votre maladresse sur le compte de votre voisine. Taisez-vous et mangez votre soupe... »

Henri Troyat, *La Grive*, Plon.

14 CM1 **Recopie toutes les propositions dont le verbe est à l'impératif.**

« Père Georgeot, dit Mme des Arcis, peux-tu me sauver, ma fille et moi ?
– Certainement, répondit-il en haussant les épaules, d'un air presque offensé qu'on lui adressât une pareille question.
– Que faut-il faire ? dit Mme des Arcis.

– Vous mettre sur mes épaules. Gardez votre robe, ça vous soutiendra. Empoignez-moi le cou à deux bras, mais n'ayez pas peur et ne vous cramponnez pas, nous serions noyés ; ne criez pas, ça vous ferait boire. Quant à la petite, je la prendrai d'une main par la taille, je nagerai de l'autre à la marinière, et je la passerai en l'air sans la mouiller. Il n'y a pas vingt-cinq brasses d'ici aux pommes de terre qui sont dans ce champ-là.
– Et Jean ? dit Mme des Arcis, désignant le cocher.
– Jean boira un coup, mais il en reviendra. Qu'il aille à l'écluse et qu'il attende, je le retrouverai.

Alfred de Musset, *Pierre et Camille*.

* CM1 **15 Dans le texte de l'exercice précédent, retrouve d'autres phrases injonctives** («qui donnent des ordres») **dont le verbe n'est pourtant pas à l'impératif.**

** CM2 **16 Reporte les numéros des phrases ou propositions dans un tableau de ce type.**

Phrases déclaratives	Phrases interrogatives	Phrases exclamatives	Phrases impératives
N° 1			

« **1.** Manman a dit qu'il y a quelque chose dans les lentilles.
– **2.** Quelle chose, han ?
– **3.** J'ai pas bien compris.
– **4.** Comment tu n'as pas compris ? **5.** Dans mes lentilles, y a que des lentilles, non ?
– **6.** Oui, oui, c'est ça qu'est bizarre !
– **7.** Quoi bizarre ?
– **8.** Y'a que des lentilles plus une lentille qui n'est pas une lentille...
– **9.** Tu veux dire qu'il y a quelque chose dans mes lentilles ?
– **10.** J'ai pas dit ça, non...
– **11.** Laisse-moi voir. » **12.** Et elle découvrait elle-même le caca-de-rat, le ravet* mort, les petites roches trop nombreuses, **13.** bougonnait une malédiction, **14.** se signait deux fois **15.** et changeait sans plus insister son lamentable produit.

D'après **P. Chamoiseau**, *Antan d'enfance*, Gallimard.

* Cafard (insecte).

Vocabulaire

* CM1 **17 Dans les dictionnaires, on trouve souvent des abréviations. Par exemple,** « n. m. » **signifie** « nom masculin ». **Écris en entier les mots donnés sous forme d'abréviation.**

- adj.
- contr.
- fam.
- v.
- plur.
- pr.
- syn.
- n. f.
- fig.

* CM1 **18 Le dictionnaire n'est pas le seul à employer des abréviations. Toi aussi, tu en utilises. Retrouve les abréviations correspondant à ces mots.**

- kilogramme
- Madame
- centimètre
- avant Jésus-Christ
- minute
- habitants

** CM2 **19 Les sigles sont une autre forme d'abréviation. Par exemple,** « Q.I. » **signifie** « quotient intellectuel ».

- **Retrouve les sigles correspondant à ces groupes.**

1. Régie autonome des transports parisiens
2. Ce qu'il fallait démontrer
3. Organisation des Nations Unies
4. Cours moyen première année
5. Société protectrice des animaux
6. Habitation à loyer modéré

- **Quel est le sigle qui a donné le nom** smicard **?**

** CM2 **20 Exercice inverse : essaie de traduire ces sigles.**

1. S.V.P. **4.** E.U. **7.** B.D.
2. G.B. **5.** S.N.C.F. **8.** O.V.N.I.
3. E.D.F. **6.** C.P. **9.** U.E.

Orthographe

21 CM1 * **Transforme ces phrases en phrases impératives. Attention à l'orthographe.**

Exemple : Tu te ranges. → Range-toi.

1. Tu chantes fort.
2. Nous ne crions pas.
3. Vous apprenez cette liste de mots.
4. Tu laisses ton frère tranquille.
5. Vous ne cueillez pas ces fleurs.
6. Tu jetteras ce papier.
7. Tu iras te laver les mains.
8. Tu choisiras ce qui te plaît.
9. Tu ne courras pas trop vite.

22 CM1 * **Transforme ces phrases en phrases déclaratives. Attention à l'orthographe.**

Exemple : Range-toi. → Tu te ranges.

1. Prenez votre maillot de bain.
2. Allons nous cacher.
3. Plie la feuille.
4. Ne le répète pas.
5. Ouvre la porte.
6. Ne pleure pas.
7. Va te coucher.
8. Chasse cette mouche.

23 CM1 * **Recopie le texte en rétablissant la ponctuation** (. ! ?) **aux endroits indiqués.**

« Nous allons nous organiser, dit Grand-Crocodile ...
– Bonne idée ...
– Mais comment ...
– Et pour quoi faire ... »
Seule Musaraigne se taisait ...
« Nous devons nous organiser, reprit Grand-Crocodile, pour déjouer les pièges du Cinquième de Cavalerie ... Déjà qu'ils m'ont pris en traître et coupé les cheveux ... Demain, si on les laisse faire, ils auront mon scalp tout entier ... »

D'après **François Sautereau**, *Les Indiens de la rue Jules Ferry*, Rageot.

24 CM2 ** **Ponctue correctement ces phrases. Dans laquelle faut-il ajouter une virgule ?**

1. Marie sort de la pièce
2. Marie sors de la pièce
3. Marie sort-elle de la pièce
4. Comme Marie sort lentement de la pièce

25 CM2 ** **Transforme ces phrases en phrases interrogatives. Utilise l'interrogation par inversion. N'oublie pas de rajouter le** t, **les traits d'union et le point d'interrogation.**

*Exemple : Il a bougé. → A-**t**-il bougé **?***

1. Il danse bien.
2. Elle avance un peu.
3. Cet arbre a donné beaucoup de fruits.
4. Elle va au supermarché.

DICTÉE DE CONTRÔLE

Comme Élisabeth s'apprêtait à avaler sa ration d'huile de foie de morue, Louise Charamu lui poussa le bras et le contenu de la cuillère se répandit dans la soupe.
« Espèce d'idiote ! » grommela Élisabeth.
L'autre ricana :
« J'ai pas fait exprès ! »
La soupe aux poireaux empestait l'huile de foie de morue. Élisabeth écarta son assiette et se croisa ostensiblement les bras.

Henri Troyat, *La Grive*, Plon.

• Cet extrait vient-il avant ou après celui de l'exercice 13 ?

J'apprends à rédiger

CM1 * **26** **Réécris cette recette en mettant à l'impératif les verbes donnés à l'infinitif. Écris le texte à la 2e personne du pluriel.**

Gâteau Ségali

Travailler les jaunes de 5 œufs avec 150 g de sucre. Ajouter 130 g de farine de seigle et les blancs des œufs battus en neige.

Verser dans un moule beurré et enfourner.

Démouler et refroidir sur une grille.

Huguette Couffignal, *La Cuisine rustique : Auvergne, Rouergue, Limousin*, Robert Morel.

CM2 ** **27** **Même exercice, mais cette fois écris le texte à la 2e personne du singulier.**

CM1 * **28** **Écris cinq phrases injonctives impératives que tu entends souvent à l'école.**

Exemple : Dépêchez-vous.

CM1 * **29** **Voici un début d'énoncé de problème. Trouve trois questions qui pourraient être posées à la suite.**

L'école dispose de 500 euros pour acheter des livres pour la classe de CM1. On décide d'acheter 25 livres de mathématiques et 15 dictionnaires. Chaque livre de mathématiques coûte 10 euros. Il restera 25 euros à dépenser après l'achat de tous les livres.

CM1 * **30** **Voici un exercice de grammaire fait par un élève. Trouve la consigne qu'il avait à respecter : ce doit être une phrase impérative à la 2e personne du singulier.**

Fanchon s'en est allée de bon matin, comme le petit Chaperon rouge, chez sa grand-mère qui demeure dans le village voisin. Mais Fanchon n'a pas cueilli, comme le petit Chaperon rouge, des noisettes dans le bois. Elle est allée tout droit son chemin et elle n'a pas rencontré le loup.

Anatole France, *Nos enfants*.

CM2 ** **31** **a. Les réponses à ces questions sont correctes du point de vue grammatical. En quoi ne sont-elles pas de bonnes réponses ?**

« Avez-vous l'heure ?

– Oui.

– Et vous pourriez me la dire ?

– Bien sûr que je pourrais. »

b. Cherche d'autres questions de ce type, fréquentes dans la vie courante.

CM2 ** **32** **À partir des indications données dans le texte, trouve à qui s'adresse le chat : qui sont 1, 2, 3 et 4 ?**

Il y a un chat qui vit seul. Il s'ennuie. Il va à la mare, il parle à 1.

« Faisons amitié, toi et moi. Sors de l'eau, on va se raconter des nouvelles. »

1 sort de la mare. Elle parle avec le chat, ils se racontent des nouvelles. Pendant qu'ils parlent, 2 arrive en courant. Elle marche sur 1, elle l'écrase – floc ! Plus de 1.

Le chat suit 2 qui court, il lui crie : « Arrête-toi ! Si tu veux, on va faire amitié ensemble. On va se raconter des nouvelles. »

2 s'arrête. Ils causent tous les deux, deviennent amis. Mais 3 sort des hautes herbes. Il bondit, tue 2. Dévorée !

Le chat dit au 3 : « Nous sommes de même sang, toi et moi. Nous pouvons être amis. Viens t'asseoir, qu'on se raconte des nouvelles. »

3 vient s'asseoir à côté du chat. Ils parlent en amis. Puis 4 sort de la forêt. 4 et 3 ne sont pas amis, pas du tout. 4 attaque 3, le transperce de ses défenses. Plus de 3.

Le chat dit à 4 :

« Je voudrais un ami. Je voudrais un ami grand et fort comme toi. Penche ton oreille – je sais des nouvelles, je vais te les raconter. »

D'après **Muriel Bloch**, *365 Contes*, Hatier.

• **Imagine en une dizaine de lignes une suite ou une fin pour cette histoire.**

5 Les formes de phrases

On ne chasse pas l'**eider** pour sa chair. On le recherche pour son **duvet**. Aux premiers jours de l'été, la femelle arrache ce duvet, fin comme une vapeur. Elle en tapisse son nid. Le chasseur survient, emporte le nid, mais laisse les œufs. La cane obstinée se déplume à nouveau : le chasseur ramasse cette seconde récolte. La malheureuse bête s'arrache les dernières **plumes** : elle a le bréchet aussi nu qu'une poularde à une devanture de marchand de volailles. Le mâle se dévoue à son tour. Seulement son duvet est rêche et dur comme une barbe de huit jours. Le chasseur n'en veut pas. Il court à d'autres nids.

Roger Vercel, *La Croisière blanche*, Albin Michel.

J'observe

- Relève les phrases négatives puis mets-les à la forme affirmative.
- Choisis deux phrases affirmatives et mets-les à la forme négative.
- Réécris à la forme passive les deux premières phrases : *L'eider ... – Il ...*

Vocabulaire

- Quel nom, dérivé d'*eider*, a été donné à l'espèce de couette remplie, à l'origine, de duvet d'eider ? Quel type d'oiseau est l'eider ? Trouve dans le texte un mot qui l'indique. L'illustration est-elle juste ? Pourquoi ?
- Quel autre sens a pris aujourd'hui le mot *duvet* ? Quel est le contraire de l'adjectif dans « son duvet est rêche » ?
- Trouve dans le texte un mot de la même famille que *plume*. Donnes-en d'autres. Le mot *plumier* en fait-il partie ? Pourquoi ?

Je retiens

- **La phrase négative sert à nier.** Pour obtenir une phrase négative, on ajoute **ne ... pas (ne ... plus, ne ... jamais, ...)** de part et d'autre du verbe, ou de part et d'autre de l'auxiliaire *être* ou *avoir* si le verbe est à un temps composé.

  *On **ne** chasse **pas** l'eider pour sa chair.* *Il **n'a jamais** vu d'eider.*

- CM2 La phrase **active** insiste sur **l'action en train de se faire**, la phrase **passive** insiste sur **le résultat de l'action.** Toutes deux présentent de grandes différences de construction.

  *L'été **le chasseur** emportera **le nid**.* → *L'été **le nid** sera emporté par **le chasseur**.*

Est-ce que je sais faire ?

* CM1

1 Transforme chaque phrase affirmative en phrase négative.

Exemple : La lumière s'est éteinte.
→ La lumière ne s'est pas éteinte.

1. La pièce était très grande.
2. J'ai dormi dans le train.
3. C'est juste.
4. Il fait très beau.
5. Avez-vous peur ?
6. Approche.

* CM1

2 Transforme chaque phrase négative en phrase affirmative.

Exemple : Cet exercice n'est pas facile.
→ Cet exercice est facile.

1. Je ne vous comprends pas.
2. Ce n'est pas difficile.
3. Elle n'a pas bien lu.
4. Les arbres n'ont pas perdu leurs feuilles.
5. Cette fleur ne s'ouvrira pas.
6. Ici, il n'y a pas de fourmis.
7. Je n'ai pas pris de dessert.

* CM1

3 Mets chaque phrase à la forme négative selon le modèle.

Exemple : Il mange des fruits.
→ Il ne mange pas de fruits. / Il ne mange plus de fruits. / Il ne mange jamais de fruits. / Il ne mange aucun fruit. / Personne ne mange de fruits.

1. Ce jeune élève fait des fautes d'orthographe.
2. Elle arrose ses plantes.
3. Il aide son petit frère.
4. Nous regardons la télévision.

* CM1

4 Jeu de relais.

Un élève meneur de jeu dit une phrase affirmative, il désigne un camarade qui transforme la phrase en phrase négative. Si la transformation n'est pas juste, le meneur de jeu désigne quelqu'un d'autre. Si la transformation est juste, l'élève qui l'a faite devient meneur de jeu, dit une phrase affirmative... et ainsi de suite.

** CM2

5 Transforme chaque phrase passive en phrase active.

Exemple : Ces fleurs ont été cueillies par des promeneurs.
→ Des promeneurs ont cueilli ces fleurs.

1. L'entrée était bloquée par un rocher.
2. L'enveloppe a été mouillée par la pluie.
3. Cet enfant a été mordu par un chien.
4. La classe a été décorée par les élèves.

** CM2

6 Même exercice que le précédent.

1. Le chemin était caché par les orties.
2. La rue était barrée par une manifestation.
3. Notre pique-nique a été envahi par les fourmis.
4. L'ampoule a été changée par une dame de service.

** CM2

7 Transforme chaque phrase active en phrase passive.

Exemple : Des promeneurs ont cueilli ces fleurs.
→ Ces fleurs ont été cueillies par des promeneurs.

1. Mon frère a pêché le plus gros poisson.
2. Le vent dépouille les arbres.
3. Les souris effraient les éléphants.
4. Une voiture a renversé le cycliste.
5. Un passant a trouvé mon porte-monnaie.

** CM2

8 Même exercice que le précédent.

1. Un enfant a découvert le nid de guêpes.
2. Des campeurs ont laissé ces papiers gras.
3. Une client a oublié ce parapluie rouge.
4. De vieilles dames nourrissaient les chats.
5. Le jardinier repeindra le portail.

Je m'entraîne

grammaire

9 *CM1* **Recopie ces phrases en soulignant tous les éléments négatifs.**

Exemple : Il n'y avait personne dans la cour.

1. On ne doit pas passer par ici.
2. Je ne sais plus où je suis.
3. Jamais la terre n'avait tremblé aussi fort.
4. Personne n'a rien vu.
5. Sur cette terre ne pousse aucun arbre.

10 *CM2* **Transforme chaque phrase négative en phrase affirmative.**

Exemple : Personne n'a crié. → Quelqu'un a crié.

1. Je n'ai jamais pris l'avion.
2. Ce joueur ne fait plus partie de l'équipe nationale.
3. Personne ne s'est levé.
4. N'avez-vous rien entendu ?

11 *CM2* **Transforme chaque phrase affirmative en phrase négative.**

Exemple : Quelqu'un a crié. → Personne n'a crié.

1. Je lis quelquefois dans mon lit.
2. Cet enfant suce encore son pouce.
3. Quelque chose bougeait.
4. Quelqu'un a acheté la maison hantée.
5. Quelques plantes poussaient à cet endroit.

12 *CM1* **Repère les phrases négatives dans le texte, choisis-en trois et transforme-les en phrases affirmatives.**

Quand on a été élevé dans un monde où chaque jour les grandes personnes vous répètent :

- Il n'y a plus d'honnêtes gens.
- Il n'y a plus de bons matelas.
- Il n'y a plus de vrai bon pain.
- Il n'y a plus de saisons.
- Il n'y a plus de professeurs.
- Il n'y a plus rien nulle part.

... on est bien obligé de le constater : il ne nous reste pas grand-chose.

D'après **Georges Daninos**, *Le Jacassin*, Hachette.

13 *CM2* **Transforme chaque phrase passive en phrase active.**

Exemple : Ces arènes ont été construites par les Romains. → Les Romains ont construit ces arènes.

1. Les oiseaux ont été effrayés par l'épouvantail.
2. Les routes seront dégagées par le chasse-neige.
3. La bibliothèque est gérée par les élèves.

14 *CM2* **Retrouve les phrases passives, puis écris-les à la forme active.**

Sur les planchers gluants, les matelots marchaient à pleines bottes parmi le poisson mêlé de glace souillée. Les mousses étaient abrités par un tablier de toile raidie en cuirasse ; ils s'enduisaient d'écailles jusqu'aux yeux en barbotant dans la marchandise. Les matelots, faisant la chaîne sur la longueur du pont, se passaient les paniers pleins. Ils accomplissaient tous le même balancement. Leur buste était ballonné par l'enflure des étoffes cirées. Les pêcheurs étaient constellés d'écailles par le frottement du poisson.

D'après **Pierre Hamp**, *Marée fraîche*, Gallimard.

15 *CM2* **Transforme ces phrases actives en phrases passives.**

1. Les varans pillent régulièrement les nids.
2. Une guêpe a piqué mon petit frère.
3. Les parents nourrissent l'oisillon.

CM1 **16** **Parmi les analyses proposées, associe chaque phrase à celle qui lui correspond.**

1. Ne bougez plus.
2. Les cultures n'ont pas été trop abîmées par la grêle.
3. Il ne fait rien de la journée.
4. Pourquoi ne l'as-tu pas dit ?
5. Quelle surprise !

a. P. déclarative + négative
b. P. exclamative
c. P. interrogative + négative
d. P. déclarative + négative + passive
e. P. impérative + négative

Vocabulaire

CM1 **17** **Quelle différence de sens vois-tu entre ces deux phrases ? Lis-les à haute voix pour montrer la différence de prononciation.**

Il n'y a plus de vent. / Il y a plus de vent.

CM2 **18** **Montre que ces deux phrases n'ont pas le même sens.**

On ne mange pas les feuilles de cette plante.
On ne mange que les feuilles de cette plante.

CM1 **19** **Quelle différence de sens y a-t-il entre ces trois phrases ?**

1. Cette armoire n'est pas toujours fermée à clé.
2. Cette armoire n'est toujours pas fermée à clé.
3. Cette armoire n'est jamais fermée à clé.

CM1 **20** **Lis attentivement ce texte, puis répond aux questions.**

Son **couteau** était, avec sa pipe, le seul bien qu'il eût au monde. C'est avec son couteau qu'il coupait le **pain dur** et la couenne de lard qu'on lui donnait à la porte des **fermes**. C'est avec son couteau qu'il grattait les **fruits pourris**. C'est avec son couteau qu'il se taillait des **bâtons** de voyage et qu'il coupait des **branches** pour se faire un lit de **feuilles**, la nuit dans les **bois**. C'est avec son couteau qu'il sculptait, dans l'écorce des chênes, des bateaux pour les petits garçons et, dans le **bois** blanc, des poupées pour les petites filles.

D'après **Anatole France**, *Le Mannequin d'osier*.

a. Quel peut être le contraire commun à l'adjectif *dur* dans du *pain dur*, et de *pourris* dans des *fruits pourris* ?

b. Cherche au moins deux mots de la famille des mots suivants. Tu peux t'aider du dictionnaire.
couteau, pain, ferme, fruit, bâton, branche, feuille.

c. On trouve deux fois le mot *bois* dans le texte. A-t-il chaque fois le même sens ?

CM2 **21** **a. Dans la phrase :** « Son couteau était, avec sa pipe, le seul bien qu'il eût au monde. » **le mot** bien **est-il un nom ou un adverbe ? Justifie ta réponse et donne le sens du mot ou un synonyme, si tu en connais un.**

b. Le mot bien **entre dans de nombreuses expressions ; cherche dans un dictionnaire le sens de chaque expression en gras.**

1. Cette femme **fait le bien** partout autour d'elle.
2. Ce médicament lui **fait du bien**.
3. On **dit beaucoup de bien** de ce produit.
4. Il faut **prendre en bien** ces critiques, je les ai faites **pour ton bien**.

Orthographe

CM2 ** **22** Mets à la forme passive chaque phrase. Attention aux accords du verbe et du participe passé.

Exemple : Un galon bordait les rideaux.
→ *Les rideaux étaient bordés par un galon.*

1. Des journaux encombraient la table.
2. Un explorateur a découvert deux plantes inconnues.
3. Des neiges éternelles recouvraient le sommet.

CM1 * **23** Donne on comme sujet à chaque phrase. Ajoute n' si la phrase est négative, n'ajoute rien si la phrase est affirmative.

Exemples : On a tout vu.
On n'a rien vu.

1. ... est en retard.
2. ... a rien compris.
3. ... arrivera jamais à temps.
4. ... attend ici.
5. ... avance plus.

CM2 ** • Pour laquelle de ces phrases les deux orthographes étaient-elles possibles ? Pourquoi ?

AUTODICTÉE

Le petit lapon

Je n'ai jamais vu de lama,
De tamanoir ni de puma.

Je n'ai jamais été à Lima,
Ni à Fez, ni à Panama.

Je ne possède ni trois-mâts,
Ni charrette, ni cinéma.

Je ne suis qu'un petit Lapon
Qui sculpte de petits oursons,

Avec un os, dans un glaçon.

Maurice Carême, *Fleurs de soleil*,
Fondation Maurice Carême.

CM2 ** **24** Mets en relief le groupe sujet à l'aide de *c'était... qui* si le sujet est au singulier ou *c'étaient... qui* si le sujet est au pluriel.

Exemple : Des enfants criaient.
→ *C'étaient des enfants qui criaient.*

1. Une souris mangeait nos savonnettes.
2. Ces morceaux de verre brillaient dans l'obscurité.
3. Tes exercices étaient faux.
4. La foule les effrayait.
5. Mon grand frère avait réparé le vélo.
6. Des loups rôdaient à la lisière des bois.

CM1 * **25** Réécris ces phrases en mettant au singulier le groupe en gras.

1. **Les vieux pins** se sont fendus.
2. Ce sont **les vents** qui les ont brisés.
3. **Les voyageurs** savent à quel point les orages sont violents dans la région.
4. **Ces vêtements** de pluie se vendent bien.

CM2 ** **26** Recopie la phrase en la complétant avec :
• *c'est* = élément de la tournure de mise en relief
• *ces* = déterminant
• *sait* = verbe *savoir*

Le jardinier ... très bien que ... le vent qui a cassé ... fleurs-ci, mais que ... notre chien qui a cassé ... fleurs-là.

J'apprends à rédiger

CM1 * **27** **Écris trois phrases indiquant ce que tu ne dois pas faire à l'école.**

Exemple : Je ne cours pas (jamais) dans l'escalier.

CM2 ** **28** « Les campeurs mettent des pommes de terre dans le feu pour les faire cuire sous la cendre. » **Écris trois phrases différentes à partir de cette phrase en mettant chaque fois en relief un groupe différent.**

*Exemple : **C'est** pour les faire cuire sous la cendre **que** les campeurs…*

CM1 * **29** **Construis une phrase correspondant à chaque analyse.**

1. Phrase interrogative + négative
2. Phrase impérative
3. Phrase exclamative

CM2 ** **30** **Cette phrase est-elle négative ? Justifie ta réponse.**

Je suis certain qu'il ne vous le dira pas.

CM2 ** **31** **Cette phrase est compliquée : l'interlocuteur doit-il ou non manger ?**

Je ne veux pas que tu ne manges pas.

CM1 * **32** **Si une réponse** n'est pas pertinente, **peut-on dire qu'elle** est impertinente **? Aide-toi du dictionnaire pour justifier ta réponse.**

CM2 ** **33** **On peut mettre un point d'exclamation à la fin d'une phrase impérative. Dis pour chaque phrase ponctuée d'un point d'exclamation si elle est exclamative ou impérative.**

De nouveaux coups résonnent à la porte du cabaret : Pan ! Pan ! Pan !… Tout le monde sursaute. Et une voix supplie dans la rue :

« Vite ! Vite ! Ouvrez !… C'est moi, Clarice ! Au nom du ciel, ouvrez !
– Le commis de Camus ! On devrait éteindre ces lumières. Ils vont tous venir ici ! » s'écrie Roubion.

D'après **Gaston Leroux**, *Balaoo*,
Presses de la Renaissance.

CM2 ** **34** **Observe les accords et réécris le texte en rétablissant, à un endroit qui convienne, les propositions subordonnées relatives données à part.**

Subordonnées relatives à replacer :
1. *où il pourrait se réfugier en cas de danger*
2. *que l'on pouvait trouver fermées sur le chemin du retour*
3. *qui l'aveuglait et le paralysait pendant quelques instants*
4. *qui le menaçaient*
5. *qui suivirent*

Au cours des nuits, Nahum explora de fond en comble la cuisine, prenant toujours la précaution de repérer des cachettes. Précaution d'ailleurs inutile, car l'arrivée soudaine des humains coïncidait toujours avec une illumination. Mais la tentation de quitter les chemins battus ne pouvait tarder à surgir dans l'esprit d'un individu aussi curieux que notre cafard. Il savait parfaitement que parmi les multiples dangers, celui représenté par le passage des portes n'était pas le moindre. Quelle que fût son aptitude à s'aplatir pour se glisser dessous, l'opération présentait un risque grave si cette porte venait à bouger. Il fallait surtout se méfier des portes ouvertes.

D'après **Leonid Minor**, *Tarakan*,
Presses de la Renaissance.

• Compare ton texte avec ceux de tes camarades.

CM1 * **35** **Dans l'exercice précédent, devine qui est Nahum. Justifie ta réponse.**

6 La ponctuation

À quelques jours de là, le germe de haricot s'éveilla de nouveau. Le charançon lui dit :
« Vous vous éveillez trop tôt, mon enfant.
– Je veux grandir et sortir de mon grain, comme c'est ma destinée, dit le germe de haricot.
– Sortir de ce grain ! s'écria le charançon en affectant un air épouvanté. Mais vous ne savez donc pas que dehors c'est encore l'hiver et le froid ! Que de dangers terribles vous menacent : les vers, la taupe, la courtilière !... N'avez-vous donc jamais entendu parler du grand loup ? Croyez-moi, faites encore un petit bout de somme... Je vous éveillerai quand il sera temps. »

D'après L. Bourliaguet,
Les Contes de la folle avoine, Lavauzelle.

J'observe

- Relève tous les signes de ponctuation qui indiquent la fin d'une phrase.
- Quels signes de ponctuation permettent de reconnaître le dialogue ?
- Repère les virgules et essaie d'expliquer chaque fois pourquoi il y en a une.
- Lis le texte à haute voix, de façon expressive, de façon à montrer le rôle de la ponctuation.

Vocabulaire

- Cherche dans le texte tous les mots qui désignent un animal et dis ce que c'est pour chacun. Tu peux t'aider du dictionnaire.
- Dans le texte, le nom *somme* est-il masculin ou féminin ? Quel est son sens ? Trouve trois mots de la même famille. Emploie un homonyme du nom *somme* dans une phrase.

Je retiens

- Ponctuation et majuscules sont des signes indispensables à la clarté de l'écrit. Leur absence, ou leur mauvaise utilisation, peut rendre un texte incompréhensible.
- La ponctuation permet de **structurer** l'écrit, et apporte aussi des informations de **sens**.
- Le choix des signes de ponctuation dépend de l'intention de celui qui écrit, pourtant certaines **règles** doivent être respectées.

Claire vient. *Claire vient ?* *Claire vient !* *Claire, viens.*

Est-ce que je sais faire ?

* CM1 **1 Lis à haute voix ces groupes ou ces phrases, en traduisant par l'intonation les sens différents qu'ils prennent en fonction de la ponctuation.**

1. Oui. / Oui ? / Oui !

2. Quelle surprise ! / Quelle surprise ?

3. Ah ! te voilà déjà ! / Ah ! te voilà déjà ? / Ah ? te voilà, déjà !

4. La voiture roule vite. / La voiture roule vite ! / La voiture roule vite ? / La voiture roule ! Vite !

5. Cet appareil fonctionne bien. / Cet appareil fonctionne bien ! / Cet appareil fonctionne bien ? / Cet appareil fonctionne. Bien !

** CM2 **2 Même exercice avec cette phrase.**

1. Pierre lave la vaisselle dans la rivière.

2. Pierre lave la vaisselle dans la rivière ?

3. Pierre lave la vaisselle. Dans la rivière ?

4. Pierre lave la vaisselle ? Dans la rivière ?

5. Pierre lave la vaisselle dans la rivière !

6. Pierre! Lave la vaisselle dans la rivière !

* CM1 **3 Lis le texte à haute voix en respectant les pauses et en variant l'intonation selon les signes de ponctuation.**

La grosse tête carrée et les fortes épaules de Shere Khan bloquaient l'ouverture de la caverne et tentaient d'y pénétrer. Tabaqui, derrière lui, piaulait :

« Monseigneur, Monseigneur, il est entré ici !

– Shere Khan nous fait grand honneur, dit Père Loup, les yeux mauvais. Que veut Shere Khan ?

– Ma proie. Un petit d'homme a pris ce chemin. Ses parents se sont enfuis. Donnez-le-moi ! »

Shere Khan avait sauté sur le feu d'un campement de bûcherons et la brûlure de ses pattes le rendait furieux.

Rudyard Kipling, *Le Livre de la Jungle*, Mercure de France.

** CM2 **4 Même exercice avec cet autre texte.**

Un peu plus tard, le mot perdit de son venin, et je m'avisai que le presbytère pouvait bien être le nom scientifique du petit escargot jaune et noir...

« Maman ! regarde le joli petit presbytère que j'ai trouvé !

– Le joli petit... quoi ?

– Le joli petit presb... »

Je me tus, trop tard. Il me fallut apprendre – « Je me demande si cette enfant à tout son bon sens... » – ce que je tenais tant à ignorer, et appeler « les choses par leur nom »...

« Le presbytère, voyons, c'est la maison du curé.

– La maison du curé... Alors, M. le curé Millot habite dans un presbytère ?

– Naturellement... Ferme ta bouche, respire par le nez... Naturellement voyons... »

J'essayai encore de réagir... Je luttai contre l'effraction, je serrai contre moi les lambeaux de mon extravagance, je voulus obliger M. Millot à habiter, le temps qu'il me plairait, dans la coquille vide du petit escargot nommé « presbytère »...

« Veux-tu prendre l'habitude de fermer la bouche quand tu ne parles pas ! À quoi penses-tu ?

– À rien, maman... »

Colette, *La Maison de Claudine*, Fayard.

Je m'entraîne et j'apprends à rédiger

grammaire

* CM1 **5 Recopie le texte en y mettant correctement les points.**

Il faisait tiède dans la maison du vieux Touraille, tiède et paisible Touraille devisait Raboliot l'écoutait Les heures passaient sans qu'on s'en aperçût
Par la porte de la salle toujours ouverte, ils pouvaient voir la vieille Norine qui tricotait Assise près du petit fourneau, elle surveillait par-dessus ses lunettes le manger qui cuisait sur le feu L'omelette grésillait dans la poêle.

D'après **Maurice Genevoix**, *Raboliot*, Bernard Grasset.

** CM2 **6 Même exercice, mais cette fois les majuscules ne sont pas là pour t'aider. Il faut donc les rétablir aussi.**

le chien du charcutier n'attaque ni ne menace Frédéric il est paisiblement assis sur le seuil de la boutique de son maître mais il est noir, il a l'œil fixe et sanglant des dents aiguës et blanches lui sortent des babines il est effrayant et puis, il se repose au milieu de chair à pâté et de hachis de toute sorte il en semble plus terrible

D'après **Anatole France**, *Nos Enfants*.

* CM1 **7 En fonction du sens, recopie le texte en rétablissant correctement la ponctuation aux endroits indiqués** (: ? .).

Josette a un doute ...
« Comment s'appellent les images ... »
Papa répond ...
« Les images ... Comment s'appellent les images ... On ne doit pas dire "images", il faut dire "images" ... »
Jacqueline arrive ... Josette se précipite vers elle et lui dit ...
« Jacqueline, tu sais, les images c'est pas des images, les images c'est des images ... »

Eugène Ionesco, *Conte n° 2*, Gallimard.

* CM1 **8 En fonction du sens, recopie le texte en rétablissant correctement la ponctuation aux endroits indiqués** (? ! .).

Le Loup frappa à la porte :
« Chat, ouvre-moi vite la porte ... Tu ne veux pas ... Une, deux, trois ... »
Alors, le loup s'élança contre la porte pour la briser ... Mais il retomba tout en sang, blessé par les lames de couteau, les pointes de fer et les culs de bouteilles ...
« Aïe ... aïe ... aïe ... Au secours ... »
Sur le toit de l'étable, le Chat, la Poulette et la Petite Oie s'esclaffaient ...
« Qu'as-tu, pauvre Loup ... Qu'as-tu ... »

Jean-François Bladé, *10 Contes de Loups*.

* CM1 **9 Recopie le texte en rétablissant la ponctuation et la disposition du dialogue** (guillemets, tirets, retours à la ligne).

Il devait faire pleine nuit dehors, la seule clarté venait du foyer. Boudard y remit une bûche. Quand tu t'en iras, dit Fan, n'oublie pas mon cahier de devoirs, Patou me le rapportera corrigé. Boudard le regarda et dit : Hier soir, avant la sortie de la classe, M. Truchard l'a montré en modèle. Il assure que tu n'as pas perdu, au contraire ; que quand tu rentreras, le mois prochain, tu ne craindras personne en classe. Tant mieux, dit Fan. Boudard s'était levé, s'emmitouflait dans son cache-nez. Au revoir, Fan ; à jeudi prochain.

Maurice Genevoix, *Le Jardin dans l'île*, Flammarion.

CM2 ** **10 Recopie le texte en y introduisant les virgules nécessaires.**

Le docteur répondait à tout le monde faisait tirer la langue à l'un tâtait le pouls à l'autre distribuait des médicaments donnait du vin de quinquina tout ce qu'il avait et s'en allait enfin vidé tondu au milieu des acclamations des bénédictions de tout ce brave peuple de la terre.

D'après **Alphonse Daudet**, *Jack*.

CM2 ** **11 Recopie ce texte en y introduisant les virgules nécessaires.**

Il y a bien des siècles le sultan de Constantinople s'en alla dit-on avec une suite nombreuse faire une excursion dans le pays des Kurdes. Son fils l'accompagnait. Ils traversèrent des fleuves et des forêts gravirent des montagnes et parvinrent à de vastes plateaux couverts de prés et de cultures.

CM2 ** **12 Même exercice avec la suite du texte.**

Un jour ils arrivèrent aux abords d'un grand village entouré de prairies où ils campèrent pour se délasser de leurs fatigues. Dans le village il y avait beaucoup de monde : c'était jour de foire. Les gens allaient et venaient vendaient ou achetaient des chevaux des moutons des légumes des fruits des ustensiles de ménage des vêtements et aussi de magnifiques tapis aux mille nuances et aux curieux dessins.

Maurice Bouchor, *Contes*, Armand Colin.

CM1 * **13 Recopie le texte en rétablissant le signe de ponctuation qui convient à chaque endroit indiqué.**

De temps en temps ... la porte de la chambre s'ouvrait doucement ... c'était Mme Eyssette qui entrait ... Elle s'approchait du Petit Chose sur la pointe du pied ...
... Tu travailles ... lui disait-elle tout bas ...
... Oui ... mère ...
... Tu n'as pas froid ...
... Oh ... non ...

CM1 * **14 Même exercice avec la suite du texte.**

Le Petit Chose mentait ... il avait bien froid au contraire ...
Alors Mme Eyssette s'asseyait auprès de lui avec son tricot et restait là de longues heures ... comptant ses mailles à voix basse ... avec un gros soupir de temps en temps ...

Alphonse Daudet, *Le Petit Chose*.

CM2 ** **15 En tenant compte de la terminaison du verbe, ponctue ces deux phrases correctement.**

1. Mon fils dit la vérité
2. Mon fils dis la vérité

CM1 * **16 Retrouve l'ordre du texte en tenant compte des indices de ponctuation du dialogue.**

a. « Oh ! Henri ! »
b. « Qu'est-ce que c'est ? demande maman.
c. « Tu ne me reconnais plus, Petit-Louis ?
d. Maman se précipite, ouvre la porte violemment :
e. Elle tombe dans ses bras. Moi, la surprise me cloue sur le seuil.
f. Tout à coup, on frappe à la porte. Un instant de silence. On frappe encore.
g. – Ouvre, Jeanne ! crie une voix enrouée et impatiente. C'est moi. »
h. – Papa ! »

Eugène Dabit, *Petit-Louis*.

CM2 ** **17 Ponctue cette phrase de deux façons différentes, afin de mettre en évidence les deux sens qu'elle peut avoir.**

Cet enfant a répondu Roland est très courageux.

CM1 * **18** **Remplace le point d'exclamation par un point d'interrogation et donne le nouveau sens de la phrase.**

Est-elle drôle !

CM2 ** **19** **Voici un télégramme qui peut avoir plusieurs sens.**

CONTRAT VOLÉ CLIENT FURIEUX RENTRE IMMÉDIATEMENT

a. Ponctue-le de manières différentes pour le montrer.

Exemple avec

GRAND-PÈRE MALADE ARRIVE DEMAIN

→ *Grand-père malade arrive demain. / Grand-père malade, arrive demain. / Grand-père, malade arrive demain.*

b. Réécris la phrase complète et grammaticalement correcte qui correspond à chaque choix de ponctuation.

Exemple avec

GRAND-PÈRE MALADE ARRIVE DEMAIN

→ *Mon grand-père malade arrive demain. / Mon grand-père est malade, j'arrive demain / Mon grand-père est malade, tu arrives (arrive = impératif) demain / Grand-père, le malade arrive demain...*

CM2 ** **20** **Une ligne pirate a été introduite dans le texte. Observe la ponctuation à la fin de chaque ligne et retrouve-la.**

1. Lentement, ils approchèrent de la rive ; il ne restait plus
2. que trente pieds à franchir quand la glace commença à
3. craquer de nouveau et ondula sous les pieds du cheval.
4. Le père Chapdelaine s'était mis debout, bien réveillé.
5. Le vieux cheval planta dans la neige semi-liquide les
6. crampons de ses sabots et s'en alla vers la rive par
7. bonds, avec de grands coups de collier. Au moment où il
8. atterrissait, une plaque de glace vira un peu sous les
9. patins du traîneau et s'enfonça, laissant à sa place un
10. trou d'eau claire. Samuel Chapdelaine se retourna :
11. et observa pensivement la surface du lac qui fondait...
12. « Nous serons les derniers à traverser, cette saison ! »

Louis Hémon, *Maria Chapdelaine*, Grasset.

CM2 ** **21** **Ce texte est ponctué à tort et à travers.**

Tout à coup ! Le tronc craqua ? Théodule cria. Gare puis il se remit. À frapper, on vit trembler. La pointe du sapin gare. Cria de nouveau. Théodule, le tronc pencha. À droite, pencha. À gauche, et Théodule n'eut que le temps de se jeter : en arrière, toute la masse s'abattit.

D'après **C.-F. Ramuz**, *Jean-Luc persécuté*, Grasset.

a. Recopie-le en le ponctuant correctement, afin de lui donner un sens. N'oublie pas de mettre les majuscules.

b. Quel est le métier de Théodule ?

CM2 ** **22** **Ce poème est très mal présenté :**

Dans Venise la rouge pas un bateau ne bouge pas un pêcheur dans l'eau pas un falot seul assis sur la grève le grand lion soulève sur l'horizon serein son pied d'airain

a. Recopie le poème en le disposant correctement : va à la ligne à la fin de chaque vers (observe les rimes), mets une majuscule au début de chaque vers et ajoute une ponctuation qui rétablisse le sens.

b. Cherche les mots falot et airain dans le dictionnaire.

c. Quel est le sens du mot grève dans le poème ? Emploie le mot avec un sens différent dans une phrase.

Orthographe

*CM1 **23** **Trouve dans la grille la phrase cachée, ayant un sens et bien orthographiée.**
Tu ne peux te déplacer qu'horizontalement ou verticalement, sans sauter de case ni aller en diagonale.

Connaissez-	tu	la	femmes	du	voisin	depuis	longtemps
vous	les	personne	qui	rentrent	dans	le	jardin
c'est	gens	qui	ouvres	aux	facteur	ils	veulent
enfants	il	habitent	la	fermes	sans	porte	parler
qui	voient	Les	maison	aux	toit	oranges	à
achètes	un	château	en	volets	rouges	demanda	un
des	paquet	de	chocolats	bleue	dis	Les	policier

• **Recopie la phrase que tu as trouvée en la ponctuant correctement.**

DICTÉE PRÉPARÉE

Il est nuit. Je m'en aperçois tout d'un coup. Combien y a-t-il de temps que je suis dans ce livre ? Quelle heure est-il ? Je ne sais pas, mais est-ce que je peux lire encore ? Je frotte mes yeux, je tends mon regard, les lettres s'effacent ; les lignes se mêlent, je saisis encore le coin d'un mot, puis plus rien.

D'après **Jules Vallès**, *L'Enfant*.

1. À quel temps les verbes sont-ils conjugués ? Indique le sujet de chacun et justifie la terminaison.

2. Relève les mots comportant une double consonne et mémorise leur orthographe.

3. Quel mot comporte un accent circonflexe ?

4. Avec quel nom s'accorde le déterminant interrogatif quelle ?

La phrase

La construction de la phrase

Phrase nominale → Quel beau **dessin** !

Phrase verbale → Jean **a fait** ce beau dessin sur du papier jaune.

Phrase simple → Jean **a affiché** ce beau dessin dans sa chambre.

Phrase complexe

- **juxtaposition** → Jean m'**a offert** ce beau dessin , il l'**a fait** hier.
- **coordination** → Jean **a pris** un crayon *et* **a fait** un beau dessin.
- **subordination** → Jean m'**a offert** le dessin *qu'* il **a fait** hier.

Les types de phrases

Phrase déclarative → Tu as fait ce beau dessin.

Phrase interrogative → As-tu fait ce beau dessin ?

Phrase exclamative → Quel beau dessin tu as fait !

Phrase injonctive impérative → Fais un beau dessin.

Les formes de phrases au programme du CM

Phrase négative → Tu **n'**as **pas** fait ce beau dessin.

Phrase active → Tu **as fait** ce beau dessin.

Phrase passive → Ce beau dessin **a été fait par** toi.

La classe grammaticale des mots

7 Le verbe et le groupe verbal

noter [nɔte] v. tr. **1.** Affecter d'une marque. *Noter d'un trait rouge les passages à corriger sur un manuscrit.* **2.** Inscrire (qqch) pour s'en souvenir. *Noter des citations sur un cahier.* **3.** Remarquer (qqch). *Noter une amélioration dans l'état d'un malade.* **4.** Porter une appréciation, le plus souvent chiffrée, sur les qualités de (qqn, qqch). *Noter des copies.* **5.** Écrire (de la musique) avec les signes destinés à cet usage. *Noter un air.* ◆ Du lat. *notare.*

Dictionnaire pratique du français, Hachette Livre.

J'observe

- Relève dans cet article de dictionnaire tous les types de renseignements qui sont donnés sur le verbe *noter*.
- Quel est le rôle des phrases écrites en italique ?
- Donne un verbe du 1er groupe qui viendrait dans le dictionnaire **avant** *noter* et un verbe du 1er groupe qui viendrait **après**.

Vocabulaire

- Cherche à laquelle des cinq définitions correspond le sens du verbe *noter* dans chaque phrase :
  - a. *Je note votre adresse pour ne pas l'oublier.*
  - b. *Le directeur a noté avec plaisir les progrès de cet élève.*
  - c. *Le maître ne note pas toutes les dictées.*
- Cherche toutes les abréviations contenues dans cet article de dictionnaire et donnes-en la forme complète.

Je retiens

- **Le verbe est le seul mot de la phrase qui se conjugue**, c'est-à-dire que sa terminaison change en fonction de la personne et du temps.
- Le verbe conjugué joue un rôle central dans la phrase. Il n'a pas lui-même de fonction, mais il donne leur fonction aux autres groupes de la phrase.

Je (Groupe sujet) → **note** ← *votre adresse* (COD)

↑ *pour ne pas l'oublier.* (Complément circ.)

Est-ce que je sais faire ?

1 CM1 **Fais une phrase avec chaque verbe, que tu conjugueras au temps de ton choix.**

- se cacher
- prendre
- sourire
- être
- offrir
- courir
- devenir
- rire
- se battre
- avoir l'air
- penser
- avoir
- construire
- reprocher
- s'enfuir
- ranger

2 CM1 **Replace chaque phrase dans le futur ; observe ce qui change pour repérer le verbe conjugué, dont tu donneras l'infinitif.**

Exemple : Les spectateurs sortent du cinéma.
→ ***Plus tard*** *les spectateurs* ***sortiront*** *du cinéma.*
→ ***sortent*** *: verbe sortir.*

1. Un lion s'est échappé du cirque ambulant.
2. De la maison on aperçoit la lueur lointaine d'un phare.
3. Le professeur de gymnastique paraît bien joyeux.
4. Le coureur, trop gros, manquait de souffle.
5. Le moustique recommençait à vrombir.
6. Durant de longues minutes, les joueurs exécutent des passes sans tirer au but.
7. Étonnés, les spectateurs restèrent silencieux.

3 CM1 **Chaque phrase est composée uniquement d'un groupe sujet et d'un groupe verbal ; identifie chacun d'eux.**

Exemple : Les spectateurs applaudissent les acteurs.
Les spectateurs → *G. sujet*
applaudissent les acteurs → *G. verbal*

1. Quelqu'un s'est évanoui.
2. Un enfant s'est tordu la cheville.
3. Qui a allumé l'ordinateur ?
4. Les agriculteurs sont inquiets.
5. Ce jeu semble amusant.

4 CM1 **Même exercice.**

1. L'ogre avait grand faim.
2. Les esclaves se révoltèrent.
3. La voisine nourrit les pigeons.
4. Les ciseaux sont dans le tiroir.
5. Entendez-vous l'ambulance ?

5 CM1 **Lis le texte en t'arrêtant à chaque verbe : précise si ce verbe est conjugué ou s'il est à l'infinitif.**

a. Tempest va, vient, il court vers ses camarades qui font craquer sous leurs mâchoires robustes les morceaux de phoque gelé que je leur ai jetés. Chose singulière, Tempest, mon leader, mon chien de tête, n'essaye pas de leur ravir leur proie… **b.** Il tourne, inquiet, lève le mufle comme pour prendre le vent, remue, tour à tour, l'oreille droite et l'oreille gauche, les pointe toutes deux attentives, puis il revient vers moi, s'assied sur son arrière-train et, la gueule ouverte, gémit.

Louis-Frédéric Rouquette, *Le Grand Silence blanc*, J. Férenczi et Fils.

6 CM1 **Relève les verbes conjugués. Donne l'infinitif de chacun et dis s'il est du 1er, 2e ou 3e groupe.**

Le bruit de ce murmure énerva le monstre qui, rapide comme la foudre, sauta du poêle sur la cage des oiseaux, atteignit le mur, fit le tour de la chambre en sifflant. Holmes s'élança comme un dément.
« Tuez-le ! Tapez dessus ! » cria-t-il en assenant des coups de canne sur le monstre qui courait le long des murs.
De la poussière de plâtre jaillit et une table se renversa quand la grosse araignée aux abois sauta à travers la pièce ; je me jetai à terre. Holmes bondit par-dessus moi en balançant sa canne.

C. Doyle et **J. Dickson Carr**, *Les Exploits de Sherlock Holmes*.

Je m'entraîne

grammaire

7 Recopie le texte et souligne les verbes conjugués.

* CM1

Alignées au-dessus des portes ouvertes et des stores, les hirondelles sifflent comme merles, gazouillent comme pinsons, trillent comme canaris, se poursuivent en criant à travers la chambre, se courtisent, se boudent, se querellent, et cherchent noise aux chauves-souris pendues en famille dans les coins sombres. Notre case est une volière.

Denise Morand, *Tchad*, Gallimard.

8 Relève les verbes et classe-les selon qu'ils sont conjugués ou à l'infinitif.

* CM1

Je cherchai un emplacement convenable. Il devait présenter quatre avantages : me fournir de l'eau douce toute l'année, me préserver des ardeurs d'un soleil souvent pénible en ce pays, me garantir des assauts des bêtes et peut-être des hommes et m'offrir enfin une vue sur la mer où j'espérais voir surgir quelque jour un vaisseau qui m'apporterait la délivrance. Après maintes recherches, je découvris une étendue plane favorable à mes desseins.

Daniel Defoe, *Robinson Crusoé*.

9 Construis une phrase avec chaque verbe, que tu conjugueras au présent.

* CM1

- oublier
- tenir
- ouvrir
- dire

10 Même exercice avec ces verbes.

* CM1

- finir
- se lever
- courir
- voir

11 Analyse chaque phrase en constituants.

** CM2

Ex. : *<u>Le chef</u>* (**G. sujet**) *<u>fera un discours</u>* (**G. verbal**) *<u>ce soir</u>.* (**G. déplaçable**)

1. Le bateau a coupé son moteur dans le port.
2. Depuis plusieurs jours, le directeur paraît soucieux.
3. Au Caire, nous assisterons à un spectacle de son et lumière.

12 Complète chaque phrase en donnant un complément au groupe verbal.

* CM1

Exemple : Les spectateurs applaudissent ...
→ *Les spectateurs applaudissent **les acteurs**.*

1. Pour sortir ce soir, nous mettrons ...
2. Ce message s'adresse ...
3. Les voyageurs emportent ...
4. Vous avez demandé ...

13 Relève les verbes, conjugués ou à l'infinitif. Dis pour chacun s'il est du 1er, du 2e ou du 3e groupe.

* CM1

Les crapauds semblent des pierres grises, égarées dans les coins. Ils aiment à se loger dans les pantoufles ; les scorpions aussi. Les perce-oreille se réunissent de préférence sous l'éponge de toilette. Le plus hardi des lézards promène sur les murs intérieurs sa forme grise écrasée... Au premier bruit il en apparaît vingt... Affolés, ils courent çà et là, avant de trouver une issue.

Denise Morand, *Tchad*, Gallimard.

Vocabulaire

14 CM1 * **Ajoute à chaque verbe le préfixe** en- **ou** em-**, selon les cas.**

- traîner
- porter
- fermer
- lever
- mener
- brouiller
- murer
- durcir

15 CM1 * **Ajoute à chaque verbe le préfixe** in- **ou** im-**, selon les cas.**

- patienter
- disposer
- planter
- valider
- porter

16 CM2 ** **Ajoute à chaque verbe le préfixe** a-**. Dans la liste a, pense à doubler le** « p »**, si c'est nécessaire.**

a. • porter • percevoir • paraître
• poser

b. • baisser • battre • border
• mener • mincir

17 CM1 * **Mets chaque phrase au futur et observe si le mot souligné change.**
Recopie et complète ensuite le tableau.

Phrases	Change au futur	Nom ?	Verbe ?
1.	oui (douchera)		verbe

1. La pluie douche les passants.
2. Elle est sous la douche.
3. Nous cochons les cases vides.
4. Nous avons vu des cochons.
5. Ils ont visité un couvent.
6. Leurs tourterelles couvent.

18 CM1 * **Supprime le groupe en gras et dis en quoi le sens du verbe change.**

1. Les deux amis s'attendent **à être séparés**.
2. Pour cet exercice facile, deux élèves ont réussi **à avoir de mauvaises notes**.
3. Pierre et Jean correspondent **à ta description**.

19 CM1 * **Lis cette définition du dictionnaire et dis si le verbe** différer **dans la phrase a le sens 1 ou le sens 2.**

• Définition : **différer** v. int. **1.** Être différent. *Les deux frères diffèrent par le caractère.* **2.** v. tr. Remettre à plus tard. *Différer un rendez-vous.*

• Phrase : En raison des grèves de métro, Luc et son frère ont dû différer leur visite du musée.

20 CM2 ** **Les éléments de deux définitions de dictionnaire ont été mélangés. Redonne à chaque verbe sa définition complète.**

décharner v. tr. **désosser** v. tr.
Ôter l'os, les os (et, par anal. les arêtes) de.
1. Dépouiller de la chair.
2. Amaigrir.
La maladie l'a décharné.
Désosser un gigot.
Décharner un os.

Dictionnaire pratique du français, Hachette Livre.

21 CM1 * **Remplace chaque groupe en gras par un verbe de sens équivalent.**

Exemple : Au printemps la campagne ***devient verte****.*
→ Au printemps la campagne ***verdit****.*

1. La surprise le **rend immobile**.
2. Cette coiffure **rend plus doux** son visage.
3. Ce poème **a rendu immortel** son auteur.
4. La suie **rendait noir** le visage des ramoneurs.

22 CM1 * **Dans laquelle des deux phrases le verbe** observer **pourrait-il être remplacé par** respecter**, sans changer le sens ?**

1. Ils observaient les fourmis.
2. Ils observaient le code de la route.

23 CM1 * **Associe le verbe** perdre **au contraire correspondant pour chaque phrase.**

Il a perdu la partie. •	• a sauvé
Il a perdu ses clés. •	• a repris
Il a perdu cette habitude. •	• a gagné
Son courage l'a perdu. •	• a retrouvé

Orthographe

CM1 **24 Construis une phrase avec chaque verbe. Choisis le sujet en tenant compte de la terminaison.**

1. • lances • tombez • devenait
2. • prenaient • vais • entendons

CM1 **25 Observe l'orthographe de la terminaison du verbe et trouve tous les pronoms personnels sujets possibles.**

*... prends une photo. → **Je / Tu** prends une photo.*

1. ... plie les serviettes.
2. ... attendront le train.
3. ... devinais la solution.
4. ... récitent une fable.
5. ... vas à Toulouse.
6. ... ai faim.

CM1 **26 Recopie le texte en ajoutant la terminaison des verbes. Le texte est écrit au présent.**

Le jour, les anguilles dorm... ou visit... leurs voisines. La nuit, elles chass.... Dans l'eau, elles poursuiv... les menus poissons, elles gob... les œufs qui flott..., aval... la farine qui tomb... des moulins, les débris sanglants jetés des abattoirs, déchir... même les tout petits canards égarés qu'elles tir... à elles par les pattes.

CM1 **27 Même exercice avec la suite du texte.**

Sur terre, elles dévor... les vers, les insectes, les larves des grenouilles, les chenilles et les limaces. Elles ador... aussi les pois nouvellement semés. Dès que le fruit devien... tendre en germant, elles le déterr... et le croqu....

J. de Pesquidoux, *Chez nous*, Plon.

CM2 **28 Ajoute la terminaison des verbes. Attention, les verbes à compléter ne sont pas toujours au présent.**

Soudain, le monsieur tressaill.... C'est bien lui qu'on pren... à partie. Une voix décidée a prononcé ces paroles inattendues : « Maman, je veu... aller crach... sur le monsieur. »
Le monsieur s'est habitué à l'obscurité et il distingu... avec effroi une jeune personne, âgée d'environ trois ans, qui se dirig... vers lui en vacill... : « Je veu... aller crach... sur le monsieur et après je l'essuier... »

André Lichtenberger, *Les Contes de Minnie*, Plon.

CM1 **29 Selon le sens et selon que le mot à replacer est un verbe ou non, complète le texte avec :**

• *a*	• *est*	• *ont*	• *sont*
• *à*	• *et*	• *on*	• *son*

Dans la première jeunesse, l'âne ... gai, ... même assez joli ; il ... de la légèreté et de la gentillesse ; mais il la perd bientôt, soit ... cause de l'âge, soit ... cause des mauvais traitements, ... il devient lent, indocile ... têtu.
Ses yeux ... bons, ... odorat ... admirable, ... oreille ... excellente, comme les animaux timides qui ... tous, à ce qu'... dit, l'ouïe très fine ... les oreilles longues.

D'après **Buffon**, *Histoire naturelle*.

DICTÉE DE CONTRÔLE

Sa peau est tigrée comme celle de la panthère, et son cou est long comme celui du chameau. Elle a la tête et les oreilles petites, les pieds larges, les jambes longues, mais celles de devant sont beaucoup plus élevées que celles de derrière. Sur la tête, près des oreilles, il y a deux éminences semblables à deux petites cornes droites. Elle a la bouche comme un cerf, ses dents sont petites et blanches, ses yeux sont brillants, sa queue est courte, et garnie de poils noirs à son extrémité.

D'après **Buffon**, *Histoire naturelle*.

• Quel animal est ainsi décrit par Buffon ? Cite tous les détails qui t'ont permis de le deviner.

J'apprends à rédiger

CM1 * **30 Recopie le texte en réintroduisant chaque verbe au bon endroit.**

Verbes à replacer :
• *devient* • *donne* • *nouent* • *peuvent* • *taille*

À coups de piolet, Georges ... une sorte de banc dans la pente de neige ; ils ... enfin se reposer ! La chaleur ... suffocante ; ils ... leur foulard rouge sur la tête et cela leur ... un faux air de bandits, bien étrange dans ce lieu perdu.

CM1 * **31 Même exercice avec la suite du texte.**

Verbes à replacer :
• *efface* • *est* • *dit* • *faut* • *roulent* • *allons* • *voient*

Sous leurs pieds, de lourdes avalanches ... sans arrêt, et bientôt, ils ... partir cent mètres plus bas une coulée qui ..., comme d'un coup de gomme, leurs traces de montée.
« Il ne ... pas moisir ici, ... Georges ; on ... encore en plein dans la trajectoire des coulées ; ... sur la rive droite ! »

D'après **Roger Frison-Roche**, *Premier de Cordée*, Arthaud.

CM2 ** **32 Recopie le texte en rétablissant les verbes qui ont été enlevés. Ils sont tous conjugués au présent.**

Un jeune perdreau vit sa première chasse.

À dix pas de nous, une caille effarée ... ses ailes et son bec tout grands, et ... avec un cri de peur. J'... un bruit formidable et nous sommes entourés par une poussière d'une odeur étrange, toute blanche et toute chaude. J'... si peur que je ne ... courir. Heureusement, nous ... dans le bois. Mon camarade ... derrière un chêne, je ... me mettre près de lui, et nous ... cachés, à regarder entre les feuilles.

Alphonse Daudet, *Les Émotions d'un perdreau rouge*, in *Contes du Lundi*.

• Compare ton texte avec ceux de tes camarades.

CM2 ** **33 Les verbes conjugués ont été intervertis.**
• Dresse d'abord une liste de ces verbes.
• Puis retrouve le texte d'origine en replaçant chacun d'eux au bon endroit. Modifie si nécessaire le pronom personnel COD.

a. Les loups au trot, en file indienne, rejoignent à une vitesse de 8 km/h leur territoire de chasse à la recherche d'une proie. Ils accélèrent parfois un déplacement de plusieurs kilomètres avant de déceler par le flair la présence de l'une d'elles. Lorsqu'ils parcourent la proie, ils effectuent l'allure pour la rattraper.
b. Dès que les loups mordent la victime, ils l'entourent aux pattes et au flanc, lui infligeant des blessures graves. La poursuite s'arrête jusqu'à ce que la proie affaiblie par les hémorragies se prolonge pour faire face. Les loups l'achèvent alors et l'aperçoivent.

Documents biologie, CRDP Poitou-Charentes.

CM1 * **34 Invente une recette à partir des ingrédients proposés.**
Écris une phrase indiquant l'opération à effectuer pour chacune des étapes. Les verbes seront à l'infinitif.

Ingrédients (pour 1 personne) :
fromage blanc – 2 abricots – 3 ou 4 fraises – 1 cuillerée de miel liquide.

8 Le nom et le groupe nominal

Loire

Le plus long fleuve de France (1 020 km). La Loire prend sa source dans le Massif Central, traverse le centre puis l'ouest de la France. À la Renaissance, les rois de France firent construire sur les bords de la Loire, entre Orléans et Nantes, de magnifiques châteaux, visités aujourd'hui par des millions de touristes.

*Dictionnaire super Major CM1-6*ᵉ, Larousse.

J'observe

- Relève les noms et classe-les en noms propres et noms communs.
- Trouve dans le texte un groupe nominal correspondant à chaque analyse.
  - Déterminant + Nom
  - Déterminant + Adjectif + Nom
  - Déterminant + Nom + Ct du nom
- Trouve dans le texte un groupe nominal correspondant à chaque fonction.
  - Groupe nominal sujet
  - Groupe nominal COD
  - Groupe nominal Ct circonstanciel

Vocabulaire

- Ce texte est extrait d'un dictionnaire. Pourrait-on trouver la définition de *Loire* dans tous les dictionnaires ? Pourquoi ?
- Si on cherche le mot *Loire* dans le dictionnaire, peut-il se trouver sur la même page que l'un de ces mots : *loi, loin, lointain, loir, loisir* ? Pourquoi ?

Je retiens

- Le **nom** est le noyau du groupe nominal. Il peut toujours être précédé d'un déterminant.
- Le **groupe nominal** comporte toujours un nom, généralement un déterminant (ou deux) et éventuellement une ou plusieurs expansions.

*Ces deux **rivières** prennent leur **source** dans le **Massif Central**.*

rivières : nom commun, féminin pluriel, sujet du verbe *prennent*.
source : nom commun, féminin singulier, COD du verbe *prennent*.
Massif Central : nom propre, masculin singulier, Ct circonstanciel du verbe *prennent*.

Est-ce que je sais faire ?

* CM1 **1 Trouve le nom correspondant à chaque définition. La première lettre de chaque nom t'est donnée.**

D...... n. f. – Question que l'on pose par jeu pour en faire deviner la réponse.

E...... n. m. – Colonie d'abeilles composée d'une reine, de mâles et de milliers d'ouvrières qui quittent la ruche mère surpeuplée pour fonder une nouvelle ruche.

H...... n. f. – Petit oiseau migrateur noir et blanc, dont l'espèce la plus répandue a la queue fendue en un V caractéristique.

K...... n. m. – Avertisseur sonore d'automobile.

L...... n. m. – Assemblage de feuilles imprimées formant un volume.

O...... n. m. – Violente agitation de l'atmosphère accompagnée d'éclairs et de tonnerre.

* CM1 **2 Associie chaque nom à la définition qui lui correspond.**

- *chemise* • *chemisette* • *chemisier*
- *gilet* • *tablier* • *tee-shirt*

1. n. f. – Chemise d'homme à manches courtes.

2. n. f. – Vêtement (surtout masculin) de tissu léger qui recouvre le torse.

3. n. m. – Vêtement féminin analogue à la chemise d'homme.

4. n. m. – Vêtement de travail que l'on met par-dessus ses habits pour ne pas les salir.

5. n. m. – Tricot ouvert devant à manches longues.

6. n. m. – Maillot de coton à manches courtes.

* CM1 **3 Jeu de portrait.**

Un élève choisit un objet dans la classe et en donne une définition.

Le premier qui trouve le nom de cet objet choisit à son tour un autre objet, le définit, et ainsi de suite.

* CM1 **4 Jeu de relais.**

Un élève demande à un de ses camarades un nom de ... commençant par la lettre ... (par exemple : *un nom de fruit commençant par la lettre « C »*).

Si le camarade donne un nom correct, il interroge à son tour un autre camarade, et ainsi de suite.

L'élève qui ne trouve pas de nom est éliminé, mais celui qui interroge doit toujours pouvoir donner un nom, sinon c'est lui qui est éliminé.

** CM2 **5 En changeant de place les lettres de certains noms, on peut obtenir d'autres noms, par exemple :** *LOUPE → POULE.*

Retrouve l'autre nom qui se cache derrière chacun de ces noms.

• LANGE	• BARRE
• NATTE	• TOURTE
• LONGE	• LOB
• PALME	• LINGE
• AVEU	• GEANT

* CM1 **6 Certains noms peuvent se lire de gauche à droite mais aussi de droite à gauche, par exemple :** *COR → ROC.*

Retrouve dans la liste les noms qui présentent cette particularité.

• SAC	• LAC
• TORT	• CROC
• ECART	• PAPA
• BONBON	• ETE
• ECRAN	• RADAR

Je m'entraîne

grammaire

7 CM1 * **Relève chaque groupe nominal et soulignes-en le nom noyau.**

Exemple : l'autre bout du pré

Soudain, à l'autre bout du pré, un grand lièvre bondit. La jeune fille fit accélérer sa jument tout en préparant sa fronde, mais la petite jument hésita à s'engager dans l'herbe haute, car ses sabots s'enfonçaient.

D'après **Jean M. Auel**, *Le Grand Voyage*, Presses de la Cité.

8 CM2 ** **Relève les groupes nominaux et analyse-les selon le schéma suivant.**

un *bout* *de papier*
Dét. Nom Expansion

Un chien est, pour un enfant, le premier ami. Entre nous, ce fut le coup de foudre. Dès le premier soir, Tom m'adopta. Et moi, je subis tout de suite l'influence profonde de ses grands yeux noirs et doux qui parlaient.

Gabriel Maurière, *Peau de Pêche*.

9 CM2 ** **Trouve les deux groupes nominaux qui comportent deux déterminants.**

1. un gros tas de sable
2. les deux chats
3. une belle histoire
4. toute la nuit

10 CM1 * **Relève les noms et classe-les en noms communs et noms propres.**

Le louveteau et les chevaux avaient senti un changement imminent. Loup, tout excité, courait et sautait dans tous les sens, les chevaux étaient nerveux, et Rapide, fidèle à son nom, s'ébattait dans de brèves pointes de vitesse. Whinney restait près du Camp, surveillant Ayla et hennissant dès qu'elle l'apercevait.

Jean M. Auel, *Le Grand Voyage*, Presses de la Cité.

11 CM1 * **Complète chaque phrase à l'aide d'un groupe nominal COD.**

1. Les enfants cherchent ... dans les bois.
2. Ce matin, Rémi attend ....
3. Un rideau cache ....
4. Sa sœur lit ... dans sa chambre.

12 CM1 * **Recopie le tableau et complète-le avec les noms en gras dans le texte.**

nom	commun	propre	composé	masc.	sing.
Grand-mère	–	+	+	–	+

Grand-mère tricotait des **bas** ; c'est la seule **occupation** que je lui connusse. Elle tricotait tout le long du **jour**, à la manière d'un **insecte** ; mais comme elle se levait fréquemment pour aller voir ce que **Rose** faisait à la **cuisine**, elle égarait le bas sur quelque **meuble**, et personne ne lui en vit jamais achever un.

D'après **André Gide**, *Si le grain ne meurt*, Gallimard.

13 CM1 * **Recopie et complète le tableau en choisissant des noms correspondant à chacune de ces analyses.**

nom commun	composé	masc.	sing.	exemples
–	–	+	–	Les Français, les Indiens...
+	+	–	+	....
+	–	+	–	....
–	–	–	+	....

14 **Donne la fonction de chaque groupe nominal en gras.** (CM1 *)

Toute la famille s'en allait **sur le plateau**. On travaillait **pendant deux heures**, parfois davantage, et l'on rapportait deux ou trois kilos **de mûres** que l'on faisait aussitôt bouillir **dans une bassine de sirop**. L'odeur délicieuse **des confitures** emplissait **la maison**, et, dès le lendemain matin, **cette précieuse provision d'hiver** était mangée sans plus attendre.

Georges Duhamel, *Suzanne et les jeunes hommes*, Mercure de France.

15 **Emploie le groupe nominal** ce grand sac **dans une phrase où il aura la fonction de :** (CM2 **)

a. Sujet **b.** COD **c.** Attribut du sujet
d. Complément circonstanciel
e. Complément du nom

Vocabulaire

16 **Recopie le poème en rétablissant le nom manquant.** (CM1 *)

La bête à Bon Dieu
n'est pas bête du tout.
Elle a partout des yeux,
et jusque dans le cou.
Elle voit bien, elle voit tout,
Avec ses yeux, avec ses ailes
La ....

Claude Roy, *Nouvelles Enfantasques*, Gallimard.

17 **Même exercice.** (CM2 **)

La ..., la ...
Se moque de savoir si on t'aime,
Un peu, tendrement, pas du tout.
Il lui suffit de rayonner
De son amour.
Ignorant, tu l'effeuilles.

Frédéric Kiesel, *in* Jacques Charpentreau, *La Poésie comme elle s'écrit*, Les Éditions Ouvrières.

18 **Lis attentivement cette définition du dictionnaire. Ensuite, lis la phrase, puis dis si le nom** chiffre **dans cette phrase a le sens 1, le sens 2, le sens 3 ou le sens 4.** (CM2 **)

Définition :
chiffre n. m. **1.** Caractère dont on se sert pour représenter les nombres. *Chiffres romains. Chiffres arabes.* **2.** Somme totale. *Diminuer le chiffre de ses dépenses.* **3.** Écriture conventionnelle que l'on utilise pour transmettre des messages secrets ; code secret. **4.** Lettres initiales d'un nom, entrelacées l'une dans l'autre. *Mouchoirs brodés à son chiffre.*
Phrase :
Le boulanger a doublé le chiffre de ses recettes.

19 **Transforme chaque phrase en un groupe nominal, de la manière suivante :** (CM2 **)

Le merle siffle. → *le sifflement du merle*

1. Le château de cartes s'effondre.
2. On lit le poème.
3. Les eaux montent.
4. Les animaux s'agitent.

20 **Ajoute le suffixe diminutif** -ette **à chaque nom. Emploie dans des phrases les noms obtenus.** (CM1 *)

Exemple : histoire → *historiette*

1. chanson **2.** maison **3.** chaîne
4. boule **5.** fleur **6.** planche

21 **Retrouve le nom caché en utilisant les indications données.** (CM1 **)

- La première lettre du nom caché se trouve dans CORDE mais pas dans CADRE.
- La deuxième lettre du nom caché se trouve dans RUINE mais pas dans NUITS.
- La troisième lettre du nom caché se trouve dans BALLE mais pas dans BOULE.
- La quatrième lettre du nom caché se trouve dans TIGES mais pas dans MITES.
- La dernière lettre du nom caché se trouve dans TABLE mais pas dans BATON.

Orthographe

CM1 * **22** **Recopie le texte en remettant correctement les majuscules, celles de début de phrase et celles des noms propres.**

le puy ! je reconnais les enseignes, un chapeau en bois rouge, la botte à glands d'or, l'hôtel du vivarais. à une fenêtre, je vois tout à coup apparaître une face pâle, avec de grands yeux noirs, et j'entends un cri... « jacques ! jacques ! » c'est ma mère qui m'appelle et qui me tend les bras ! elle vient au-devant de moi dans l'escalier et m'embrasse en pleurant.

D'après **Jules Vallès**, *Le Bachelier*.

CM1 * **23** **Les noms communs et les noms propres ont été confondus et les majuscules sont mises à tort et à travers. Recopie le texte en respectant l'usage correct des majuscules.**

Je m'appelle étienne bertin, mais on m'a toujours nommé « tiennon ». C'est dans une ferme de la Commune d'aponges, tout près de bourbon-l'archambault, que l'ai vu le Jour.

CM1 * **24** **Même exercice avec la suite du texte.**

Notre Ferme possédait en bordure du Bois toute une zone où croissaient à profusion Bruyères, Genêts, Ronces et Fougères, et où de grosses Pierres grises saillaient du sol par endroits. Cette partie du Domaine, dénommée la « breure », servait de pâture aux Brebis quasi toute l'Année.

D'après **Émile Guillaumin**, *La Vie d'un Simple*.

CM1 * **25** **Les noms utilisés dans ces phrases peuvent être masculins ou féminins. Relève les indices qui permettent de le savoir ici.**

	Nom masculin	Nom féminin	Indices
Ses complices ont été arrêtées.	–	*complices*	*arrêtées*

1. Les élèves sont énervées.
2. L'enfant, étonnée, s'arrêta.
3. L'esclave s'était révolté.
4. Seuls, deux cyclistes pédalaient.
5. Ses camarades sont brutales.

CM1 * **26** **Recopie chaque phrase en choisissant entre les deux mots proposés celui qui convient.**

Les noms se terminent ici par -il et les verbes (indicatif présent, 3e personne du singulier) par -ille.

1. Grand-père < sommeille / sommeil dans son fauteuil.
2. Je n'ai pas < sommeil / sommeille ce soir.
3. C'est un bon < conseil / conseille que je t'ai donné.
4. On nous < conseille / conseil de partir tôt.

CM1 * **27** **Lis ces groupes nominaux transcrits en alphabet phonétique.**

1. [laʀɛn] 2. [lekɔl]
3. [letabl] 4. [delis]

Ces groupes nominaux peuvent être transcrits et segmentés de façons différentes. Trouve deux orthographes différentes pour chacun.

DICTÉE POUR APPRENDRE

Il s'appelait Loulou. Son corps était vert, le bout de ses ailes rose, son front bleu, et sa gorge dorée.
Mais il avait la fatigante manie de mordre son bâton, s'arrachait les plumes, éparpillait ses ordures, répandait l'eau de sa baignoire.

Flaubert, *Un cœur simple*.

• Devines-tu de quel animal il s'agit ?

J'apprends à rédiger

CM1 **28** **Les différents noms masculins du texte ont tous été remplacés par le mot bidule. Recopie le texte en rétablissant chaque fois le nom que l'on pourrait trouver à la place de bidule.**

a. Dès qu'il est assis en classe, *Bidule* sort la boîte de *bidules* que sa grand-mère lui a donnée. Dans la boîte, il y a douze *bidules* de douze couleurs. La boîte de douze *bidules* reste toujours dans le *bidule* de *Bidule*.

b. Sur son *bidule*, *Bidule* se met à dessiner avec le *bidule* vert. Il fait le *bidule* de sa voisine, Amandine. *Bidule* lui fait des nattes vertes, des *bidules* verts avec des *bidules* verts, un *bidule* vert avec des narines vertes, et une bouche verte avec une langue verte.

D'après **Lokra**, « Gaëtan de toutes les couleurs », **L. Lentin**, *Histoires à lire*, Casteilla.

** CM2 **29** **Dans ce petit texte, noms, verbes et adjectifs sont écrits dans une langue inventée.**
- Peux-tu y retrouver les noms ?
- Dis comment tu les as reconnus.

Un rojou, un tivon fournel tourfla sur la lipame. Le tivon cousca les tarbates, barisa les filornes, chermana les mechinettes, varagea tout sur son gassape.

** CM2 **30** **Essaie de « traduire » le texte de l'exercice précédent.**

** CM2 **31** **Les noms ont été enlevés et placés à part. Recopie le texte en replaçant chaque nom au bon endroit.**
Aide-toi des indications de genre et de nombre.

Noms à replacer : • *toits* • *familles* • *hameau* • *lande* • *maisons* • *paysans* • *rivière* • *siècles*

Je connais un ... breton, blotti dans la ..., non loin d'une .... Sept ou huit ... de ... y vivent comme on vit là depuis des .... Les ... de granit y sont coiffées de vieux ... gris.

** CM2 **32** **Même exercice avec la suite du texte.**

Noms à replacer :
• *cheminée* • *étable* • *fenêtre* • *pièce* • *porte* • *sol* • *terre*

Elles n'ont qu'une ... ou l'on mange et ou l'on dort ; le ... y est de ... battue, mal nivelé. L'unique ... y est petite, et il y a près de la ... une ... qui donne sur l'....

Charles Vildrac, *Découvertes*.

* CM1 **33** **Dans la phrase** « La cuisinière ne marche pas bien. », **le nom peut avoir deux sens. Donne ces deux sens, ainsi que les sens du verbe** marcher**.**

** CM2 **34** **Dans ce texte, les noms ont été intervertis.**
- Recopie d'abord tous les noms.
- Puis retrouve le texte d'origine en replaçant chaque nom au bon endroit. Rétablis les accords nécessaires.

Le petit bout trottait, bousculant les oreilles, accourant pour leur manger les yeux qu'on leur jetait. Ses grains battaient sur ses poules ; il ressemblait avec ses minces roulettes à une queue à pattes. Et par derrière, sa ficelle avait l'air d'un cochon de bête qui servait à l'accrocher.

D'après **Émile Zola**.

9 Le genre et le nombre du nom et de l'adjectif

Le prince de Motordu alla retrouver les élèves de la princesse Dézécolle et leur expliqua qu'avec des œufs on pouvait mettre les mots au féminin :
– Le marquis n'a pas d'œufs mais sa femme en a un, c'est la marquise !
– J'ai compris, fit un élève, un empereur au féminin devient une empeureuse !
– Pas du tout, s'écria le prince, il devient une impératrice. Tout comme nous, certains mots n'aiment pas les œufs.
– Et dans l'autre sens, demandèrent les élèves, pour mettre les mots au masculin, on enlève les œufs ?
– Enlevez toujours, vous verrez bien, proposa le prince.
Les élèves se mirent au travail.
Le masculin de reine est rein.
Le masculin de mère est mer.
Le masculin de loupe est loup.

Pef, *L'ivre de français*, Gallimard.

J'observe

- À la place du prince, corrige les erreurs des élèves, en donnant, quand c'est possible, le vrai féminin des mots masculins et le vrai masculin des mots féminins.
- Relève les noms au pluriel et donne le singulier de chacun.

Vocabulaire

- À la manière des élèves de la princesse Dézécolle, fabrique de faux masculins pour ces mots féminins : • *une tasse* • *une porte* • *une case* • *une selle* • *une galette* • *une brochette* • *une navette*.
- Fais la même chose avec d'autres mots de ton choix.

Je retiens

- En règle générale, le **féminin** des noms et des adjectifs se forme à l'écrit en ajoutant un *-e* au masculin.

  un ami dévoué → ***une** amie dévouée* *un petit coquin* → ***une** petite coquine*

- On peut toujours mettre au **pluriel** un nom ou un adjectif. En règle générale, le pluriel se forme à l'écrit en mettant un *-s* ou un *-x* à la fin du mot.

  une amie dévouée → ***des** amies dévouées*
  ce long cheveu noir → ***ces** longs cheveux noirs*

Est-ce que je sais faire ?

* CM1 **1 À chacun de ces noms féminins correspond un nom masculin de forme différente. Le connais-tu ?**

Exemple : une tante → un oncle

- une sœur
- une nièce
- une femme
- une dame
- une reine
- une marraine
- une mère
- une fille

** CM2 **2 Même exercice.**

- une brebis
- une biche
- une poule
- une laie
- une vache
- une jument
- une cane
- une chèvre

* CM1 **3 Dis pour chaque nom ce qui le différencie du nom masculin correspondant,**
a. à l'oral b. à l'écrit.

Exemple : une éléphante → masculin : un éléphant. À l'oral, on entend [t] ; à l'écrit, on voit « e ».

- une marchande
- une candidate
- une poltronne
- une gamine
- une villageoise
- une louve
- une camarade
- une prisonnière
- une Romaine
- une danseuse
- une amie
- une sultane

** CM2 **4 Invente des groupes nominaux dont on ne peut savoir s'ils sont masculins ou féminins, parce qu'on n'entend le féminin ni dans le déterminant, ni dans le nom, ni dans l'adjectif.**

Exemples : leur chère amie, les invitées pressées

* CM1 **5 Mets chaque groupe nominal au pluriel et dis si, mis à part le déterminant, on peut reconnaître le pluriel à l'oral.**

Exemple : un travail → pluriel : ***des travaux, on entend [o]***

- un éventail
- un journal
- un lit
- du corail
- un os
- un bal
- un tableau
- un enfant
- un œuf

* CM1 **6 Trouve des groupes nominaux où on entend le pluriel dans le déterminant, dans le nom et, si tu en trouves, dans l'adjectif.**

Exemple : des travaux originaux

** CM2 **7 Trouve des groupes nominaux où on n'entend pas du tout le pluriel, ni dans le déterminant** (utilise leur/leurs)**, ni dans le nom, ni dans l'adjectif. Attention aux liaisons.**

Exemple : leurs jeunes fils

* CM1 **8 Lis à haute voix chaque groupe nominal et dis ce qui permet de repérer à l'oral d'une part le féminin, d'autre part le pluriel.**

Exemple : des chiennes noires
1 indication de féminin *: la terminaison du nom.*
1 indication de pluriel *: le déterminant (une → des).*

- des ourses blanches
- des élèves bavardes
- mes petites cousines
- des princesses cruelles
- des enfants courageuses

* CM1 **9 Même exercice.**

- leurs nouvelles institutrices
- des lionnes affamées
- les infirmières rapides
- des chanteuses rousses
- des louves grises

Je m'entraîne

grammaire

10 * CM1 **Mets au féminin les groupes nominaux.**

Exemple : un petit chien noir
→ une petite chienne noire

- un voyageur fatigué
- un gentil garçon
- un nouveau directeur actif
- un tigre menaçant
- un voisin vantard

11 * CM1 **Mets au masculin les groupes nominaux.**

Exemple : une petite chienne noire
→ un petit chien noir

- une ogresse cruelle
- une étudiante instruite et cultivée
- une jeune fille bien élevée
- une romancière réputée
- mon actrice favorite
- sa seule amie intime
- une comédienne rigolote

12 * CM1 **Recopie les groupes nominaux en y introduisant un ou deux adjectifs que tu accorderas correctement.**

- une feuille
- des rues
- une table
- des traits
- une panthère
- des chemises

13 * CM1 **Mets au pluriel ces groupes nominaux.**

1. le grand troupeau dispersé
2. un insecte social
3. un bal populaire
4. le petit caillou blanc
5. un détail essentiel

14 * CM1 **Mets au singulier ces groupes nominaux.**

1. des fous dangereux
2. des perdrix grises
3. ces animaux maigres et malades
4. les imposants châteaux forts

15 * CM1 **En tenant compte de l'accord des adjectifs, trouve un nom pour compléter chaque groupe nominal.**

1. des ... déchirées
2. leur petit ...
3. quelques ... courageuses
4. de grands ... coquins
5. son extraordinaire ... noire
6. un ... hésitant
7. ce vieil ... fidèle

16 * CM1 **Remplace le nom par celui donné entre parenthèses : recopie le nouveau groupe nominal en faisant les accords.**

1. un centre (*ville*) industriel banal
2. un regard (*intelligence*) vif et aigu
3. un homme (*vendeuse*) gentil et discret
4. un bon gros gâteau (*pâtisserie*) délicieux

17 ** CM2 **Recopie le texte en accordant correctement les adjectifs et les participes passés donnés entre parenthèses.**

Tantôt la route suit le versant (*rude*) et (*escarpé*), tantôt, elle descend dans des ravins (*immense*), (*peuplé*) d'arbres de toute espèce et (*revêtu*) de (*grand*) fleurs (*sauvage*) que nos jardins devraient envier. Quelques (*énorme*) figuiers tordent leurs bras (*puissant*) au milieu des amandiers au feuillage (*grêle*) ; on rencontre çà et là des orangers d'un vert (*sombre*), des pins (*roussi*) par l'hiver, des cyprès aux formes (*bizarre*) ; et d'espace en espace, le roi des arbres, le palmier, élève sa tête (*échevelé*).

André Gide, *Si le grain ne meurt*, Gallimard.

* CM1 **18** **En tenant compte des accords, choisis entre les deux noms proposés celui qui convient. Recopie les phrases correctement orthographiées**

1. De clairs < rivières / ruisseaux coulaient entre d'énormes < rochers / pierres blancs.

2. Deux < souris / chatons excitées traversent la vaste < grenier / cave poussiéreuse.

3. Elle cueillit quelques < fruits / figues savoureuses et les offrit aux jeunes < femmes / voyageurs affamées.

4. Des < habitations / maison basses au < toiture / toit plat longeaient le < route / chemin sinueux parsemé d'< arbustes / herbes rousses.

* CM1 **19** **Recopie le tableau et complète-le.**

	Masculin pluriel	Féminin pluriel	Féminin singulier
le petit chien noir	*les petits chiens noirs*	*les petites chiennes noires*	*la petite chienne noire*
ce dangereux criminel			
un vieux pianiste génial			
un gamin fluet			
un jumeau inquiet			

Vocabulaire

* CM1 **20** **Ces deux noms, homonymes, n'ont pas le même sens. Emploie chacun d'eux dans une phrase qui le montrera.**

- le vase • la vase

* CM1 **21** **Fais deux phrases pour montrer la différence de sens entre le nom au singulier et le nom au pluriel.**

- une lunette • des lunettes

** CM2 **22** **Lis attentivement le texte puis réponds aux questions.**

La pêche aux gymnotes avec des filets est très difficile, à cause de la **souplesse** de ces poissons qui s'enfoncent dans la vase comme des serpents. Les Indiens nous disaient qu'ils allaient les pêcher avec des chevaux. Nous eûmes de la peine à nous faire une idée de cette pêche extraordinaire; mais bientôt nous vîmes nos Indiens revenir de la savane, où ils avaient fait une battue de chevaux sauvages. Ils en amenèrent une **trentaine**, qu'on força d'entrer dans la mare.
Le bruit extraordinaire, causé par le piétinement des chevaux, fait sortir les gymnotes de la vase, et les excite au combat. Ces anguilles **jaunâtres** et livides, semblables à de grands serpents aquatiques, nagent à la surface de l'eau et se pressent sous le ventre des chevaux. Les gymnotes, étourdis par le bruit, se défendent par la décharge répétée de leurs batteries électriques. Pendant longtemps, ils ont l'air de remporter la victoire. Plusieurs chevaux succombent à la violence des coups **invisibles** qu'ils reçoivent de toutes parts.

D'après **Alexandre de Humbolt**, *Voyage aux régions équinoxiales du Nouveau Continent.*

a. Dis ce que sont les gymnotes. Est-ce un nom masculin ou un nom féminin ? Relève dans le texte les indices qui permettent de répondre à ces deux questions.

b. Donne le sens des mots :
- souplesse
- trentaine
- jaunâtre
- invisible

Dis comment chacun d'entre eux est formé.

Orthographe

* CM1 **23 Recopie le texte et souligne toutes les indications de féminin** : noms, déterminants, terminaisons des adjectifs.

Un moment la lune, perçant la couche épaisse des nuages, allongea son froid rayon sur la plaine glacée dont les parties éclaircies prirent l'éclat de l'argent, tandis que les autres s'azurèrent d'ombres bleues.

Théophile Gautier, *Voyage en Russie*.

* CM1 **24 Recopie le texte et souligne toutes les indications de pluriel** : déterminants, pronoms, terminaisons des noms, des adjectifs, des verbes.

Les nuages avaient l'air de bœufs, de géants, de chapeaux, de vieilles dames, d'immenses paysages. L'enfant avait peur de ceux qui étaient très noirs, presque bleus, ou qui couraient très vite. C'étaient de terribles êtres, s'ils voulaient faire mal. Heureusement, ils passaient, bonasses, un peu grotesques, et ils ne s'arrêtaient pas.

D'après **Romain Rolland**, *Jean-Christophe*, Albin Michel.

* CM1 **25 Les mots de chaque liste ont formé leur féminin de la même manière. Mais un intrus s'y est glissé, retrouve-le. Justifie ta réponse.**

1. cadette • muette • coquette • fillette • nette
2. captive • active • vive • naïve • olive • tardive • maladive
3. belle • criminelle • nouvelle • chamelle • jumelle

** CM2 **26 Les mots de chaque liste ont formé leur pluriel de la même manière. Mais un intrus s'y est glissé, retrouve-le. Justifie ta réponse.**

1. cheveux • dieux • vœux • vieux • lieux • jeux
2. chevaux • tuyaux • généraux • canaux • rivaux • bocaux • journaux
3. abris • soucis • maris • amis • épis • indécis • oublis

* CM1 **27 En prenant un mot dans chaque colonne, retrouve le seul groupe nominal possible du point de vue de l'orthographe et recopie-le.**

les	nouvel	surveillant	curieuses
une	étonnantes	élève	dissipé
cet	jeune	garçons	intimidée

* CM1 **28 En prenant un mot dans chaque colonne, écris au moins trois groupes nominaux correctement orthographiés.**

leur	doux	sourires	triste
un	légers	figure	malicieux
les	jolie	regard	mélancoliques

DICTÉE PRÉPARÉE

Tout à coup, venue des entrailles de la maison, une petite voix humaine, nette, mélodieuse, dansante, prononce des mots que l'on ne comprend pas. Une autre voix lui répond, aussi faible, aussi pure, aussi joyeuse. Les deux voix s'emmêlent, s'enrouent, s'enlacent, s'élancent. Cris, rires, chants !

Toute la maison s'étire, gronde, fait le gros dos. Les enfants sont réveillés.

Georges Duhamel, *Les Plaisirs et les jeux*, Mercure de France.

1. Relève les adjectifs et les participes passés ; dis quel nom chacun qualifie.
2. Relève les noms au pluriel avec leur déterminant s'ils en ont un.
3. À quel temps sont conjugués les verbes ? Indique le sujet de chacun.

J'apprends à rédiger

29 CM1 * **Réécris les phrases en suivant les indications données.**
Modifie les accords en conséquence.

a. *le chat → les chats*

Le chat est joli, léger, adroit, propre et voluptueux.

b. *le loup → les loups*

Le loup est plus dur, moins sensible, plus robuste que le chien ; mais quoique robuste, il est timide.

D'après **Buffon**, *Histoire naturelle*.

30 CM2 ** **Même exercice.**
la souris → les souris

La souris, beaucoup plus petite que le rat, est aussi plus commune et plus répandue. Timide par nature, familière par nécessité, la souris ne sort de son trou que pour chercher des vivres.

D'après **Buffon**, *Histoire naturelle*.

31 CM2 ** **Réécris le texte en remplaçant** la chèvre **par** deux chevreaux.
Modifie les accords en conséquence.

Alors, on vit s'avancer une jolie petite chèvre blanche, alerte, éveillée, lustrée, avec des cornes dorées, avec des pieds dorés, avec un collier doré, et qui était restée jusque-là accroupie sur un coin du tapis, regardant danser sa maîtresse.

Victor Hugo, *Notre-Dame de Paris*

32 CM2 ** **Ce texte est la suite de celui de l'exercice 17. Recopie-le en rétablissant à l'endroit qui convient chacun des adjectifs donnés à part.**
Tiens compte du sens et des accords.

Adjectifs à replacer :
• *blanchies* • *étonnés* • *anciennes et modernes*
• *couchées* • *maigres* • *couronnées* • *entières*
• *petites* • *carrées* • *gros*

Partout des ruines ..., des églises sur tous les sommets, sur tous les versants des maisons turques, ... comme des tours, ... de terrasses et proprement ... à la chaux ; sur les chemins, de ... troupes d'ânes portant des familles ... ; çà et là quelques vaches ..., ... sur le ventre et fixant sur le voyageur leurs ... yeux ....

André Gide, *Si le grain ne meurt*, Gallimard.

33 CM1 * **Recopie le poème et, en tenant compte du sens et des accords, replace chaque nom au bon endroit.**

Noms à replacer :
• *printemps* • *coquille* • *soir* • *feuille* • *cornes*
• *feuilles* • *escargots* • *automne*

À l'enterrement d'une ... morte
Deux ... s'en vont
Ils ont la ... noire
Du crêpe autour des ...
Ils s'en vont dans le soir
Un très beau ... d' ...
Hélas quand ils arrivent c'est déjà le ...
Les ... qui étaient mortes
Sont toutes ressuscitées

Jacques Prévert, *Paroles*, Gallimard.

34 CM2 ** **En tenant compte des accords, remets en ordre les lignes du texte.**

a. hérissés, une figure
b. noires au coin de la bouche. Vif et
c. grimaçante et jaune, les oreilles
d. burlesques et en inventions
e. décollées, deux verrues
f. cynique, il abondait en discours
g. Jules avait des cheveux
h. sans pareilles.

D'après **Augustin Thierry**,
Le Sourire blessé, Gallimard.

10 L'adjectif qualificatif

Décembre

Le givre étincelant, sur les carreaux gelés,
Dessine des milliers d'arabesques informes ;
Le fleuve roule au loin ses banquises énormes ;
De fauves tourbillons passent échevelés.

Sur la crête des monts par l'ouragan pelés,
De gros nuages lourds heurtent leurs flancs difformes ;
Les sapins sont tout blancs de neige, les vieux ormes
Dressent dans le ciel gris leurs grands bras désolés.

Louis Fréchette, *Les fleurs boréales.*

J'observe

- Relève les adjectifs qualificatifs et dis pour chacun avec quel nom il s'accorde.
- Trouve un exemple d'adjectif épithète (faisant partie d'un groupe nominal) et un exemple d'adjectif attribut (séparé du nom par un verbe).
- Essaie de placer après le nom les adjectifs placés avant, et avant le nom les adjectifs placés après. Dis chaque fois si c'est possible ou non.
- De quel genre de texte s'agit-il ? À quoi l'as-tu reconnu ?

Vocabulaire

- Quel nom reconnais-tu dans *informes* et *difformes* ? Cherche le sens de ces deux adjectifs dans le dictionnaire et dis en quoi ils se différencient.

Je retiens

- **L'adjectif qualificatif**, quelle que soit sa fonction, **qualifie un nom** avec lequel il s'accorde en genre et en nombre.
- Quand il fait partie du groupe nominal, on peut toujours supprimer l'adjectif qualificatif.
- L'adjectif qualificatif peut être **épithète** ou **attribut du sujet**.

*Les **vieux** sapins sont **blancs** de neige.*

vieux : adjectif qualificatif, masculin pluriel, épithète du nom *sapins*.
blancs : adjectif qualificatif, masculin pluriel, attribut du sujet *les vieux sapins*.

Est-ce que je sais faire ?

* CM1 **1 Fais une phrase avec chaque adjectif qualificatif.**

Exemple : tranquille
→ *Les eaux tranquilles du lac luisaient sous la lune.*

- lumineux
- pâle
- timide
- sucré
- dangereux
- méchant

* CM1 **2 Même exercice.**

- doux
- sage
- rectangulaire
- triste
- courageux
- merveilleux

* CM1 **3 Ajoute un adjectif qualificatif à chaque groupe nominal.**

Exemple : un paysage → *un paysage lugubre*

- un ordinateur
- une table
- des rideaux
- un livre
- une ville
- une moto

* CM1 **4 Même exercice.**

- un arbre
- une assiette
- un homme
- un crayon
- une boîte
- un moineau

* CM1 **5 Essaie de déplacer avant le nom l'adjectif qualificatif, et dis si c'est possible ou non.**

Exemple : une ville minière → *une minière ville*
→ *Impossible, l'adjectif « minière » n'est pas déplaçable.*

- une fourrure épaisse
- des vêtements mouillés
- une boîte ronde
- un soleil brillant
- un animal effrayé
- une histoire intéressante
- un vent froid

** CM2 **6 Même exercice.**

- un cadeau superbe
- un homme fort
- le manteau blanc de la neige
- une tour haute
- une tour haute de dix centimètres
- le ciel gris
- une barbe longue

* CM1 **7 Termine chaque phrase à l'aide d'un adjectif qualificatif qui sera donc attribut.**

Exemple : Sa chemise avait l'air…
→ *Sa chemise avait l'air* ***neuve****.*

1. Les enfants devenaient …
2. L'inconnu paraissait …
3. L'animal avait l'air …
4. Ce livre semble …
5. La cour est …

* CM1 **8 Même exercice.**

1. Les températures resteront …
2. Cet exercice est …
3. Le ciel devient …
4. Cette soupe paraît …
5. La maison semblait …

* CM1 **9 Repère les adjectifs qualificatifs et dis pour chacun quel nom il qualifie.**

La folie, c'étaient les buvards. Ce rectangle rose – plus rarement d'une autre couleur – cette matière pelucheuse, veloutée, à la fois tissu et papier, paraissait au début si admirable que je n'osais pas éponger l'encre et préférais souffler sur ma page de cahier. D'une plume légère, j'inscrivais mon nom dans un coin, et je mettais le précieux buvard neuf sagement sous ma main.

D'après **Marie Rouanet**,
Nous les filles, Payot.

Je m'entraîne

grammaire

10 CM1 * **Recopie les groupes nominaux, encadre les noms, souligne les adjectifs qualificatifs.**

Exemple : des [*carottes*] *entières*

On faisait bouillir des carottes entières dans de grosses marmites en fer. Des jeunes gens découpaient des miches de pain blanc en tranches épaisses, elles étaient destinées à servir d'assiettes que l'on mangerait ensuite. Le vieux cuisinier surveillait l'activité frénétique avec un sourire imperturbable.

D'après **Ken Follett**, *Les Piliers de la terre*, Stock.

11 CM2 ** **Même exercice.**

Le front pur et blanc surmonte son visage d'un ovale parfait et une frange de cils très longs voile à demi ses grands yeux bleus mélancoliques. Le duvet de la première jeunesse veloute ses joues à peine nuancées d'un léger incarnat. Sa petite bouche purpurine qui ne sourit presque jamais, son nez fin et droit, son menton arrondi ont une noblesse et une douceur extraordinaires. De chaque côté de ses tempes satinées, une natte de cheveux blonds magnifiques descend en s'arrondissant jusqu'au milieu de la joue.

D'après **Eugène Sue**, *Les Mystères de Paris*.

12 CM2 ** **À partir de chacun des adjectifs suivants :**

- fragile
- courageux
- rapide

a. Écris une phrase où il sera au comparatif d'égalité.
Exemple avec « grand » → La salle de bain est ***aussi grande que*** *la cuisine.*

b. Écris une phrase où il sera au comparatif de supériorité.
Ex. : → La salle de bain est ***plus grande que*** *la cuisine.*

c. Écris une phrase où il sera au comparatif d'infériorité.
Ex. : → La salle de bain est ***moins grande que*** *la cuisine.*

d. Écris une phrase où il sera au superlatif.
Ex. : → La salle de bain est ***la plus grande (la moins grande)*** *des pièces.*

13 CM1 * **Écris un groupe nominal à partir de chaque analyse.**

Exemple : Dét. + Adj. + Nom → ***une grosse voiture***

1. Dét. + Nom + Adj.
2. Dét. + Nom + Adj. et Adj.
3. Dét. + Adj. + Nom + Adj
4. Dét. + Adj. + Nom + Adj. et Adj.

14 CM2 ** **Relève les adjectifs qualificatifs et classe-les selon qu'ils sont épithètes ou attributs.**

Ayla revint se pencher sur le lionceau blessé. Il n'avait toujours pas bougé. Il était chaud et respirait. Sa fourrure duveteuse rappelait celle de sa crinière encore petite. Mais ce joli petit fauve allait devenir un redoutable lion des cavernes.

Jean M. Auel, *La Vallée des chevaux*, Presses de la Cité.

15 CM1 * **Recopie les phrases et introduis des adjectifs qualificatifs aux endroits indiqués. Donne la fonction de chaque adjectif introduit.**

1. Une montagne ... et ... dominait la vallée.
2. La ... fille ... semblait très ....
3. Le ... animal se cacha dans un buisson ....
4. Ses cheveux ... étaient ....

16 CM2 ** **Emploie chaque adjectif qualificatif dans deux phrases : dans l'une il aura la fonction d'épithète, dans l'autre la fonction d'attribut.**

Exemple : magnifique
→ On m'a offert un bouquet magnifique. (épithète)
→ Ce bouquet est magnifique. (attribut)

1. • jeune • étonnant • délicieux
2. • solide • gentil • rond

CM2 ** **17** **Classe les mots en gras selon que ce sont des noms ou des adjectifs qualificatifs.**

Voici l'heure du **couchant**, l'heure **magique** ; sur les cimes **lointaines** apparaissent, pour de **fugitives** minutes, les violets **incandescents** et les **rouges** de braise... Puis un frisson passe, et subitement le **froid** tombe, l'**inévitable** froid du soir au désert.

D'après **Pierre Loti**, *Le Désert*.

vocabulaire

CM1 * **18** **Le mot** court **peut être un nom, un verbe ou un adjectif, selon son emploi dans la phrase.**
Donne la nature du mot court **dans chaque phrase numérotée.**

1. Le guépard court très vite.
2. Le champion entra enfin sur le court de tennis.
3. L'enfant portait un court manteau bleu.

CM2 ** **19** **Forme un adjectif qualificatif à partir de chaque verbe en ajoutant le suffixe** -able.
Quel est le sens de ce suffixe ?

Exemple : laver → lavable

1. • habiter • manger • réparer • avouer
2. • supporter • admirer • irriguer
3. • croire • boire • faire • périr • concevoir

CM1 * **20** **Retrouve le verbe à partir duquel chaque adjectif qualificatif a été formé.**
Attention, un intrus s'est glissé dans la liste, trouve-le et justifie ta réponse.

Exemple : lavable → laver

- acceptable • effaçable • labourable
- navigable • jouable • imperméable
- enviable • jetable • dirigeable

CM2 ** **21** **Remplace chaque complément du nom par un adjectif qualificatif épithète de sens équivalent.**

*Exemple : une voix d'enfant → une voix **enfantine***

- un éléphant d'Afrique
- le vent de mer
- une brume du matin
- l'amour de la mère
- l'écorce de la terre
- une fête de village

CM2 ** **22** **Ajoute un suffixe atténuatif à l'adjectif qualificatif.**

Exemple : maigre → maigrelet, maigrichon

- un enfant pâle • un fruit aigre • un bébé gras

CM2 ** **23** **En fonction du contexte, associe l'adjectif qualificatif** blanc **à son contraire.**
Aide-toi des accords.

une pêche blanche •	• écrite
une page blanche •	• brun
du vin blanc •	• jaune
du raisin blanc •	• rouge
un teint blanc •	• noir
un ours blanc •	• grise
une souris blanche •	• foncé

CM1 * **24** **Place après le nom l'adjectif qualificatif. Garde-t-il le même sens ?**

un curieux animal

Orthographe

CM2 *** **25 En fonction de l'accord de l'adjectif qualificatif, choisis le nom qui convient. Recopie le texte bien orthographié.**

Il tenait < une serviette / un linge / des mouchoirs blanc, sur < les éléments / le côté / la partie inférieure de sa figure, de façon que < son nez / sa bouche / ses cheveux et ses mâchoires soient complètement cachées : cela expliquait < la voix / le ton assourdi. Tout le front du voyageur, au-dessus < des yeux / des lunettes bleues, était couvert < de bandes / d'un bandage blanc. L'homme portait une jaquette de < velours / laine foncé, avec un large < écharpe / col / bords noir, relevé autour du cou. < Les boucles / Les cheveux / La chevelure épaisse et brune s'échappait au hasard, en petites < cornes / paquets / masse singulières. < Ce visage / Ses épaules / Cette tête enveloppée, emmitouflée, était si différente de ce qu'avait prévu Mme Hall que celle-ci demeura pétrifiée.

D'après **H. G. Wells**, *L'Homme invisible*, Albin Michel.

CM1 * **26 Recopie le texte en accordant correctement l'adjectif qualificatif donné entre parenthèses.**

Ah ! Quel luxe ! Des meubles tout *(neuf)* en acajou *(verni)* avec poignées de cuivre et pieds *(fin)* en érable *(blanc)*. La *(dernier)* fois que j'avais vu cette pièce, elle était encore *(meublé)* comme autrefois : une table *(commun)*, des chaises de paille, des photos *(jauni)* aux murs et la machine à coudre dans l'embrasure de la fenêtre. Tout cela avait disparu et, outre les *(beau)* meubles *(neuf)*, je remarquai un *(grand)* tableau dans un cadre *(doré)* représentant un coucher de soleil sur la mer.

Alberto Moravia, *Nouvelles romaines*, Garnier Flammarion.

CM1 * **27 Montre que la différence d'accord de l'adjectif qualificatif modifie le sens de la phrase.**

1. Où est la boîte de bonbons ronds ?
   Où est la boîte de bonbons ronde ?
2. Prends la boîte de pastilles verte.
   Prends la boîte de pastilles vertes.

CM2 *** **28 En tenant compte du sens, recopie les groupes nominaux et accorde correctement l'adjectif qualificatif entre parenthèses.**

1. une veste de coton *(étroit)*
2. un saladier de fraises *(mûr)*
3. un torchon à vaisselle *(déchiré)*
4. une tasse à café *(ébréché)*
5. des fleurs de montagne *(fané)*
6. une photo de lion *(raté)*

AUTODICTÉE

Le poulain s'arrête de paître : les oreilles dressées, il agite le cou à droite, à gauche. Il a déjà vu, de loin, des cavaliers dans la plaine et ils ne lui ont fait aucun mal, pourquoi serait-il inquiet ? Il est pourtant mal à son aise… Ses compagnons aussi sont nerveux. Les intrus se rapprochent encore !

V. Leclercq Gine, *Va comme le vent*, Elor.

J'apprends à rédiger

CM2 ** **29 Pour faire ton portrait, choisis un ou plusieurs adjectifs caractéristiques pour chaque élément de ton visage.**
Si c'est très réussi, tes camarades devraient pouvoir te reconnaître.

Exemples : Visage *rond, ovale, carré, triangulaire, anguleux, etc.*

- visage
- cheveux
- yeux
- nez
- bouche
- menton
- teint
- dents
- oreilles

CM2 ** **30 Recopie le texte en replaçant aux endroits indiqués les adjectifs qualificatifs donnés à part.**

- Aide-toi des accords et de la place possible des adjectifs.
- Compare ton texte avec ceux de tes camarades.

Adjectifs à replacer :
• *brune* • *charmant* • *éblouissante* • *fine* • *large* • *orange* • *petit* • *petit* • *souple* • *vertes* • *vilain*

Son cou ... d'une blancheur ... est entouré d'un ... collier de grains de corail. Sa robe de laine ..., beaucoup trop ..., laisse deviner une taille ... et ... comme le jonc. Un ... ... châle ..., à franges ... , se croise sur sa poitrine.

D'après **Eugène Sue**, *Les Mystères de Paris*.

- L'auteur veut-il donner l'impression que la jeune fille est bien habillée ? Justifie ta réponse.

CM1 * **31 Recopie le texte en y replaçant quelques-uns des adjectifs qualificatifs donnés, que tu accorderas si nécessaire.**

Adjectifs à replacer :
• *ambré* • *animé* • *chaud* • *fameux* • *frémissant* • *fugitif* • *grand* • *large* • *recourbé* • *splendide* • *vivant*

Pour la première fois, il voit de tout près le bouc. Il contemple les épaules, le cou encore massif bien que la faim ait marqué l'animal [...] ; il voit cette créature, cet être comme lui, exhaler par ses narines le souffle de la vie ; il perçoit même, en une vision, la lumière qui brille dans ses yeux.

D'après **E. T. Seton**,
Merveilles et mystères de la nature,
Sélection du Reader's Digest.

- Compare ton texte avec ceux de tes camarades.

CM1 * **32 Recopie le texte en introduisant un ou deux adjectifs qualificatifs de ton choix aux endroits indiqués.**
Selon les adjectifs que tu choisiras, tu seras peut-être obligé de modifier leur place par rapport au nom.

a. L'hiver est ... au pays des ours. Les ... oursons ne quitteront guère leur retraite durant les ... mois de leur vie. Parfois un loup ... vient troubler la quiétude de cette caverne ....
b. Alertée avant même qu'il n'ait eu le temps de pénétrer plus avant, l'ourse a tôt fait de détourner l'intrus de ses ... intentions : un grondement ..., un ... coup de patte.

D'après **Paul-Henry Plantain**,
Les Ours, Hachette.

CM2 ** **33 Recopie le texte en introduisant des adjectifs qualificatifs aux endroits de ton choix.**

Billy aperçut un écriteau appuyé contre la vitre. Il lut : « Chambres avec petit déjeuner ». Un vase plein de chrysanthèmes était posé juste sous l'écriteau. Billy s'approcha. Des rideaux de velours garnissaient la fenêtre, rehaussant l'éclat des chrysanthèmes. Billy se dressa pour fouiller du regard, à travers la vitre, l'intérieur de la pièce. Il vit d'abord un feu dans la cheminée. Devant l'âtre, sur un tapis, un basset dormait.

D'après **Roald Dahl**,
Kiss Kiss, Gallimard.

- Compare ton texte avec ceux de tes camarades.

11 Les déterminants du nom

Il était un jour une jeune fille nommée Jayda.

Elle n'avait sur terre que ses deux mains, son corps agile et son regard sans cesse étonné par la lumière du monde. Elle vivait dans une hutte de branches au bord d'un ruisseau, se nourrissait de l'eau que lui donnait la source, des fruits que lui donnaient les arbres. Sa pauvreté était rude, mais elle ne s'en plaignait pas.

Un matin, la jeune fille découvrit dans un buisson une ruche sauvage abandonnée par ses abeilles. Jayda s'agenouilla devant elle, vit qu'elle était remplie de miel tiédi par le soleil. Elle pensa, bénissant le Ciel : « J'irai vendre ce beau miel au marché de la ville, je gagnerai assez pour traverser l'hiver sans peine ni souci. »

D'après H. Gougaud, *Don Gan*, in *L'Arbre d'amour et de sagesse, Contes du monde entier*, Éditions du Seuil.

J'observe

➤ Repère les noms et indique le déterminant de chacun. Quels sont les noms qui n'ont pas de déterminant ?

➤ Explique pourquoi au début du texte l'auteur a écrit ***une** jeune fille,* et par la suite ***la** jeune fille*.

➤ De quel genre de texte s'agit-il ? À quoi l'as-tu reconnu ?

Vocabulaire

➤ « Sa pauvreté était rude. » Trouve un synonyme à l'adjectif. Quel nom peut-on former sur l'adjectif *rude* ?

Je retiens

VOIR TABLEAUX DES DÉTERMINANTS P. 213

Les déterminants accompagnent toujours un nom. Ils sont placés avant le nom et ne peuvent pas être supprimés dans le groupe nominal.

***La** jeune fille recueillit **ce** beau miel dans **sa** cruche.*

la : déterminant, article défini, féminin singulier, détermine le nom *jeune fille*.
ce : déterminant démonstratif, masculin singulier, détermine le nom *miel*.
sa : déterminant possessif, féminin singulier, détermine le nom *cruche*.

Est-ce que je sais faire ?

CM1 * **1 Lis les phrases en y introduisant les articles nécessaires.**

Exemple : ... nuage cache ... soleil.
→ ***Un** nuage cache **le** soleil.*

1. ... mer est agitée et ... bateaux ... pêcheurs rentrent ... port.
2. On a renversé ... eau sur ... couverture ... cahier d'Alain.
3. Il skie avec ... baladeur sur ... oreilles.
4. ... chien s'approcha ... banc et aboya.
5. ... oiseaux ont fait ... nid dans ... grand pin.

CM1 * **2 Repère les articles contractés et retrouve la préposition et l'article défini qui les composent.**

Exemple : La voiture sort du garage. → ***du = de + le***

1. Ce soir, nous irons au cinéma.
2. J'ai très mal aux pieds.
3. Cet enfant pleure du matin au soir.
4. Les livres des élèves doivent être couverts.
5. Il s'approcha des remparts du bourg fortifié.

CM1 * **3 Identifie pour chaque déterminant possessif le** possesseur **et l'**objet possédé**.**

Exemple : Je cherche mes lunettes.
*Mes → « possesseur » = **je***
*« objet possédé » = **lunettes***

1. Un client a oublié son parapluie.
2. Notre arbre perd ses feuilles.
3. Les élèves écrivent à leurs correspondants.
4. Mes frères sont allés en Italie.
5. Ton ami m'a donné leur adresse.

CM1 * **4 Lis les phrases en y introduisant des déterminants possessifs qui conviennent.**

Exemple : L'arbre perd ... feuilles.
→ *L'arbre perd **ses** feuilles.*

1. Elle perd ... temps à vous écouter.
2. N'oublie pas ... tenue de sport.
3. Nous avons perdu ... chemin.
4. Lavez ... assiette et ... verre.
5. Les CM2 ont visité ... futur collège.
6. ... clés sont tombées de ... poche.
7. Laissez ... cahiers ouverts sur ... tables.
8. Gardez-moi ... place.

CM1 * **5 Lis les phrases en y introduisant des déterminants démonstratifs.**

Exemple : ... lit est trop dur. → ***Ce** lit est trop dur.*

1. J'ai habité autrefois dans ... rue.
2. Je ne mettrai jamais ... chapeau.
3. J'ai pris ... ciseaux dans ... tiroir.
4. ... clés ouvrent ... porte.
5. ... crayons ne sont pas bien taillés.
6. Dans ... boutique, on trouve tout.
7. ... couteau coupe bien.
8. ... œufs ne sont pas frais.

CM1 * **6 Lis les phrases en y introduisant des déterminants interrogatifs.**

Exemple : De ... droit êtes-vous entrés ?
→ *De **quel** droit êtes-vous entrés ?*

1. Par ... route êtes-vous passé ?
2. ... robe mettras-tu ?
3. ... arbre faut-il couper ?
4. Dans ... casserole faut-il cuire les artichauts ?
5. Avec ... couteau s'est-il blessé ?
6. Pour ... raison n'est-elle pas venue ?
7. Dans ... rue habite-t-il ?
8. ... nom allons-nous lui donner ?
9. Chez ... voisin y a-t-il un chien ?
10. ... rêves faisiez-vous ?

Je m'entraîne

grammaire

CM1 * 7 Recopie les groupes nominaux. Encadre le nom et souligne le déterminant.

Le *fermier* ...

Le fermier se dirigea vers l'étable. Dans l'ombre tiède, les bêtes, allongées sur la litière, achevaient leur somme. Le fermier alluma. La brusque lumière électrique heurta les bêtes. Certaines se dressèrent tout de suite ; les autres vaches s'étiraient, soufflaient, levaient paresseusement la tête.

D'après **Ernest Pérochon**,
À l'ombre des Ailes, Delagrave.

CM1 * 8 Recopie le texte en y rétablissant les articles indéfinis qui conviennent.

Exemple : Il y avait ***d'****étranges chandelles.*

a. Il y avait ... album à la couverture noire. Nicolas y jeta ... coup d'œil, et y découvrit ... illustrations en couleurs représentant ... oiseaux. Et quels oiseaux ! **b.** Dans le jardin et dans les chemins quand il allait se promener, Nicolas rencontrait quelques oiseaux, dont les plus grands pouvaient être ... pie ou ... palombe ; **c.** mais dans le livre, il y avait ... hérons, ... outardes, ... vautours, ... toucans, ... butors, ... ibis, ... faisans dorés, toute ... galerie de portraits de volatiles.

D'après **Saki**,
Le Cabinet de débarras, Éd. R. Laffont.

CM1 * 9 Recopie le texte en y rétablissant les articles définis qui conviennent.

Exemple : ***Le*** *printemps jaillit...*

... printemps jaillit tout d'un coup. Avec cette hâte fébrile qui caractérise ... nature dans ... pays froids, ... neige se mit à fondre, et à couler ... long des pentes, pour former partout, jusque dans ... moindres creux, des mares d'eau claire. ... oiseaux blancs s'abattaient par grandes troupes dans ... clairière. ... canards sauvages, arrivant du Nord, se jetaient dans ... mares fraîches, au bord de ... baie.

D'après **Damase Potvin**,
La Rivière-à-Mars, Éditions du Totem, Montréal.

CM2 ** 10 Recopie, dans chaque colonne d'un tableau de ce type, au moins deux groupes nominaux que tu auras relevés dans le texte.

Articles indéfinis	Articles définis	Articles définis contractés
	les (jambes)	

Je partais d'ordinaire me promener avec ma sœur ; nous griffant les jambes aux ajoncs, les bras aux ronces, nous explorions à des kilomètres à la ronde les châtaigneraies, les champs, les landes. Nous faisions de grandes découvertes : des étangs ; une cascade ; au milieu d'une bruyère, des blocs de granit gris que nous escaladions pour apercevoir de loin la ligne bleue des Monédières.

D'après **Simone de Beauvoir**,
Mémoires d'une Jeune Fille rangée, Éditions Gallimard.

CM1 * 11 Emploie dans des phrases :

- Deux noms propres sans déterminant.

Exemple : Nous avons visité la cathédrale de ***Chartres****.*

- Deux noms propres avec déterminant.

Exemple : Il s'est promené sur les bords de ***la Garonne****.*

CM1 * 12 Emploie le nom cerise(s) **dans deux phrases.**

- Dans la première, il sera employé avec un déterminant.
- Dans la deuxième, il sera employé sans déterminant.

CM2 ** 13 Même exercice avec les noms suivants :

- carton
- animal
- arbre

* **14** **Recopie le texte en soulignant**
- en bleu les articles (le, la, l', les),
- en rouge les pronoms (le, la, l', les).

CM1

Un ballet de petites bêtes rondes tourne et brille. En vain essayez-vous de les troubler : elles passent entre les mailles de l'épuisette… Voici que la feuille a bougé. Et, en la retournant, on lui voit trois paires de pattes. Marcel la rejette à l'eau tout frissonnant.

D'après **Valéry Larbaud**, *Enfantines*, Gallimard.

* **15** **Mets au singulier le groupe nominal en gras, afin de distinguer articles définis contractés et articles indéfinis.**

CM1

Ex. : ***Des livres*** *étaient posés sur la table.*
un livre → article indéfini

1. Il a acheté **des pastèques**.
2. La peau **des pastèques** était d'un vert brillant.
3. Ne vous écartez pas **des chemins** !
4. **Des vaches** broutaient dans le champ.
5. L'enfant avait peur **des cornes des vaches**.

* **16** **Recopie le texte en y introduisant les déterminants possessifs qui conviennent.**

CM1

C'était l'hiver sur la plaine et la forêt. La neige glacée couvrait partout le sol. Pas un abri n'échappait à … assaut.

Les lièvres méfiants, les oreilles perpétuellement tendues, sursautaient dans … gîtes au moindre choc, au plus léger froissement. Messire Tasson, le blaireau, au fond de … terrier, couché en rond, dormait de … pesant sommeil hivernal ; les martres descendaient de … pins vers les arbres de la vallée, tandis que … cousines les fouines, installées dans les chaumes des toitures, vivaient au jour le jour de menues rapines souvent payées de … vie.

D'après **Louis Pergaud**, *De Goupil à Margot*, Mercure de France.

* **17** **Recopie le texte en y introduisant les déterminants démonstratifs qui conviennent.**

CM1

Il était une fois un homme qui fabriquait des paniers. … travail l'occupait tous les jours de la semaine, excepté le mardi où il vendait les paniers au marché. … homme se dit un jour : « Il faudrait que j'aie un serviteur qui fasse mon travail. Je vais faire un grand panier, puis je vendrai … panier à bon prix, et je me mettrai en quête de … serviteur. »
Il avait prononcé … mots à voix haute. Un génie l'avait entendu. … génie était un bon génie et il décida d'aider … homme.

Vocabulaire

* **18** **a. Explique la différence de sens entraînée par le changement du déterminant.**

CM1

1. Je viendrai vous voir dans **la** semaine.
Je viendrai vous voir dans **une** semaine.
2. **La** nuit, il dormait dans une grange.
Une nuit, il dormit dans une grange.

b. En fonction du temps du verbe, choisis correctement le déterminant.

Un / Le matin, il se levait de bonne heure.

* **19** **Emploie le groupe** le garde **dans deux phrases.** Dans la première phrase, ce sera un groupe nominal sujet ; dans la deuxième, un groupe verbal.

CM1

Exemple avec le groupe « la ferme » :
→ ***La ferme*** *était au milieu des champs.*
→ *Cette porte, je* ***la ferme****.*

Vocabulaire

CM1 * **20 Relis le texte de l'exercice 7, puis réponds aux questions.**

a. Quels animaux dorment à l'étable ?
Cherche où dorment ces animaux de la ferme :
- les moutons • les chevaux • les cochons
- les poules • les lapins • les pigeons

b. Que signifie le nom litière ? Comment est-il formé ? Connais-tu un autre nom de la même famille ?

c. « Les bêtes achevaient leur somme. »
- Quel sens a ici le nom somme ? Est-ce le même sens que dans l'expression bêtes de somme ?
- Connais-tu un autre homonyme de ce nom ? Emploie-le dans une phrase.

CM1 * **21 Il y a 3 « entrées » dans le dictionnaire pour le mot** son. **Ici, les articles de dictionnaire des trois homonymes sont mélangés. À toi de reconstituer chacun de ces articles.**

son – son – son
n. m.
n. m.
dét.

Adjectif possessif de la troisième personne.
Vibration de l'air que l'oreille perçoit.
Enveloppe des grains de céréales qui restent quand on les a moulus.

*Certains **sons** très aigus sont perçus par les animaux.*
***Son** équerre est dans **son** cartable.*
*Il mange du pain au **son** pour le petit déjeuner.*

Orthographe

CM1 * **22 Mets au singulier ces groupes nominaux.**

1. • ces trésors • ces arbres • ces allumettes • ces tables
2. • ses trésors • ses arbres • ses allumettes • ses tables
3. • des trésors • des arbres • des allumettes • des tables
4. • leurs trésors • leurs arbres • leurs allumettes • leurs tables
5. • les trésors • les arbres • les allumettes • les tables

CM2 ** **24 Recopie les groupes nominaux, en y introduisant** cet **ou** cette **selon que le nom est masculin ou féminin.**

- … horloge à balancier
- … armoire normande
- … artiste américain
- … autre maison
- … histoire de fantômes
- … oiseau noir
- … âge tendre
- … élève imprudente
- … étrange spectacle

CM2 ** **25 Écris le déterminant interrogatif.**

1. … gros chien ?
2. … jour ?
3. Dans … main ?
4. Avec … amies ?
5. Par … moyen ?
6. … poissons ?
7. En … année ?
8. Pour … raisons ?
9. De … couleur ?
10. Sous … arbres ?

CM1 * **23 En fonction du genre et du nombre du déterminant, choisis le nom qui convient puis recopie le texte correctement orthographié.**

Noûm vit quatre ‹ loup / cerfs › traversant une ‹ étang / rivière › à la nage, le ‹ cou / tête › tendu, l'‹ oreilles / œil › inquiet ; il vit des ‹ mouton / vaches › paisibles suivies de leurs ‹ agneau / petits ›, des ‹ chevaux / zèbre › trapus, des ‹ mammouth / poneys › aux ‹ poil / pattes › raides, des ‹ lion / bisons › farouches, et des ‹ taureaux / tigre › gigantesques dont la ‹ bout / pointe › des ‹ cornes / museau › se perdait dans l'‹ obscurité. / ombres. ›

Claude Cénac, *Les Cavernes de la rivière rouge*, Magnard.

CM2 ** **26** **Recopie les phrases en y introduisant :**
• leurs, qui varie en nombre si c'est un déterminant ;
• leur, qui reste invariable si c'est un pronom.

1. Tu ... donneras ... chaussettes.
2. ... pieds ... faisaient mal.
3. On ... a volé ... bagages.
4. Ils tenaient ... gants dans ... mains.
5. Quelqu'un ... a montré les jardins et ... a fait visiter la maison.

CM1 * **27** **Recopie ces phrases en y introduisant, selon le sens, le déterminant possessif** ses **ou le déterminant démonstratif** ces**.**

1. En se réveillant, l'enfant cirait ... chaussures.
2. Je ne connais pas ... gens.
3. ... oiseaux ne construisent pas de nid.
4. Le pigeon lissait ... plumes avec son bec.
5. ... parents lui ont interdit de se baigner dans ... eaux froides.

AUTODICTÉE

Tous les jouets étaient brillants et propres. Le garçon se sentait comme dans un de ces musées secrets où rares sont ceux qui ont le droit d'entrer. Soudain, au moment où il ne l'espérait plus, il vit la toupie chinoise. C'était bien sa toupie. Il la reconnut à son bord légèrement cabossé.

D'après **Joan Manuel Gisbert**, *Le Gardien de l'oubli*, Syros.

J'apprends à rédiger

CM1 * **28** **Recopie le texte en y rétablissant les articles** un, une, des **ou** le, la, l', les**.**

Il était ... fois ... léopard qui vivait dans ... forêt. ... jour, comme il en avait ... habitude, il sortit de chez lui pour chasser. Il partit à ... recherche d'... cerf, d'... cochon ou même d'... petit lièvre. Mais il ne trouva pas de proie : ni grosse, ni petite. Finalement il trouva ... lézard.
... léopard lui dit :
« Tu vas me servir de repas, petit lézard ! »
... lézard, très calmement, lui répondit :
« Monsieur, je ne suis pas assez gros pour vous nourrir. Laissez-moi partir. »

D'après **Béatrice Muñoz de la Mata**, *La Lutte du lézard et du léopard*.

CM1 * **29** **Recopie le texte en rétablissant correctement les déterminants.** Compare ton texte avec ceux de tes camarades.

Je crois savoir pourquoi on m'appelle « Chiffon ». C'est sûrement à cause ... petit air froissé, fripé que me donnent ... poils blancs et frisés souvent en désordre.
Avec ... deux petites oreilles pointues agitées dans tous ... sens et ... museau arrondi, je n'ai vraiment pas ... tête d' ... chien méchant !

Vonny Dufossé, *Chiffon, ou les peurs d'un petit chien*, Sedrap.

CM2 ** **30** **Recopie le texte en choisissant parmi les déterminants proposés celui qui convient.**

Maliket semblait heureuse et témoignait une / aucune / la grande tendresse pour ses / les / des parents. Malgré sa / la / leur petite taille, elle était agile et forte. Tous les / Chaque / Quels matins, quand ces / mes / ses parents se levaient, ils trouvaient leur / son / du déjeuner tout prêt : son / ce / du poisson frit, du / ce / des riz, et de quoi boire.

12 Les pronoms

Un jour, un homme traversait un bois. Il trouva un loup pendu par le **pied** au haut d'un chêne.
[« Homme, dit le loup, tire-moi d'ici pour l'amour de Dieu. J'étais monté sur ce chêne pour y prendre un **nid** de pie. En descendant, je me suis pris le pied dans une branche fendue. Je suis perdu, si tu n'as pas pitié de moi.]
– Je te tirerais de là avec plaisir, Loup, répondit l'homme ; mais j'ai peur que tu ne me manges, quand tu **seras dépendu**.
– Homme, je te jure de ne faire aucun mal, ni à toi, ni aux tiens, ni à tes bêtes. »
L'homme dépendit donc le loup. Mais, à peine celui-ci fut-il à terre qu'il commença à le regarder de travers.

Jean-François Bladé, *Dix Contes de loups*.

J'observe

➤ **Les pronoms personnels de la narration :**
- Quel pronom personnel reprend le groupe nominal « *un homme* » dans le premier paragraphe ? Et le groupe nominal « *le loup* » dans la dernière phrase ?

➤ **Les pronoms personnels du dialogue :**
- Dans le passage entre crochets, auquel des deux personnages renvoient les pronoms personnels *je, me* et *moi* ? Et le pronom personnel *tu* ?
- *je* et *tu* renvoient-ils aux mêmes personnages dans la réplique suivante ?

Vocabulaire ➤ Trouve au moins deux mots de la famille de *pied* et deux mots de la famille de *nid*.

Je retiens

VOIR TABLEAUX DES PRONOMS P. 216

- Le **pronom** est un mot qui joue le même rôle qu'un groupe nominal. On l'emploie souvent pour éviter de répéter le groupe nominal.
- Dans le **dialogue**, certains pronoms ne reprennent aucun groupe nominal. Ils renvoient alors à celui qui parle ou à son interlocuteur.

  Je te *tirerais de là avec plaisir.*

- Les pronoms ont les **mêmes fonctions** que le groupe nominal.

  Un jour, un homme traversait un bois. ***Il*** *trouva un loup…*

  il : pronom personnel, reprend le groupe nominal *un homme*, 3e personne du singulier, sujet du verbe *trouva*.

Est-ce que je sais faire ?

1 **Lis chaque phrase en remplaçant le pronom en gras par un groupe nominal.** (CM1 *)

*Exemple : **Ils** dormaient sous un arbre.*
*→ **Des lions** dormaient sous un arbre.*

1. Je **la** vois très bien.
2. La lumière **lui** fait mal aux yeux.
3. Ce bruit étrange **leur** a fait peur et **elles** se sont enfuies.
4. Les enfants du village s'**y** baignent.
5. Mon père **en** est très content.
6. Le facteur a apporté une lettre pour **elles**.
7. Chez **eux**, il y a beaucoup de livres.
8. **Ils** s'arrêtent pour **la** regarder.

2 **Lis chaque phrase en remplaçant le groupe nominal en gras par un pronom personnel.** (CM1 *)

*Exemple : **Des lions** dormaient sous un arbre.*
*→ **Ils** dormaient sous un arbre.*

1. Nous ne nous ennuyons jamais avec **Jean**.
2. Ils s'arrêteront chez **des amis** pour déjeuner.
3. Les enfants jetaient du pain **aux canards**.
4. Je ne parle plus **à mon voisin**.
5. **La rivière** était très large à cet endroit.
6. Le prisonnier évadé traversa **la rivière** à la nage.
7. Les promeneuses reviennent **de la rivière**.

3 **Lis ce texte en rétablissant les pronoms qui ont été supprimés.** (CM2 **)

*Exemple : ... mettaient → **Ils** mettaient*

Lucien profitait de ses vacances pour courir toute la journée le long des voies ferrées avec deux copains du hameau.
... mettaient des pièces de vingt centimes sur les rails pour ... récupérer tout aplaties. ... mettaient aussi des boîtes de conserve vides ou des bouts de ferraille et collectionnaient ... qui prenaient les formes les plus drôles.
« Regarde ... ; ... dirait un avion.
– ... , ... dirait une bonne femme.
– ... trouves ? ..., ... ne trouve pas.
– Si, regarde, là, ... fait comme sa robe. »
Un jour, le facteur ... avait surpris et ... ... avait crié :
– ... êtes fous ! ... allez finir par faire dérailler le train ! Si ... continuez, ... dirai aux gendarmes.

D'après **François Charles**, *Histoire de Lucien*, Rageot.

4 **Repère les pronoms. Dis, quand c'est possible, de quel groupe nominal ils sont l'équivalent.** (CM2 **)

Ex. : Voici des romans, lesquels sont intéressants ?
→ pronom ***lesquels***.
→ ***quels romans***.

1. Ton lit est dans le salon, le mien est dans la chambre.
2. Laquelle de ces photos a-t-elle gagné le concours ?
3. Mon téléphone n'est pas chargé, puis-je utiliser le vôtre ?
4. Ma chemise est bleue, la sienne est rouge.
5. Les promeneurs ont ramassé des champignons, mais ils ne savent pas lesquels sont vénéneux.
6. Il n'y a pas de vase, dans quoi l'infirmière va-t-elle mettre les fleurs ?
7. Les voisins ont emprunté notre voiture, la leur est en panne.
8. Qui a crié ?
9. Que fait-elle ?

Je m'entraîne

grammaire

*** CM2 **5** **Réécris le texte en employant des pronoms pour supprimer toutes les répétitions.** Attention à conserver certains groupes nominaux afin que l'on sache toujours à quoi renvoient les pronoms.

a. Dans le village, on n'avait plus peur de Musak, parce qu'on s'était habitué à Musak. Galloway, qui ignorait son âge, n'aurait jamais pensé à demander son âge à Musak, pas plus que Galloway n'avait demandé à Musak de quel pays d'Europe Musak était venu alors que Musak n'était qu'un enfant.

b. Galloway savait seulement que Musak avait fait la traversée à bord d'un bateau d'immigrants avec son père, sa mère et cinq ou six frères et sœurs. Musak avait dû être marié, car Musak avait une fille qui écrivait à Musak de temps en temps et envoyait à Musak des photographies de ses enfants. La fille de Musak n'était jamais venue voir Musak. Musak n'était jamais allé là-bas non plus.

D'après **Georges Simenon**, *L'Horloger d'Everton*, Georges Simenon Limited.

* CM1 **6** **Recopie le texte en choisissant un pronom qui convienne parmi ceux qui sont proposés.**

La statue continua son récit à la petite hirondelle : « Une femme est assise à une table. Dans un lit, au coin de la chambre, gît son petit garçon malade. Il / Tu / Elle a la fièvre et la / lui / elle demande des oranges. Sa mère n'a rien à lui / leur / les donner que de l'eau de la rivière. Aussi il / je / elle pleure. Hirondelle, petite hirondelle, ne voulez- vous / elle / tu pas lui / les / en porter le rubis de la garde de mon épée ? Mes pieds sont attachés au piédestal et je / ils / tu ne puis bouger. »

Oscar Wilde, *Le Crime de Lord Arthur Saville*, Stock.

* CM1 **7** **Relève les trois pronoms qui reprennent le groupe nominal** le sapin **et classe-les selon leur fonction** (sujet, COD ou COI).

Vinrent ensuite deux domestiques en superbe livrée, qui portèrent le sapin dans le salon d'un grand seigneur. On le planta dans une grande caisse pleine de sable.
Oh ! comme il tremblait. Qu'allait-on lui faire ?

D'après **H. Ch Andersen**, *Nouveaux Contes*.

* CM1 **8** **Relève tous les pronoms qui reprennent le groupe nominal** un grand garçon.

Un grand garçon pâle et maigre grimpa sur sa table. C'était un mauvais calcul ! Il se heurta violemment au plafond bas et il retomba, à demi assommé. On le ranima en lui faisant ingurgiter tous les verres qui se trouvaient à proximité. Un moment plus tard, il était toujours aussi grand, mais beaucoup moins pâle.

D'après **Jean-Claude Deret**, *Gilles prend la Bastille*, Hachette Jeunesse.

* CM1 **9** **Recopie le texte en soulignant**
- en bleu l'article défini le
- en rouge le pronom personnel COD le.

Arrivé en haut de l'escalier, le fantôme retrouva ses esprits et décida d'user de son célèbre rire démoniaque. Le vieux toit résonna, résonna longuement... Le fantôme se prépara aussitôt à se transformer en un gros chien noir. Mais le bruit des pas qui approchaient le fit hésiter ; il se

contenta de devenir phosphorescent et il s'évanouit en poussant un gémissement lugubre juste au moment où les jumeaux le rejoignaient.

D'après **Oscar Wilde**, *Le Fantôme des Canterville*, Éd. Stock.

CM2 ** **10** **Recopie les phrases en remplaçant chaque groupe nominal en gras par le pronom démonstratif qui convient.**

*Exemple : Passez-moi **le livre** qui est sur la table.*
*→ Passez-moi **celui** qui est sur la table.*

1. **La fenêtre** de ta chambre est encore ouverte.
2. **Les marronniers** de l'avenue sont couverts de fleurs.
3. Il n'a pas encore écouté **le disque** que je lui ai acheté.
4. **Les boutiques** du centre commercial ne fermeront pas dimanche.

CM2 ** **11** **Recopie les phrases en remplaçant chaque pronom démonstratif par un groupe nominal.**

Exemple : Passez-moi celui qui est sur la table.
*→ Passez-moi **le livre** qui est sur la table.*

1. Il a pris ceux de son frère.
2. Je n'aime pas celles qui sont dans la devanture.
3. Avez-vous déjà entendu celle-ci ?
4. Celui qui a raconté cela est un menteur.

CM2 ** **12** **Recopie les phrases en remplaçant chaque groupe nominal en gras par le pronom possessif correspondant.**

*Exemple : **Mes fleurs** sont fanées.*
*→ **Les miennes** sont fanées.*

1. **Ton crayon** est mal taillé.
2. Le vent gonflait **leurs voiles**.
3. Marius a perdu **sa montre**.
4. **Notre réfrigérateur** est vide.
5. On a volé **ma valise**.
6. **Vos cheveux** sont très longs.

CM2 ** **13** **Recopie les phrases en remplaçant chaque pronom interrogatif par un groupe nominal.**

*Exemple : **Que** lisez-vous ? → **Quel livre** lisez-vous ?*

1. Avec qui est-il parti ?
2. Par quoi allons-nous commencer ?
3. Lesquelles préfères-tu ?
4. Qu'apprend-on au collège ?
5. Pour laquelle voterez-vous ?
6. Dans quoi mettrez-vous vos livres ?
7. Sur laquelle voyez-vous des oiseaux ?

Vocabulaire

CM1 * **14** **Relis le texte de l'exercice 5.**

a. *village, hameau, agglomération, bourg, bourgade*
Lequel de ces cinq mots est le terme générique, celui qui englobe les quatre autres ?

b. Le nom bateau est un terme générique dont le sens englobe celui de beaucoup d'autres noms. Cites-en au moins cinq.

CM2 ** **15** **Trouve le terme générique effacé dans chacune de ces définitions de dictionnaire.**

Bigorneau (n. m.) Petit ... marin qui ressemble à un escargot tout noir.
Milan (n. m.) ... de proie proche du faucon.
Pyjama (n. m.) ... de nuit composé d'une veste et d'un pantalon.
Coloquinte (n. f.) ... proche de la pastèque, dont le fruit est très décoratif.
Pouding (n. m.) ... anglais aux fruits secs et aux épices.
Tabouret (n. m.) Petit ... sans bras ni dossier.

CM2 ** **16** **Trouve le nom défini dans cet article de dictionnaire dont les termes génériques sont écrits en gras.**

.... (n. f.) **1. Pilier** cylindrique qui soutient, avec d'autres, certains bâtiments. **2. Masse** de gaz ou de liquide qui s'élève verticalement dans le ciel. **3. Division** verticale d'un texte que l'on trouve dans un livre ou un journal. **4. Partie** verticale d'un tableau **de chiffres ou de texte.** **5. Suite** d'individus ou de véhicules en marche.

Orthographe

17 Mets au présent le verbe. (* CM1)

1. Elle les (*regarder*).
2. Elles la (*changer*).
3. Tu les (*envoyer*).
4. Je la (*voir*).
5. Ils les (*porter*).

18 Mets à l'imparfait le verbe. (** CM2)

1. Vous les (*regarder*).
2. Elles vous (*emmener*).
3. Il vous (*admirer*).
4. Vous le (*penser*).
5. Je vous (*voir*).

19 Mets au futur le verbe. (** CM2)

1. Elles nous (*regarder*).
2. Nous les (*porter*).
3. Ils nous le (*dire*).

20 Réécris chaque extrait en respectant la consigne. Fais les accords et les modifications nécessaires. (** CM2)

a. **Remplace** il **par** elles.

Non seulement il vous taquinait en paroles, mais il avait la main terriblement leste : il distribuait les taloches à la moindre incartade. Tout le monde le craignait et lui manifestait beaucoup de respect.

b. **Remplace** vous **par** tu.

Vous ne ferez plus d'escalades comme celle que vous venez de réussir. Vous aurez la responsabilité de vies humaines ; ceux que vous emmènerez se confieront à vous et à votre expérience.

c. **Remplace** je **par** nous.

Je n'ai pas cru poli de m'en aller. Je me suis donc assis à une petite table, tout honteux de me voir dans ces beaux salons avec ma veste sale et mes gros souliers. On m'a servi dans des assiettes d'argent et j'ai mangé sans rien dire...

21 Recopie ces phrases en y introduisant (* CM1)
- le pronom personnel se (toujours devant un verbe pronominal)
- ou le déterminant démonstratif ce (toujours ici devant un nom).

1. ... robinet ferme mal.
2. Ils ... perdront dans ... bois.
3. ... chat ... dore au soleil.
4. ... livre ... lit vite.
5. Il ne ... presse pas, ... matin !

22 Même exercice. Attention, cette fois, il y a aussi le pronom démonstratif ce (toujours devant un pronom relatif ou le verbe être). (** CM2)

1. ... lac est très profond.
2. ... sera intéressant.
3. Vous ne savez pas ... que vous dites.
4. Ces enfants ... disputent tout le temps.
5. Les promeneurs ... sont perdus, ... qui n'est pas étonnant dans cette région !

23 Recopie ces phrases en y introduisant (** CM2)
- le pronom démonstratif neutre ce (qui a le sens de cela)
- ou le pronom démonstratif pluriel ceux (que l'on peut remplacer par un groupe nominal masculin pluriel).

Exemple : Fais ***ce*** *(= cela) que tu veux.*
Je connais ***ceux*** *(= les garçons) qui viennent d'entrer.*

1. Que ... qui veulent lire lèvent le doigt.
2. Tu feras ... qu'on te dira.
3. ... n'est pas ... que j'ai dit.
4. ... qui rient seront punis !
5. Elle ouvrait la porte à tous ... qui sonnaient.

24 Trouve une question dont la réponse pourrait être le groupe en gras. Attention à l'orthographe du pronom interrogatif. (** CM2)

Exemple : Je veux ***la rose rouge****.*
→ ***Laquelle*** *veux-tu ?*

1. J'ai perdu **mon feutre vert**.
2. Nous préférons **les pêches blanches**.
3. **Ces nuages** annoncent l'orage.
4. Il part avec **sa petite sœur**.

CM1

✱ 25 Recopie le texte en choisissant la solution qui convient du point de vue de l'orthographe.

(Moi, j' / Nous, on) > ai eu l'idée de tirer au sort avec une pièce de monnaie. Avec deux pièces de monnaie, parce que < (la / l'a) première < (c'est / s'est) perdue dans l'herbe et < (on / ont) ne < (la / l'a) jamais retrouvée. < (La / L'a) pièce, < (s'était / c'était) Joachim qui < (lavait / l'avait) prêtée et il n'était pas content de < (l'a / la) perdre ; il < (c'est / s'est) mis à < (la / l'a) chercher.

Sempé-Goscinny, *Le Petit Nicolas*, Denoël.

AUTODICTÉE

Les vieux béliers s'attendrissent en revoyant leur crèche. Les petits agneaux, ceux qui sont nés dans le voyage et n'ont jamais vu la ferme, regardent autour d'eux avec étonnement.

D'après **Alphonse Daudet**,
Les Lettres de mon moulin.

J'apprends à rédiger

CM2

✱✱ 26 Relève tous les mots qui désignent Douce, le chien **et** le garçon **et classe-les dans un tableau de ce type.**

	Groupes nominaux	Pronoms
Douce		
Le chien		
Le garçon		

Depuis son lever, tout comme les autres jours, Douce joue avec son chien. Elle joue à courir dans le verger qui entoure la très vieille maison. La fillette court pieds nus, tête nue, bras nus… Elle court le long de la haie d'aubépine taillée. Elle court sous les arbres. Parfois elle grimpe sur l'une des grosses branches. Elle reste là, perchée, à rire au nez du chien qui s'essouffle en bonds énormes et pleure de ne pouvoir la rejoindre… Et voici qu'elle aperçoit tout à coup un jeune garçon qui s'avance en lui souriant comme une amie de toujours.
Le chien, lancé pour une nouvelle course, s'arrête net et gronde. Mais il s'apaise vite. Sa petite maîtresse, comme attirée par le sourire joyeux de l'arrivant, marche lentement à sa rencontre.

D'après **Marguerite Audoux**,
Douce Lumière, Grasset.

CM2

✱✱ 27 Dans ce texte, les pronoms sont mal employés. Dis en quoi et corrige-le.

Un jour, la fillette rencontra une pauvre femme à la fontaine. Elle lui demanda à boire. Elle accepta, rinça sa cruche et la plongea à l'endroit le plus clair. Quand elle fut pleine, elle la tendit à l'inconnue. Elle but et, comme elle était fée, elle lui fit un don pour la remercier de sa gentillesse : à chaque parole qu'elle prononcerait, une perle sortirait de ses lèvres. Toute contente, elle rentra à la maison pour le raconter à sa mère. Mais elle était méchante et elle l'obligea désormais à parler toute la journée, sans manger ni dormir, pour voler toutes les perles qui tombaient de sa bouche.

13 Les pronoms relatifs

La maison que Pierre a bâtie

Voici la maison
que Pierre a bâtie.

Voici la farine
qui est dans le grenier de la maison
que Pierre a bâtie.

Voici le rat
qui a mangé la farine
qui est dans le grenier de la maison
que Pierre a bâtie.

Voici le chat
qui a attrapé le rat
qui a mangé la farine
qui est dans le grenier de la maison
que Pierre a bâtie.

Miss Sarah Cone Bryant,
Comment raconter des histoires à nos enfants, Nathan.

J'observe

- Relève les pronoms relatifs et dis quel groupe nominal chacun d'eux reprend.
- Donne la fonction de chaque pronom relatif relevé.
- Invente une suite au texte. (*Voici le chien, la vache, le loup, l'homme,* etc.)

Vocabulaire

- Dans « La maison que Pierre a bâtie », remplace le verbe *bâtir* par un synonyme.
- Qu'est-ce qu'un *grenier* ? Sur quel nom le mot *grenier* a-t-il été formé ?

Je retiens

VOIR TABLEAUX DES PRONOMS RELATIFS P. 217

- Comme tous les pronoms, **les pronoms relatifs reprennent un groupe nominal** (l'antécédent), et ils **ont une fonction.**
- Mais ils servent en plus de **mots de liaison** : ils relient à un groupe nominal la proposition subordonnée relative qu'ils introduisent.

Le rat a mangé la ***farine*** ***qui*** *est dans la* ***maison*** ***que*** *Pierre a bâtie.*

Le rat a mangé la farine	qui est dans la maison	que Pierre a bâtie.
proposition principale	proposition subordonnée relative	proposition subordonnée relative

→ **qui** est un pronom relatif, il a pour antécédent *la farine*, il est sujet du verbe *est*.
→ **que** est un pronom relatif, il a pour antécédent *la maison*, il est COD du verbe *a bâtie*.

Est-ce que je sais faire ?

* CM1 **1 Complète dans chaque groupe nominal la proposition subordonnée relative.**

Exemple : des lions qui ...
→ des lions qui ***rugissaient au fond de la brousse***

a. **1.** la maison où ...
2. les arbres qui ...
3. le couteau dont ...
4. le film que ...
5. ces gens qui ...
6. mon grand-père chez qui ...
7. le papier avec quoi ...
8. un bout de pain que ...
9. l'éléphant dont ...
10. les oiseaux qui ...

b. **1.** la table sur laquelle ...
2. le cousin auquel ...
3. le pinceau avec lequel ...
4. les malades pour lesquels ...
5. le fossé dans lequel ...
6. la grotte vers laquelle ...
7. le mur contre lequel ...
8. les pierres sous lesquelles ...

** CM2 **2 Complète chaque groupe nominal avec un pronom relatif qui convient.**

1. la rivière ... coule dans la plaine
... décrit le poète
... nous nous baignons
... ils font du canoë
... on voit les rives

2. ces fruits ... on nous a parlé
... nous avons cueillis
... poussent dans ces arbres
... nous ferons une compote
... les oiseaux se nourrissent
... il n'y a pas de noyau

3. les Anglais ... nous avons rencontrés hier
... campent à côté de nous
... j'écris cette lettre
... j'habiterai en juillet
... nous ferons une excursion
... j'ai acheté ces cartes postales
... j'ai perdu l'adresse

* CM1 **3 Lis ce poème en rétablissant les pronoms relatifs qui ont été supprimés.**

La salle à manger

Il y a une armoire à peine luisante
... a entendu les voix de mes grand-tantes,
... a entendu la voix de mon grand-père,
... a entendu la voix de mon père.
À ces souvenirs l'armoire est fidèle.
On a tort de croire qu'elle ne sait que se taire,
car je cause avec elle.

Francis Jammes,
De l'Angélus de l'aube à l'Angélus du soir.

* CM1 **4 Même exercice.**

Je découvrais la terre à chaque pas.
Et voici l'eau ... l'on ne marche pas,
l'air et le feu ... l'on ne touche point ;
et, souhaités autant qu'inabordables,
les animaux ... sont toujours trop loin,
comme des rois sont pour les misérables.

Francis Jammes, *Souvenirs d'enfance.*

* CM1 **5 Même exercice.**

Ô maison de mon père ... j'ai filé la laine,
... les longs soirs d'hiver, assise au coin du feu,
J'écoutais les chansons de la vieille Lorraine,
Le temps est arrivé que je vous dise adieu.
Tous les soirs, passagère en des maisons nouvelles,
J'entendrai des chansons ... je ne saurai pas...

Charles Péguy, *Jeanne d'Arc*,
Acte III, Gallimard.

Je m'entraîne

grammaire

CM1 * **6 Recopie les phrases, souligne la proposition subordonnée relative et encadre le pronom relatif.**

Exemple :
On entendait un lion qui rugissait dans la brousse.

1. La tempête qui a soufflé toute la nuit a causé beaucoup de dégâts.
2. Nous sommes passés par des chemins que je ne connaissais pas.
3. Les gens à qui nous envoyons ces vêtements manquent de tout.
4. Ils ont acheté un grand voilier avec lequel ils feront le tour du monde.

CM1 * **7 Recopie les groupes nominaux et analyse-les comme dans l'exemple.**

Exemple : *Le* (**Dét**) *jeune* (**Adj. épithète**) *chien* (**Nom**)

Le jeune chien n'aimait pas la tomate crue que l'homme mangeait pour se mettre en appétit. Il attendait, avec de petits coups de queue impatients, et l'homme lui donnait un acompte, quelques morceaux de pain qu'il avalait avec un brusque déclenchement de mâchoire.

Eugène Dabit, *Un Homme et un chien*.

CM1 * **8 Trouve l'antécédent de chaque pronom relatif.** Dans le texte **a**, les relatifs sont en gras ; dans le **b**, c'est à toi de les repérer.

a. Le louveteau se tenait éloigné de l'ouverture de la caverne, **qui** demeurait pour lui un blanc mur de lumière. Quand la louve était absente, il dormait la plupart du temps. Dans les intervalles de son sommeil, il restait très tranquille, réprimant les cris plaintifs **qui** lui gonflaient la gorge et **qui** contractaient son museau.
Une fois, comme il était couché tout éveillé, il entendit un son bizarre **qui** venait du mur blanc.

CM2 ** **b.** Nulle interdiction ne pouvait tenir contre cette vie qui montait en lui, avec chaque bouchée de viande qu'il avalait, chaque bouffée d'air qu'il aspirait. Si bien qu'à la fin crainte et obéissance se trouvèrent balayées, et le louveteau rampa vers l'ouverture de la caverne. Différent des autres murs dont il avait fait l'expérience, le mur semblait reculer devant lui.

D'après **Jack London**, *Croc-Blanc*.

CM2 ** **9 Relève les pronoms relatifs et classe-les selon leur fonction.**

Sujet	COD	COI	Ct du nom	Ct circ.

Le grand-père Eusébio l'avait chargé de relever les filets qu'ils avaient tendus ensemble, quelques jours auparavant.
Il fallait s'arrêter et écoper avec le vieux seau dans lequel on mettait le poisson...
C'était le hasard qui l'avait conduit ce soir au fond du marais et qui l'avait obligé à faire halte à cet endroit où d'épais buissons cachaient la plaine. Soudain, un léger bruit dans les roseaux. Sans doute une bête qui venait boire... Peut-être la loutre brune dont Folco avait si souvent entrevu le regard moqueur entre deux moustaches.

D'après **René Guillot**, *Crin-Blanc*, Hachette Jeunesse.

CM2 ** **10 Analyse les pronoms relatifs en gras. Donne pour chacun son antécédent et sa fonction.**

que → antécédent : *la panoplie d'agent de police*
→ fonction : *COD de « avait offerte ».*

a. Rufus avait mis la panoplie d'agent de police **que** lui avait offerte son papa ; Eudes portait le vieux chapeau de boy-scout de son grand frère et un ceinturon avec un tas de cartouches en bois et deux étuis **dans lesquels** il y avait des revolvers terribles avec des crosses faites dans le même genre d'os que le poudrier **que** papa a acheté à maman.

b. Geoffroy, **qui** aime bien se déguiser et **qui** a un papa très riche **qui** lui donne tout ce qu'il veut, était habillé complètement en cow-boy. Moi, j'avais un masque noir **qu'**on m'avait donné pour Mardi Gras, mon fusil à flèches et autour du cou un mouchoir rouge **qui** était un vieux foulard à ma maman.

D'après **Sempé et Goscinny**, *Le Petit Nicolas*, Denoël.

CM1 * **11 Recopie les phrases en y introduisant un pronom relatif qui convienne.**

1. Les canards venaient manger le pain ... les enfants leur lançaient.
2. La souris fila vers l'armoire ... elle se réfugia.
3. Ne montez pas dans le train ... entre en gare.
4. Voici une carte ... est tracé l'itinéraire.

CM1 * **12 Complète dans chaque groupe nominal la proposition subordonnée relative.**

1. un grand chapeau qui ...
2. un grand chapeau que ...
3. un grand chapeau où ...
4. un grand chapeau sur lequel ...
5. un grand chapeau avec lequel ...

CM2 ** **13 À partir des deux phrases, fais une seule phrase en utilisant le pronom relatif donné entre parenthèses.**

Ex. : C'est un pianiste. Tout le monde admire ce pianiste. (que) → *C'est un pianiste **que** tout le monde admire.*

1. Nous avons visité une ville. J'ai oublié le nom de cette ville. *(dont)*
2. Il a retrouvé un dessin. Il avait fait ce dessin à l'âge de cinq ans. *(que)*
3. Ils découvrirent un magasin. On vendait de tout dans ce magasin. *(où)*
4. Le soleil pâle ne réchauffait pas l'atmosphère. Ce soleil pâle perçait sous les nuages. *(qui)*

Vocabulaire

CM2 ** **14 Trouve la proposition subordonnée relative correspondant à chaque adjectif qualificatif.**

Exemple : risible → ***qui fait rire***

- aimable
- invariable
- inflammable
- inaudible
- éligible
- ininflammable

CM1 * **15 Remplace chaque proposition relative par un adjectif qualificatif.**

Exemple : un cheval qui boite → *un cheval* ***boiteux***

- un sourire qui charme
- des yeux qui rient
- une personne qui envie les autres
- un film qui ennuie
- un produit qui explose

CM2 ** **16 Trouve l'antécédent de chaque pronom relatif en gras.**

À l'âge de dix-huit ans, il finit par savoir lire ; c'est alors qu'il établit un record. Il lut les œuvres complètes de Walter Scott en douze jours et demi. Pendant les jours **qui** suivirent, il parut complètement abruti : il ne se souvenait plus de l'endroit **où** il se trouvait. C'est pourquoi un de ses camarades de classe écrivit son nom sur un carton **qu'**Herman portait à la main, et **qu'**il montrait à tous ceux **qui** le lui demandaient.

William Faulkner, *Idylle au désert et autres nouvelles*, Gallimard.

CM1 * **17 Relis le texte de l'exercice 16.**

- Sur quel mot est formé l'adjectif abruti ?
- Quel est le sens de cet adjectif dans le texte ? Cite des passages qui t'ont permis de répondre.

Orthographe

* CM1
18 Remplace la proposition subordonnée relative par un adjectif épithète de sens proche. Attention aux accords.

Exemple : Les bruits qu'on entend la nuit
→ *les bruits* ***nocturnes***

1. un homme qui chancelle
2. un visage qui sourit
3. des vaches qui sont originaires de Normandie
4. une histoire qu'on ne peut oublier
5. une femme que personne ne connaissait
6. une barbe qui se termine en pointe

* CM1
19 Remplace le groupe nominal complément du nom par des propositions subordonnées relatives de sens proche.

une cuiller à café → une cuiller qui ...
→ une cuiller que ...
→ une cuiller avec laquelle ...
→ une cuiller dont ...

** CM2
20 Recopie les phrases en accordant correctement le verbe.
Utilise le présent de l'indicatif.

Exemple : Moi qui (être) *son frère, je ne l'ai pas reconnu.*
→ *Moi qui* ***suis*** *son frère, je ne l'ai pas reconnu.*

1. Ce rosier fournit de grosses roses qui *(sentir)* très bon.
2. Il faut chasser la guêpe qui *(se poser)* sur les fruits.
3. On envoie une place gratuite à tous ceux qui le *(demander)*.
4. Vous qui *(savoir)* peindre, faites-nous donc son portrait.
5. C'est nous qui *(partir)* les premiers.

* CM1
21 Réécris la phrase en remplaçant le groupe en gras par chacun des trois groupes proposés. Attention aux accords.

Ils ont fait tomber **un verre** qui s'est cassé.
• *une assiette* • *des tasses* • *des bols*

** CM2
22 Complète chaque groupe nominal avec le pronom relatif à la forme composée qui convient. Attention à bien l'accorder.

Exemple : la chaise sur ... il est monté
→ *la chaise* ***sur laquelle*** *il est monté*

1. un ami avec ... nous avons fait du camping
2. la caisse dans ... tu as mis tes livres
3. les tomates avec ... je fais une salade
4. la jeune fille à ... tu pensais
5. des trous au fond ... la marée descendante avait laissé des flaques

* CM1
23 Recopie le texte en introduisant aux endroits indiqués :
- où, s'il s'agit d'un pronom relatif ;
- ou, s'il s'agit d'une conjonction de coordination (remplaçable par ou bien).

Une merlette ... une pie s'est installée dans le grand pin ... elle a fait son nid. Elle y a pondu deux ... trois œufs. Les enfants attendent avec impatience le moment ... les petits sortiront. À tour de rôle, le frère ... la sœur passent des heures à guetter. Ils ont réussi à prendre une photographie ... l'on voit le bec ouvert des oisillons affamés.

DICTÉE DE CONTRÔLE

Debout sur le sommet du plus haut rocher, il constata que la mer cernait de tous côtés la terre où il se trouvait. Aucune trace d'habitation n'était visible : il était donc sur une île déserte. Il s'expliqua ainsi l'immobilité du bouc qu'il avait assommé. Les animaux sauvages qui n'ont jamais vu l'homme ne fuient pas à son approche. Au contraire, ils l'observent avec curiosité.

D'après **Michel Tournier**,
Vendredi ou la vie sauvage, Gallimard.

• Repère les pronoms relatifs.
• Donne l'antécédent et la fonction de chacun.

J'apprends à rédiger

CM2 ** **24** **Complète chaque proposition subordonnée relative avec le pronom relatif qui convient.**

Les deux voyageurs arrivèrent dans une étroite vallée ... le soleil ne brillait jamais.
... paraissait sinistre.
... personne n'avait encore explorée.
... on n'apercevait pas le fond.
... ils décidèrent de s'installer.
... ils donnèrent le nom de Vallée Noire.

CM1 * **25** **Recopie chaque phrase en introduisant une proposition subordonnée relative pour compléter le groupe nominal en gras.**

*Exemple : **Le papier** s'est envolé.*
*→ Le papier **où j'ai écrit l'adresse** s'est envolé.*

1. Il posa délicatement le papillon dans **la boîte**.
2. Le glacier brille au soleil.
3. Des chauves-souris s'étaient installées dans **la cave**.
4. Edgar a découvert **un trésor**.

CM1 * **26** **Dis en quoi ces phrases sont maladroites et corrige-les.**

1. Il y avait deux chiens chez ces amis qui aboyaient tout le temps.
2. Nous avons pêché des écrevisses sous les pierres que nous avons mangées avec beaucoup de plaisir.
3. Assoiffés, ils achetaient des fruits chez des cultivateurs qu'ils dévoraient aussitôt.
4. Il trouva un couteau sur la route qu'il mit dans sa poche.
5. J'ai offert une robe à ma mère qui ne se lave pas à la machine.

CM2 ** **27** **Recopie le texte en rétablissant des pronoms relatifs qui conviennent.**

a. Je vois mon Riquet trottinant à côté d'Armand avec, à la main, sa carte de France, ... sont marqués seulement les grands noms, sur un fond rose ; il faut aller jusqu'à ce bleu ... est en bas et ... est maman, voilà tout ce qu'il sait. **b.** Lui ... avait déjà si mauvaise mine ! J'ai examiné ses vêtements et j'ai vu qu'il avait pris ses vieilles chaussures, celles ... les semelles étaient trouées et ... je devais porter chez le cordonnier. S'il faisait beau, ce serait tant pis, mais il pleuvote, et sûrement, il prendra mal !

Colette Vivier,
La Maison des petits bonheurs, Casterman.

CM2 ** **28** **Trouve dans le texte un endroit qui convient pour chacune de ces propositions subordonnées relatives.**

- *qu'il avait plongée dans sa soupe*
- *qui sirotait à petites cuillerées son bouillon de bœuf*
- *qui était plié de rire*
- *qui voit un miracle de mauvais augure*

Jancsi prit place en face de l'oncle Kornél. Les yeux fixés sur la nappe, il guettait à la dérobée son oncle. Mais cela ne dura pas longtemps. Soudain ce dernier s'écria :
« Qu'est-ce qui se passe ? »
Et, terrorisé, il leva sa cuillère en l'air. Sa femme écarquilla les yeux, comme quelqu'un. La cuillère s'était en effet réduite, et sa coupelle avait fini par fondre complètement. Il ne lui restait plus dans la main que la tige tronquée. Montrant du doigt Jancsi, il fit :
« C'est toi, fripon !
– C'est drôle, n'est-ce pas ?
– C'est une ânerie. Où as-tu trouvé ça ?
– À Vienne. Le mois dernier, quand j'y suis allé. Dans un bazar. Regarde ! »
Et Jancsi sortit de sa poche une autre de ces miraculeuses cuillères.

D'après **Dezsö Koszotolànyi**,
Anna la douce, Viviane Hamy.

14 Les mots invariables

En évitant tout geste brusque et le plus **silencieusement** que je pouvais, j'ai alors saisi ma lampe **et** j'en ai braqué la lumière sur l'endroit d'où le bruit me semblait venir. C'est alors que **devant** moi, j'ai vu un énorme rat ! J'étais impressionné **et** horrifié à la fois. Installé **sur** mes bagages, il tentait à coups de griffes **et** de dents de s'emparer de mes provisions. Surpris, il s'est **d'abord** dressé en me fixant de ses yeux menaçants. Il a ensuite fait **rapidement** le tour **de** la cabane, **puis** s'est enfui **par** un trou pratiqué **sous** la porte ! Inutile de préciser que je me suis **aussitôt** empressé de colmater cette brèche... **Mais** j'ai **malgré** tout réussi **à** me rendormir.

D'après J.-L. Lechat,
Mes Nuits blanches en Afrique Noire, Lombard/ J.-L. Lechat.

J'observe

➤ La **préposition** est un mot de liaison qui introduit un groupe nominal, un pronom, un verbe à l'infinitif : ***devant** moi*. Trouves-en deux autres parmi les mots en gras.

➤ La **conjonction de coordination** est un mot de liaison qui relie deux propositions, deux groupes ou deux mots de même fonction : *J'étais impressionné **et** horrifié*. Trouves-en deux autres parmi les mots en gras.

➤ **L'adverbe** peut avoir une fonction de complément circonstanciel : *le plus **silencieusement** que je pouvais*. Trouves-en deux autres parmi les mots en gras.

Vocabulaire ➤ « Je me suis aussitôt empressé de colmater cette brèche. » En tenant compte du sens du texte, remplace par des synonymes le verbe *colmater* et le nom *brèche*.

Je retiens

VOIR TABLEAU DES MOTS INVARIABLES P. 212

- **Les prépositions**, invariables, sont des mots de liaison qui donnent une fonction à des groupes nominaux, à des pronoms ou à des verbes à l'infinitif.
  *Le rat s'est enfui **par** un trou pratiqué **sous** la porte !*
- **Les conjonctions de coordination**, invariables, sont des mots de liaison qui relient toutes sortes de propositions, de mots ou de groupes sans leur donner de fonction. *J'étais impressionné **et** horrifié à la fois.*
- **Les adverbes** sont également invariables. Certains adverbes peuvent être compléments circonstanciels, d'autres modifient le sens d'un verbe, d'un adjectif ou d'un autre adverbe. *Il s'est **d'abord** dressé en me fixant **méchamment**.*

Est-ce que je sais faire ?

* CM1 **1 Lis le texte en choisissant la préposition qui convient.**

Il y a environ quatre heures que je roule < à / en bicyclette < dans / sur une route plate et droite. Le jour se lève < derrière / devant moi ; je pédale < à / de sa rencontre. J'ai supprimé mon éclairage inutile. Au loin, un rideau < en / de verdure ferme la route. C'est un tournant. Soudain, au moment où la route se redresse et repart < sans / à droite, je vois, < de / en plein milieu < à / de la chaussée, < à / en quelques mètres, un superbe tigre. Il se présente < par / de flanc ; sa gueule tournée < vers / derrière moi montre ses babines retroussées, garnies < avec / de crocs peu rassurants... Tout cela entrevu < par / dans une fraction < de / à seconde. Je suis pris < de / avec court.

D'après **Lionel Brans**, *Seul à bicyclette de Paris à Saïgon*, Amiot-Dumont.

** CM2 **2 Introduis chaque groupe nominal complément à l'aide de plusieurs prépositions.**

Exemple : Il parle ... son frère
*Il parle **à, de, avec, contre, pour**... son frère.*

1. Des plantes poussent ... ce mur.
2. Il se promène ... son chien.
3. La route passe ... une voie ferrée.
4. Les élèves se changent ... le spectacle.

** CM2 **3 Introduis successivement entre les deux groupes toutes les conjonctions de coordination qui conviennent.**

mais, ou, et, donc, or, ni, car...

1. Le soleil brillait ... il faisait froid.
2. L'animal frissonnait ... il avait peur.
3. Il poussa un cri ... il s'enfuit.
4. Je n'ai pas trouvé la colle ... le ruban adhésif.
5. Le cheval se cabra ... sauta la barrière.

* CM1 **4 Dis quel type d'information** (temps, lieu, manière, quantité...) **apporte chaque adverbe.**

Notre chien aboie *beaucoup, dehors, longtemps, fort, aujourd'hui, méchamment, au loin, soudain, toujours, ici, un peu, mal, faiblement, là-bas.*

** CM2 **5 Lis le texte en choisissant la conjonction de coordination qui convient.**

Comme Nagaina, la femelle de Nag le cobra, plongeait dans le trou de rat où elle ou/et Nag avaient l'habitude de vivre, les petites dents blanches de Rikki-tikki se refermèrent sur sa queue, mais/et il entra derrière elle. Donc/Or, très peu de mangoustes, quelles que soient leur sagesse et/donc leur expérience, se soucient de suivre un cobra dans son trou. Il faisait noir, dans le trou, car/et comment savoir s'il n'allait pas s'élargir ou/et donner donc/ni à Nagaina assez de place pour faire demi-tour ou/et frapper !

D'après **Rudyard Kipling**, *Le Livre de la jungle*, Mercure de France.

Je m'entraîne

grammaire

6 CM2 ** **Recopie le tableau en le complétant avec chaque groupe introduit par une préposition en gras.**

Groupe introduit par une préposition	Nature du groupe	Fonction du groupe
(au-devant de) ***l'animal***	*Groupe nominal*	*Ct. circ. de lieu* de marchait

Un homme marchait **au-devant de** l'animal, en lui tendant une poignée **de** nourriture. On arriva **à** l'entrée de la ménagerie. Les quatre hommes pénétrèrent à l'intérieur. La porte **de** la cage du lion était ouverte. Le valet, **d'**un geste large, y jeta son morceau **de** pain. Le lion fit un bond, sauta dessus et, comme il le saisissait **entre** ses griffes puissantes, poussa un rugissement terrible **avant de** le dévorer.

D'après **Charles-Louis Philippe**, *Les Contes du Matin*, Gallimard.

8 CM2 ** **Recopie le texte en rétablissant des prépositions qui conviennent.**

Et voilà, je suis installée ... le lit de maman, ... sa jolie couverture rose et ... ma chemise ... nuit blanche. Évidemment, j'ai un peu mal ... la tête, ma gorge est enflée, je brûle ... partout, mais, comme le dit le proverbe : « Il n'est pas de plaisir ... peine... » Maman m'a fait du tilleul et, ... onze heures, Violette m'a apporté un grand pot ... citronnade.

D'après **Colette Vivier**, *La Maisons des Petits bonheurs*, Casterman.

9 CM1 * **Mets au singulier le groupe nominal en gras, afin de différencier les articles indéfinis et les articles définis contractés.**

Exemple : ***des melons*** *→ un melon → article indéfini*

1. Il achètera **des melons** et **des concombres**.
2. **Des champs** s'étendaient à perte de vue au pied **des montagnes**.
3. Les gens sortaient **des maisons**.

7 CM2 ** **Recopie la suite du texte de l'exercice 1 en choisissant la préposition qui convient.**

1. → à / de	**4.** → de / pour	**7.** → à / sous	**10.** → par dessus / sur
2. → sans / pour	**5.** → chez / avec	**8.** → de / à	**11.** → entre / dans
3. → pour / dans	**6.** → sur / en	**9.** → pour / de	**12.** → Devant / À cause de

J'arrive ...... (1) bonne allure et ne peux freiner ...... (2) rebrousser chemin. Je n'y songe d'ailleurs pas, je vais infailliblement télescoper l'animal. Je pousse un grand cri ; je dois avoir fermé les yeux, me crispant ...... (3) l'attente de la chute qui résultera ...... (4) ma rencontre ...... (5) le félin. Je vais être mis ...... (6) pièces dès que je serai ...... (7) terre. Quelle drôle ...... (8) sensation ...... (9) ne pas sentir la chute prévue ! Le temps semble trop long et pourtant j'ai senti un déplacement et, ... (10) mon épaule, j'ai vu une queue disparaître ...... (11) le fourré. C'est tout ! ...... (12) moi la route est libre.

D'après **Lionel Brans**, *Seul à bicyclette de Paris à Saïgon*, Amiot-Dumont.

CM2 ** **10** **Recopie le texte en choisissant, selon le sens, la conjonction de coordination** et **ou** ou.

Il est triste ... gai selon les circonstances. Son premier soin, le matin, est de savoir où il dînera ; après dîner, il pense où il ira souper. La nuit amène aussi son inquiétude. ... il regagne, à pied, un petit grenier qu'il habite ; ... il se rabat dans une taverne du faubourg où il attend le jour entre un morceau de pain ... un pot de bière.

D'après **Denis Diderot**, *Le Neveu de Rameau*.

CM2 ** **11** **Recopie les phrases en choisissant, selon le sens, la conjonction de coordination** donc, car **ou** mais.

1. Il cria très fort ... personne ne l'entendit ... les vagues faisaient un bruit effrayant.

2. La rivière est très profonde, nous ne pourrons ... pas la traverser ici, ... nous le ferons un peu plus loin ... il y a des rochers sur lesquels nous pourrons sauter.

3. La maison semblait inhabitée ... aucune fumée ne sortait de la cheminée : ils pourraient ... passer la nuit sous le hangar, ... ils n'allumeraient pas de feu.

CM1 * **12** **Classe les adverbes en gras selon qu'ils indiquent le temps, le lieu ou la manière.**

Comme la petite Maïa était suspendue la tête en bas, elle sentit qu'elle ne supporterait pas **longtemps** cette horrible position. Elle gémissait **doucement**, et ses cris devenaient toujours plus faibles. Alors, elle entendit **soudain**, dans l'herbe **au-dessous**, quelqu'un grommeler avec mauvaise humeur.
Son cœur angoissé commença à battre **tumultueusement**, car elle reconnut **tout de suite** à sa voix le scarabée bousier Kurt, qu'elle avait connu **autrefois**.

D'après **W. Bonsels**, *Maïa l'abeille et ses aventures*, Stock.

Vocabulaire

CM1 * **13** **Lis les phrases en remplaçant le groupe en gras par un adverbe de même sens.**

*Ex. : Ils jouent **hors de la maison**. → Ils jouent **dehors**.*

a. **1.** La souris trouva une cruche et se glissa **dans la cruche**.
2. Le papillon se dirigea vers le rideau et se posa **sur le rideau**.
3. Tu vois la pile de livres, ton cahier est **sous la pile de livres**.
4. Ne restez pas **à cet endroit-ci**, asseyez-vous **à cet endroit-là**.

b. **1.** Elle répondit **avec sévérité**.
2. L'oiseau s'éloigna **avec rapidité** de son nid.
3. L'enfant découpait des images **avec lenteur** et **avec maladresse**.
4. L'animal fit face **avec courage**.
5. Il s'était coiffé **avec soin**.
6. Le piéton s'est élancé **avec imprudence** entre les voitures.

CM2 ** **14** **Comme l'adjectif qualificatif, l'adverbe présente des degrés. À partir de chaque adverbe :** • *vite* • *doucement* • *clairement*

a. Écris une phrase où il sera au comparatif d'égalité.
*Exemple avec « lentement » → Il se déplace **aussi lentement** qu'une tortue.*

b. Écris une phrase où il sera au comparatif de supériorité.
*Ex. : → Il se déplace **plus lentement** qu'une tortue.*

c. Écris une phrase où il sera au comparatif d'infériorité.
*Ex. : → Il se déplace **moins lentement** qu'une tortue.*

d. Écris une phrase où il sera au superlatif.
*Ex. : → Il se déplace **très lentement**.*

CM2 ** **15** Bien **a un comparatif irrégulier. Corrige l'erreur commise dans cette phrase.**

Je parle plus bien que mon frère.

Orthographe

* 16 **Recopie le texte en choisissant, parmi les mots donnés, ceux qui conviennent.** CM1

a. Le marais (et/est) un cimetière d'arbres morts. Parvenus (a/à) une extrême vieillesse, leurs troncs se sont abattus. Leurs branches desséchées s'enchevêtrent (et/est), parfois, les taillis de (la/là) rive s'ajoutent (a/à) tout ce bois mort. b. Quand (la/là) rivière baisse (et/est) que le marécage retrouve ses bords, (la/là) pêche (a/à) la perche devient alors passionnante dans les éboulis d'arbres morts. Je sais un coin, tout plein de trous, (ou/où) les arbres se chevauchent. Il y (a/à) (la/là) une véritable niche de pêcheur.

D'après **G. Barbarin**, *La Vie agitée des eaux dormantes*, Stock.

** 17 **Même exercice.** CM2

a. Ursule (a/à) trouvé un jeu qui passionne nos imaginations. Il s'agit de passer (la/là) rivière qui (et/est) dessinée sur le carreau avec (de/deux) la craie, (la/là) (ou/où) elle fait mille détours. [...]

b. Nous arrivons, Ursule (et/est) moi, au bord de la rivière, (dans/d'en) un endroit (ou/où) l'herbe est fine (et/est) le sable doux. Je lui propose d'ôter nos chaussures ; (a/à) peine suis-je déchaussée que le froid du carreau me fait l'effet de l'eau véritable, (et/est) nous voilà, Ursule (et/est) moi, pataugeant (dans/d'en) le ruisseau. Pour ajouter (a/à) l'illusion générale, Hippolyte imagine de prendre le pot (a/à) eau (et/est) de le verser par terre.

D'après **George Sand**, *Histoire de ma vie*.

* 18 **Trouve l'adverbe en** -ment **correspondant à chaque adjectif qualificatif. Peux-tu dire comment tu l'as formé ?** CM1

*Exemple : joyeux → **joyeusement***

- courageux • fort • heureux • libre • clair
- entier • sot • adroit • franc

** 19 **Remplace le groupe en gras par l'adverbe en** -ment**, bien orthographié.** CM2

*méchant → méch**amment** (-ant → -amment)*
*violent → viol**emment** (-ent → -emment)*

1. Il a répondu **de façon intelligente**.
2. Les enfants jouent **de façon bruyante**.
3. On emploie ce produit **de façon courante**.
4. Il a neigé **de façon récente**.

** 20 **Recopie les phrases** CM2
– en accordant le mot entre parenthèses si c'est un adjectif ;
– et en ne l'accordant pas si c'est un adverbe.
Pour vérifier, vois si tu peux le remplacer par un adverbe en -ment.

Exemple : Les vents sont (fort). *→ Les vents sont fort**s**.*
(« Les vents sont fortement. » n'est pas une phrase correcte.)

1. Les vents soufflent *(fort)* à cet endroit.
2. Ces traits ne sont pas *(droit)*.
3. La cliente parlait très *(fort)*.
4. On vend ici des vêtements pour femme *(fort)*.
5. Lisez le texte à voix *(haut)*.

AUTODICTÉE

Le vieux père castor scie un peuplier, là-bas, à sa façon. Avec ses deux incisives, il coupe l'arbre à cinquante centimètres du sol. Il tourne autour de l'arbre, il veut qu'il tombe dans l'eau et près de sa maison.

D'après **Stany**, *Jungles et Neiges*, La Table Ronde.

J'apprends à rédiger

CM2 **21** **Recopie le texte en rétablissant les mots ou groupes de mots invariables qui ont été supprimés.**

- *et encore*
- *car*
- *partout*
- *après*
- *de sorte qu'*
- *jusque sur*
- *en travers de*
- *lorsque*
- *infiniment*

Maïa aperçut … sa poitrine un fil d'argent … fin et flexible, et …, pleine d'effroi, elle voulut vite le saisir, il resta accroché à sa main, se colla …, et il lui fut impossible de s'en débarrasser. Un second fil d'argent était passé sur ses épaules ; il s'allongeait … ses ailes et les liait ensemble, … elle ne pouvait plus les soulever. Et ici, … ici, … dans l'air et sur son corps, couraient ces fils clairs, scintillants et gluants. La petite Maïa poussa un grand cri d'épouvante, … maintenant elle avait compris ce qui lui était arrivé et où elle se trouvait. Elle était dans une toile d'araignée.

D'après **W. Bonsels**, *Maïa l'abeille et ses aventures*, Stock.

- Ce texte est-il le début ou la suite de celui de l'exercice 12 ?

CM2 **22** **Recopie le texte en choisissant le mot ou le groupe de mots de liaison qui convient.**

Coupeau terminait < À ce moment-là / demain / maintenant la toiture d'une maison neuve à trois étages.

« Tiens ! Madame Boche ! cria-t-il < tout d'un coup / tout à l'heure / de temps en temps . Vous n'avez pas vu ma femme ?

– Non, répondit la concierge. Elle est < loin d' / pas / par ici ?

– Elle doit venir me prendre.

– Eh bien ! bonsoir, cria encore Mme Boche. Je ne veux pas vous déranger. » Mais < au moment où / chaque fois que / dès que la concierge s'éloignait, elle aperçut sur l'autre trottoir Gervaise, tenant Nana par la main.

Elle relevait < enfin / déjà / pourtant la tête pour avertir Coupeau, < car / pour que / lorsque la jeune femme lui ferma la bouche d'un geste énergique. Et, à demi voix < donc / de peur de / afin de ne pas être entendue là-haut, elle dit sa crainte : elle redoutait, en se montrant < tout d'un coup / encore / ici , de donner à son mari une secousse qui le ferait tomber.

D'après **Émile Zola**, L'Assommoir.

La classe grammaticale des mots
(la nature des mots)

Les mots variables

Noms → chien, Pauline, square, ville, champ...

Déterminants → un, le, des, ces, la, ce, sa...

Adjectifs → petit, agile, beau, sévère...

Pronoms → il, elle, nous, je...

Verbes → gambade, joue, se roule, aimiez, croirait, chanta...

Un	*petit*	*chien*	*gambade,*	*il*	*joue.*
déterminant	adjectif	nom	verbe	pronom	verbe

Les mots invariables au programme du CM

Prépositions → de, dans, par...

Conjonctions de coordination → et, ou, mais...

Adverbes → joyeusement, beaucoup...

Le	*caniche*	*noir*	*de*	*Pauline*	*gambade*	*et*	*se roule*	*joyeusement*	*dans*	*le*	*jardin.*
dét.	nom	adj.	préposition	nom	verbe	conjonction de coordination	verbe	adverbe	prép.	dét.	nom

Les fonctions dans la phrase

15 Le groupe sujet

Phrase ⟶ Groupe sujet + Groupe verbal + Ct circonstanciel

Deux frères vivaient dans un village. L'aîné se nommait Ivan. Le plus jeune s'appelait Stéphane. Ivan travaillait aux champs. Stéphane s'occupait de la maison. Un jour où Ivan labourait, il trouva une marmite pleine d'or.

« Que vais-je raconter à Stéphane ? se demanda-t-il. Ce garçon-là ne sait pas tenir sa langue. Si j'apporte l'or à la maison, Stéphane en parlera aux voisins. Les voisins répéteront la nouvelle au seigneur du château. Le seigneur nous prendra tout. »

Ivan se mit à réfléchir. Il pensa longtemps. Et tout à coup il s'écria : « Je sais ce que je vais faire ! »

Il enterra la marmite d'or dans son champ, en marqua l'emplacement, et puis se dirigea vers sa maison.

Muriel Bloch, *Quand les crêpes tombèrent du ciel*, in *365 Contes pour tous les âges*, Flammarion.

J'observe

- Dans le premier paragraphe, repère les verbes conjugués et indique le sujet de chacun d'eux.
- Dans le premier passage entre guillemets, trouve deux sujets placés après le verbe.
- Dans la fin du texte, trouve un sujet commun à plusieurs verbes.

Vocabulaire

- Que signifie l'expression « savoir tenir sa langue » ? Cite au moins deux autres expressions comportant le nom *langue* et donnes-en le sens. Tu peux t'aider d'un dictionnaire.

Je retiens

- Le **groupe sujet** est un groupe indispensable de la phrase qui ne peut être supprimé.
  Le groupe nominal sujet peut toujours être encadré par le présentatif ***c'est... qui*** et répond le plus souvent à la question ***Qui est-ce qui... ?***
- Le sujet commande l'accord du verbe.
- Le sujet se place ordinairement avant le verbe.

Un jour | ***le jeune homme*** | *trouva* | *un trésor* | *dans son champ*.

le jeune homme : groupe nominal, masculin singulier, sujet du verbe trouva.

Je vérifie que j'ai compris

CM1 * **1** **Supprime tous les groupes qui peuvent l'être. Dans l'énoncé qui reste, repère le verbe et son sujet.**

Exemple : Dans le jardin, un chien aboyait avec fureur.
→ *Un chien aboyait.*
Verbe : *aboyait* - Sujet : *un chien.*

1. Un petit garçon est tombé en courant dans la cour.
2. Les enfants, ce soir, sortiront plus tôt.
3. Les promeneurs se sont sans doute perdus dans la forêt.
4. Le dimanche, les voisins se lèvent très tard.
5. Dans le train, j'achèterai un magazine.
6. Brusquement, elle sortit en courant.
7. Hier, vous avez très bien travaillé.
8. Chaque matin, nous faisons une promenade dans les champs.

CM1 * **2** **Remplace quand c'est possible le groupe en gras par** il / elle / on. **Donne la fonction des groupes que tu as pu remplacer.**

Exemple : ***Un chien*** *aboyait avec fureur.*
→ ***Il*** *aboyait avec fureur.*
→ *Un chien* = groupe sujet du verbe *aboyait.*

1. Un petit garçon, sur **un banc**, mangeait un croissant.
2. L'homme jette sur le sol **deux peaux de phoque**.
3. Ce matin **le vent** est très froid.
4. **Quelqu'un** a oublié un livre sur le banc.
5. **La lune**, calme et sereine dans le ciel pur, éclairait doucement le lac.
6. Les éléphants d'**Afrique** sont beaucoup plus gros que les éléphants d'Asie.

CM1 * **3** **Mets en relief les groupes sujets en les encadrant par la tournure** c'est ... qui.

Exemple : Un jour, un homme entra dans la grotte.
→ *Un jour,* ***c'est un homme qui*** *entra dans la grotte.*

1. Sa grande taille stupéfia les visiteurs.
2. Un peu plus tard, un lapin traversa la route.
3. Un poisson, tout à coup, sauta dans l'eau noire du lac.
4. Ce matin, un inconnu a apporté le journal.
5. Dans le jardin, le vent a cassé les fleurs.
6. Un léger bruit nous a réveillés.

CM2 ** **4** **Même exercice.**

1. Demain tu feras la vaisselle.
2. Hier, à la cantine, j'ai cassé un verre.
3. Nous allions à la chasse aux escargots.
4. Avec son père, elle répare l'enclos.
5. Ils nous ont mal indiqué le chemin.
6. Depuis ce matin, il tousse beaucoup.

CM1 * **5** **Transforme chaque phrase en phrase interrogative en remplaçant le groupe sujet par** Qui est-ce qui... ? **ou par** Qu'est-ce qui... ? **puis réponds à la question.**
Tu peux changer l'ordre des mots.

Exemple :
Un soir, un voyageur égaré se présenta à l'auberge.
→ ***Qui est-ce qui*** *se présenta un soir à l'auberge ?*
Un voyageur égaré.

1. La nuit dernière, jusqu'à une heure avancée, Lucie a joué sur son ordinateur.
2. Derrière un grillage, les autruches s'exerçaient à la course.
3. Le téléphone aussitôt se met à sonner.
4. Une petite rivière coulait au milieu des herbes et des cailloux.
5. Du fond de la chambre s'élevait un ronflement impressionnant.
6. Selon la coutume, les villageois se rendirent en procession à la rivière.

Je m'entraîne

grammaire

6 **Mets au pluriel chaque groupe en gras et accorde le verbe, chaque fois que c'est nécessaire. Souligne en bleu les groupes sujets.** ** CM2

*Exemple : **La porte** du placard ferme mal.*
→ ***Les portes*** (groupe sujet) *du placard ferment mal.*

1. **Le trottoir**, ce matin, glisse dangereusement.
2. **Ce gros nuage noir** dans un instant cachera le soleil.
3. Le territoire de **ce seigneur** est immense.
4. Devant **l'explorateur** s'étend une vaste région inexplorée.

7 **Recopie chaque phrase, en supprimant tous les groupes qui peuvent l'être. Encadre en bleu le groupe sujet et en rouge le groupe verbal.** * CM1

Exemple : Dans le jardin, mon chien poursuit un mulot en aboyant.
→ *Mon chien* *poursuit un mulot*.

1. Dans le préau, les petits enfants mettent leur manteau.
2. La pluie tombait toujours avec la même monotonie.
3. Avec patience, Sylvia colorie un album.
4. À droite, au-delà d'un petit mur couvert de liserons, on aperçoit la mer.

8 **Remplace chaque pronom personnel sujet par un groupe nominal.** * CM1

*Exemple : **Ils** marchaient en chantant.*
→ ***Les promeneurs** marchaient en chantant.*

1. **Il** attend dans la cour.
2. **Elle** sautille sur le gazon.
3. Pendant deux jours, **elles** ont ramassé des pierres.
4. **Ils** n'ont plus rien à manger.

9 **Relève les groupes sujets et classe-les dans un tableau de ce type.** * CM1

Noms propres	Groupes nominaux	Pronoms
		vous

« Dites-moi les enfants, vous n'auriez pas vu un canard ? »
Christine et Roger sursautèrent. Cette voix grave semblait emplir toute la vallée. Avant même de se retourner, Christine pensa que la voix devait venir du fond des grottes où la rivière prend sa source, et qu'elle roulait entre les falaises comme le tonnerre des orages.

Bernard Clavel, *La Maison du canard bleu*, Casterman.

10 **Cherche le groupe sujet de chaque phrase. Que remarques-tu ?** ** CM2

1. Pourquoi tremblez-vous si fort ?
2. «Un peu de silence», dit le maître.
3. Du plafond pendaient de sinistres toiles d'araignée.
4. Sans doute ont-ils beaucoup de travail.
5. Irons-nous visiter le château ?

11 **Lis attentivement le texte puis réponds aux questions.** ** CM2

Le lendemain matin, les frères dormirent longtemps. À midi, Stéphane se rendit au puits pour chercher de l'eau.

« Tu viens bien tard aujourd'hui ! s'étonnèrent les voisins en hochant la tête.
– Ne me demandez rien, rien du tout, répondit Stéphane, nous avons passé la moitié de la nuit à arpenter les bois et les champs.
– Et pourquoi donc ? voulurent-ils savoir.
– Pour emporter une marmite d'or que mon frère avait trouvée, chuchota Stéphane. Mais ne le dites à personne. »
Bientôt le village entier se mit à parler de la marmite d'or.

Muriel Bloch, *Quand les crêpes tombèrent du ciel*, in *365 Contes pour tous les âges*, Flammarion.

a. Trouve dans le texte deux pronoms, un nom propre et deux groupes nominaux sujets.

b. Trouve les groupes sujets placés après le verbe. Dis pourquoi ils le sont.

c. Trouve les verbes qui n'ont pas de groupe sujet. Dis pourquoi ils n'en ont pas.

Vocabulaire

* CM1 **12 Remplace chaque groupe à l'infinitif par un groupe nominal sujet de sens équivalent.**

Exemple : Passer la rivière prendra du temps.
*→ **Le passage de la rivière** prendra du temps.*

1. Ouvrir le coffre a été difficile.
2. Porter un casque est obligatoire.
3. Construire un château de sable demande peu de temps.
4. Laver la voiture devient nécessaire.

* CM1 **13 Même exercice.**

1. Trier les ordures est devenu indispensable.
2. Arroser les pelouses est interdit pendant la sécheresse.
3. Déplacer ce piano ne sera pas facile.
4. Fabriquer et cuire le pain chez soi reviennent à la mode.
5. Pratiquer un sport est utile à la santé.

* CM1 **14 Exercice inverse de l'exercice 12.**

Exemple : Le passage du gué prendra du temps.
*→ **Passer le gué** prendra du temps.*

1. La destruction de ce mur exigera des efforts.
2. La traite de la chèvre noire devient compliquée.
3. L'utilisation de gants est recommandée.
4. La cueillette des champignons nécessite des précautions.

** CM2 **15 Choisis parmi les synonymes proposés celui qui convient pour chaque verbe en gras.**

Synonymes :
• *se renseigner sur* • *nécessiter* • *réclamer*

1. Ce travail **demande** beaucoup de soin.
2. Le voyageur **demande** un verre d'eau.
3. Une touriste **demande** son chemin.

** CM2 **16 Dans quelle phrase le groupe en gras est-il le sujet du verbe** voler **?**
Donne un synonyme à ce verbe dans chaque phrase. Que constates-tu ?

1. J'ai vu voler **une mouette**.
2. J'ai vu voler **un portefeuille**.

** CM2 **17 Observe les groupes sujets et explique pourquoi le verbe** fuir **change de sens.**

1. Le cerf fuit dans la forêt.
2. Le robinet fuit dans la cuisine.

* CM1 **18 Remplace le groupe sujet en gras par le groupe proposé et dis quel nouveau sens prend le verbe.**

1. **Le blessé** s'est évanoui. (*son chagrin*)
2. **Le col de ton polo** bâille. (*le spectateur*)
3. **Les cendres** ne fument plus. (*ma tante*)
4. **Le brouillard** se lève. (*l'enfant*)

Orthographe

*** CM2 **19** **En utilisant tous ces mots, fais deux phrases ayant un sens et correctement orthographiées. Rétablis les points et les majuscules.**

• les • les • le • la • chien • chiens • pantoufles • porte • jeunes • petit • contre • mordille • sautent

* CM1 **20** **En prenant garde aux accords, retrouve (ou imagine) les groupes sujets qui ont été supprimés.**

a. ... ralentit, siffla, souffla, s'arrêta en grinçant dans une gare. Éveillée par ce dernier cahot, ...ouvrit les paupières et crut qu'... rêvait encore. ..., voilée en veilleuse, dispensait à ses yeux une lueur bleue et sombre de crépuscule.
b. Affalés sur la banquette d'en face, ... bouffi et barbu, ..., ... ronflaient côte à côte dans des attitudes disloquées. ... gisaient entre leurs pieds. ... était imprégné d'une odeur de charbon et de charcuterie.

Henri Troyat, *Les Semailles et les Moissons*, Éd. Plon.

• Compare ton texte avec ceux de tes camarades.

* CM1 **21** **Précise pour chaque mot en gras si c'est un verbe ou le sujet d'un verbe.**

1. Dans la rivière, **on** pêche des écrevisses.
2. Les écrevisses **ont** une carapace épaisse.
3. Les violons **sont** des instruments de musique.
4. Les **sons** du violon charmaient le public.

* CM1 **22** **Même exercice**

1. Le **réveil** n'a pas sonné ce matin.
2. Un merle le **réveille** tous les matins.
3. La bise glaciale le **gèle** à travers son blouson.
4. Ce matin, le **gel** rend les trottoirs glissants.

DICTÉE DE CONTRÔLE

Un léger bruit, vaguement inquiétant, vient de se produire. Il se répète. Il est régulier. Il semble bien correspondre à un tour de roue. Il s'accentue. Comment ne pas penser à une crevaison de pneu ? Le trou est petit sans doute, et la chambre à air ne se dégonfle que lentement.

Jules Romains,
Portraits d'inconnus, Flammarion.

J'apprends à rédiger

* CM1 **23** **Écris une phrase où le verbe aura plusieurs sujets.**

*Exemple : **Un lit, une table et quatre chaises** constituaient le seul mobilier de la pièce.*

* CM1 **24** **Écris une phrase où le groupe sujet sera commun à plusieurs verbes.**

*Exemple : Les élèves **rangèrent** leurs affaires, **se levèrent** et **sortirent** de la classe.*

** CM2 **25** **Écris deux phrases où le sujet sera inversé.**
Attention à bien accorder le verbe.

** CM2 **26** **Ce passage présente de très nombreuses répétitions : réécris-le en employant des pronoms ou des groupes nominaux variés.**

*Blanchette → **la chienne, elle, celle-ci...***

Blanchette, flairant le vent, s'élança dehors. Blanchette bondissait, Blanchette volait, rasant le sol. En quelques instants, Blanchette atteignit la rivière. Blanchette sauta sur le pont de bois et, de ses regards très ardents qui perçaient d'épaisses ténèbres, Blanchette aperçut un de ses petits qui se débattait encore, soutenu par une branche basse de tremble.

D'après **Charles Silvestre**, *Le Voyage rustique*, Plon.

CM2 ** **27** **Les lignes de deux textes ont été mélangées. Les deux textes sont dans l'ordre. Dis quelles lignes appartiennent au premier texte et quelles lignes appartiennent au deuxième.**

1. Les grands étaient dans la cour de
2. Maman, qui m'avait appris à lire,
3. ne tenait pas à m'envoyer à
4. l'école et discutaient avec animation.
5. l'école de bonne heure. Elle
6. m'apprit tout ce qu'elle put et
7. Au fur et à mesure de leur arrivée, les
8. elle en savait long bien qu'elle ne
9. fût elle-même allée à l'école que
10. écoliers, soulevant leur casquette,
11. passaient devant le maître,
12. jusqu'à dix ans et demi ; enfin
13. j'arrivais sur mes sept ans et je ne
14. traversaient le couloir et se
15. savais pas tenir une plume.
16. dispersaient dans la cour.

D'après **Louis Pergaud**,
La Guerre des boutons, Mercure de France ;
et **Charles Péguy**, *Pierre*, Gallimard.

CM1 * **28** **Lis le texte en entier, puis retrouve le groupe sujet supprimé.**
Quels indices t'ont-ils permis de le retrouver ?

... était de dimensions énormes. Trop grand pour les hommes. Trop lourd pour le ciel. Déchiqueté, rompu, il gisait sur le ventre dans la neige, telle une bête blessée à mort. Le nez de l'appareil s'était aplati contre un butoir rocheux. L'une des ailes, arrachée, avait dû glisser le long de la pente. L'autre n'était plus qu'un moignon absurde, dressé, sans force, vers le ciel. La queue s'était détachée du corps, comme celle d'un poisson pourri. Deux larges trous béants, ouverts dans le fuselage, livraient à l'air des entrailles de tôles disloquées, de cuirs lacérés et de fers tordus.

D'après **Henri Troyat**,
La Neige en deuil, Flammarion.

CM2 ** **29** **Repère la phrase pirate introduite dans ce texte. Elle est en contradiction avec une autre phrase.**

1. Raymond et René étaient à la fête : la mare derrière les bergeries avait gelé et, depuis le matin, les deux petits y glissaient inlassablement. **2.** Laurent, qui rentrait de la paille pour les bêtes, s'arrêtait entre ses voyages des meules aux étables. **3.** Prenant ses petits frères chacun par la main, il les entraînait avec lui dans de vertigineuses glissades : d'un seul coup, ils allaient d'une extrémité à l'autre de la surface glacée.
4. Raymond voulut en faire autant tout seul, une fois Laurent parti, mais il alla s'aplatir, les mains en avant, au beau milieu de la mare où il resta étendu sans mouvement. **5.** René qui, lui, se tenait prudemment sur le bord, là où il y avait les roseaux à portée de sa main en cas d'accident, le regarda et demeura pétrifié d'épouvante. **6.** Il devint pâle comme la mort, incapable de faire un seul mouvement pour secourir son frère. **7.** Puis, lorsqu'il se fut un peu repris, il se mit à quatre pattes pour rejoindre le bord et aller chercher Laurent. **8.** Il voulut appeler au secours, mais aucun son ne sortit de sa bouche grande ouverte, et des larmes d'angoisse se mirent à glisser sur ses joues froides.

16 L'accord du verbe avec le sujet

C'est ainsi que l'enfant d'éléphant retourna chez lui à travers l'Afrique, en jouant et folâtrant avec sa trompe. Quand il voulait manger des fruits, il les cueillait à l'arbre, au lieu d'attendre qu'ils tombent, comme il faisait auparavant. Quand les mouches le piquaient, il cassait une branche d'arbre et s'en servait en guise de chasse-mouches ; et il se collait une casquette de boue, neuve et dégoulinante, lorsque le soleil tapait. Quand il s'ennuyait de marcher seul à travers l'Afrique, il se chantait des airs dans sa trompe et ça faisait du bruit comme plusieurs fanfares.

Rudyard Kipling,
Histoires comme ça, Delagrave.

J'observe

- Relève les verbes conjugués.
- Indique le sujet de chaque verbe conjugué et justifie l'accord.
- L'imparfait est surtout employé dans ce texte :
  - pour décrire ?
  - pour évoquer des actions qui se répètent ?

Vocabulaire

- Donne le sens des mots soulignés dans le texte. Tu peux t'aider d'un dictionnaire.

Je retiens

- **Le verbe s'accorde toujours avec le sujet.**
- Le verbe varie en personne avec le sujet.

__Je__ chass__ais__ les mouches. *__Tu__ chass__ais__ les mouches.* *__Il/Elle__ chass__ait__ les mouches.*
__Nous__ chass__ions__ les mouches. *__Vous__ chass__iez__ les mouches.* *__Ils/Elles__ chass__aient__ les mouches.*

- À la troisième personne, le pluriel des verbes se marque par **-(e)nt**.

__L'éléphant__ chass__e__ les mouches. __Les éléphants__ chass__ent__ les mouches.

CM2
- Quand le sujet est le pronom relatif **qui**, le verbe s'accorde avec l'antécédent du pronom.

C'est __toi__ qui __as__ la clé.
Regarde __les éléphants__ qui jou__ent__ dans la mare.

Je vérifie que j'ai compris

* **1** CM1 **Mets au pluriel chaque groupe sujet et dis si, à l'oral, la terminaison du verbe change. En quoi ?**

1. La tomate grossit, mais ne rougit pas encore.
2. Cette revue paraît le mercredi.
3. La voiture sort du tunnel.
4. Un arbre cache la maison.
5. Ma cousine dansera dans le spectacle de fin d'année.

* **2** CM1 **Même exercice**

1. Il vous dira ce qu'il a vu.
2. Le berger dormait à la belle étoile.
3. L'élève ferma bruyamment son livre.
4. La pluie avait couché les fleurs du jardin.
5. Mon frère fait ses devoirs et apprend ses leçons.
6. Sans eau, la plante jaunit.
7. L'élève rend sa copie.

Je m'entraîne

grammaire

* **3** CM1 **Mets au pluriel chaque groupe sujet et accorde le verbe. Souligne le groupe sujet en bleu et la terminaison du verbe en rouge.**

Exemple : Une femme courait en riant.
→ *Des femmes couraient en riant.*

1. Un pigeon roucoule sur le toit.
2. Mon crayon tombe sans arrêt.
3. Le cerisier fleurit au printemps.
4. La vitrine sera illuminée pour les fêtes.

* **4** CM1 **Mets au singulier chaque groupe sujet et accorde le verbe. Souligne le groupe sujet en bleu et la terminaison du verbe en rouge.**

Exemple : Des femmes couraient en agitant les bras.
→ *Une femme courait en agitant les bras.*

1. Les voiliers rentrent au port.
2. Les chiens se précipitèrent sur le visiteur.
3. Les vagues battent la falaise.
4. Des pissenlits poussaient sur la pelouse

* **5** CM1 **Associe chaque groupe sujet à un groupe verbal, afin d'obtenir cinq phrases ayant un sens et bien orthographiées.**

Le bébé •	• dansent dans la lumière.
Ce liquide •	• tombent dans la cour.
Des grains de poussière •	• se réuniront dans la clairière.
Les feuilles •	• jaunit en vieillissant.
Les fées •	• tenait une baguette.

* **6** CM1 **Ajoute à chaque groupe sujet un groupe verbal, afin de produire une phrase correcte. Respecte bien l'accord du verbe.**

*Exemple : Les volets ... → Les volets **ferment** mal.*

1. Quelques vieux livres ...
2. La vendeuse ...
3. Un troupeau de moutons ...
4. Nos chaussures ...

Je m'entraîne

grammaire

7 CM1 * **Observe bien la terminaison de chaque verbe, puis invente un groupe sujet pour chacune de ces phrases.**

Exemple : ... ferment mal.
→ ***Les volets** ferment mal.*

1. ... cherchait un endroit tranquille.
2. ... couvre le mur.
3. ... attendent devant la boulangerie.
4. ... sourirent avec tendresse.

8 CM1 * **Mets au présent de l'indicatif les verbes et accorde-les.**

Ex. : Des guêpes (voler) *autour de la table.*
→ *Des guêpes **volent** autour de la table.*

1. Les volets *(claquer)* contre le mur.
2. Le chien de traîneau *(s'affaisser)* dans la neige en hurlant.
3. Un bref sourire *(illuminer)* son visage.
4. Les voyageurs *(prendre)* une douche rapide.

9 CM1 * **Réécris cette phrase en remplaçant le groupe sujet par** Les jeunes singes **et fais tous les accords nécessaires.**

Un jeune écureuil, intrigué, descend de l'arbre, se dresse un moment sur ses pattes de derrière puis s'approche des promeneurs.

10 CM1 * **Réécris cette phrase en remplaçant le groupe sujet par** Des biches **et fais tous les accords nécessaires.**

Un lapin effrayé jaillit du buisson, traverse la route et disparaît dans les taillis.

11 CM1 * **Ajoute un groupe verbal à la suite de chaque pronom sujet, afin d'obtenir des phrases correctement orthographiées.**

1. Avec soin, elle ...
2. Sans faire de bruit, je ...
3. Depuis deux jours, vous ...
4. Pendant ce temps, tu ...
5. Dans le métro, nous ...
6. Depuis quelques instants, ils ...

12 CM1 * **Associe chaque pronom sujet à un groupe verbal afin de produire des phrases bien orthographiées.**

Je •	• ne voit pas bien.
Tu •	• ne grandiront plus.
Il •	• dites des bêtises.
Nous •	• finis ma soupe ?
Vous •	• le cacherons dans un sac.
Elles •	• plie les serviettes.

13 CM2 ** **Recopie les phrases en mettant au futur de l'indicatif les verbes. Attention à l'accord.**

1. Je vous *(acheter)* des cerises.
2. Elles la *(rencontrer)* tous les jours.
3. Le chien les *(conduire)* à son maître.
4. Elles nous *(montrer)* le chemin.
5. Tu la *(ramener)* chez elle.
6. Nous les *(garder)* pendant votre absence.

14 CM2 ** **a. Place la tournure présentative** C'est **ou** Ce sont **devant chaque groupe nominal.**

Exemple : des poissons exotiques
→ ***Ce sont** des poissons exotiques.*

- un beau bébé
- une musique douce
- des chiens méchants
- mes meilleures amies

b. Réécris à l'imparfait les groupes obtenus. Attention à bien accorder le verbe être.

Exemple : Ce sont des poissons exotiques.
→ ***C'étaient** des poissons exotiques.*

15 CM2 ** **Remplace le groupe sujet de la phrase** « Le tracteur est entré dans la grange. » **par chacun de ces groupes.**

- les poules
- ton frère et toi
- la foudre
- l'une des filles
- tout le monde
- un grand nombre d'invités

CM1 * **16** **Accorde correctement les verbes. Le texte est écrit à l'imparfait.**

Il fallait…

Il *(falloir)* un œil vigilant et de nombreux pièges pour empêcher les animaux de voler les provisions. Les rongeurs, en particulier, *(vivre)* du travail des hommes et *(réussir)* toujours à partager leur grotte. Les enfants *(jouer)* à jeter des pierres à ces petites créatures agiles et les adultes les y *(encourager)*. Non seulement ce jeu *(contribuer)* à la lutte permanente contre les nuisibles mais il *(développer)* l'adresse dont les enfants *(avoir)* besoin pour devenir de bons chasseurs.

Jean M. Auel, *Les Refuges de pierre*, Presses de la Cité.

CM2 ** **17** **Réécris le texte en remplaçant** la raie **par** les raies**.**
Attention aux accords.

La raie vit le plus souvent au fond de la mer, enfouie dans le sable avec lequel la couleur de son dos se confond : on la distingue difficilement. Elle nage avec aisance, en agitant ses grandes nageoires, et donne l'impression de voler. La raie, qui est vorace et carnivore, se nourrit de mollusques, de crustacés et de poissons sur lesquels elle fonce irrésistiblement. La raie « manta » est capable de sauter hors de l'eau.

D'après *Je sais tout sur les animaux et les plantes*, Hachette.

Vocabulaire

CM2 ** **18** **Un intrus se cache dans chaque liste. Trouve ce que les mots de chaque liste ont en commun et repère l'intrus.**

1. • lions • bouchons • avions • coulons • ratons • chaussons • divisions

2. • excellent • parent • somnolent • vent • président • content

CM1 * **19** **Relis le texte de l'exercice 17, puis réponds aux questions.**

a. Qu'est-ce qu'une raie ? Donnes-en un homonyme que tu emploieras dans une phrase.

b. Le mot carnivore signifie : qui mange de la viande (du latin *carnis* viande, et *vore* mange).

• Comment appelle-t-on ceux qui mangent de l'herbe ? des graines ? des fruits ?
Et ceux qui mangent… de tout ?

• Le loup est un carnivore et un carnassier.
Est-ce la même chose ? Aide-toi du dictionnaire.

• Dans l'adjectif vorace, on reconnaît la même racine *vore*. Essaie de déduire le sens de vorace. Vérifie dans le dictionnaire et donnes-en un synonyme.

CM2 ** **20** **Comme dans l'exemple ci-dessous, intervertis le verbe et le nom complément dans :** « Ils portent les clous. »
Ex. : Il réveille son père. → Il perd son réveil.

Orthographe

CM1 * **21 Choisis un mot dans chaque colonne afin de construire une phrase ayant un sens et correctement orthographiée. Recopie chaque phrase sans faire de fautes.**

L'	automnes	était	les	moment	où	les	garçon	fabriquaient	au	quille.
Les	hiver	arrivaient	la	saison	ou	la	villageois	jouait	des	flûtes.

J'	avaient	demandé	la	chemins	à	tout	ce	qui	savaient.
Il	avais	chercher	mon	réponse	a	tous	ceux	qu'il	voulez.

CM1 * **22 En te déplaçant dans la grille horizontalement ou verticalement, sans sauter de case et sans aller en diagonale, trouve une phrase ayant un sens et correctement orthographiée.**
Recopie cette phrase, en la ponctuant correctement.

Le	chevreuil	chasser	celui	qui	donnaient	des
jeunes	paraissait	grand	et	noires	une	impression
cerfs	effrayants	dressé	quatre	pattes	idées	de
se	tenaient	sur	ses	fine	avec	solidité

DICTÉE PRÉPARÉE

La pie remonta dans l'allée sans paraître prendre souci de la couvée. Brusquement elle se retourna et picora vivement en gloussant comme une poule. Cinq ou six poussins prirent le galop pour la rejoindre. Aussitôt elle s'aplatit ; ouvrant un bec qui nous montra l'éclair rose du fond de sa gorge, elle happa une des pelotes de duvet et s'envola.

G. Chereau, *Chasses et plein air en France*, Stock.

1. Justifie l'accord de chaque verbe conjugué en cherchant son sujet.
2. Relève tous les mots comportant une consonne double.
3. Qu'est-ce qu'une couvée ? D'où vient ce nom ?
4. Quel verbe correspond au nom galop ?
5. Pourquoi le nom duvet est-il au singulier dans le groupe « une des pelotes de duvet » ? Qu'est-ce que cette pelote de duvet happée par la pie ?

J'apprends à rédiger

23 (CM2) **Observe les terminaisons des verbes conjugués puis recopie le texte en rétablissant les pronoms personnels qui ont été supprimés.**

« ... vais contourner les buissons, dit le plus jeune.
– Oui. ... passes au large. ... te caches, prêt à couper la route à la jument. Moi, ... rampe jusqu'à ce bouquet d'arbres. ... le vois ? ... m'attends ici. Moi, ... effraie la jument. ... prend peur. ... me serai rendu maître du poulain avant que la mère s'aperçoive que le petit ne peut plus la rejoindre. Avec ton nœud coulant, ... accroches une jambe de devant. La jument tombe. ... est à nous. »

D'après **René Guillot**,
Crin-Blanc, Hachette Jeunesse.

24 (CM2) **En tenant compte du sens, réécris ce texte en rétablissant des verbes, là où on les a enlevés.**
Écris les verbes au présent de l'indicatif et fais attention aux accords.

a. Le caniche, qui a entendu le commandement, ... vivement et, se dressant sur ses pattes de derrière, il ... ses deux pattes de devant sur sa poitrine, puis il ... son maître si bas que son bonnet ... le sol. **b.** Ce devoir de politesse accompli, il ... vers ses camarades, et, d'une patte, tandis qu'il ... toujours l'autre sur la poitrine, il leur ... signe d'approcher. **c.** Les deux chiens, qui ... leur camarade, ... aussitôt et, se donnant chacun une patte de devant, comme on se ... la main dans le monde, ... vers le public.

D'après **Hector Malot**,
Sans famille.

- Compare ton texte avec ceux de tes camarades.

25 (CM1) **En tenant compte des accords, remets de l'ordre dans ces lignes, afin d'obtenir un texte ayant un sens et correctement orthographié.**

a. avais pris avec moi une boîte de vers ; je lui en
b. soufflait, il a brusquement quitté mon doigt et
c. Vers le milieu du jour, tandis que les chats
d. a voleté droit dans le massif de laurier qui
e. plus pouvoir le ressaisir ; heureusement j'
f. oiseau sous le hêtre pourpre ; mais sans
g. borde l'allée aux fleurs. J'ai eu peur de ne
h. étaient devant la maison, j'ai amené mon
i. ai tendu un et, tandis qu'il essayait de le
j. happer, il s'est laissé reprendre.
k. doute grisé par le peu de vent qui

D'après **André Gide**,
Journal, Gallimard.

26 (CM1) **Lis la lettre, observe les accords, et dis :**

- si Dominique est une fille ou un garçon,
- si Dominique écrit à une fille, à un garçon, à deux filles ou à deux garçons.

- Cite les mots qui t'ont permis de répondre.

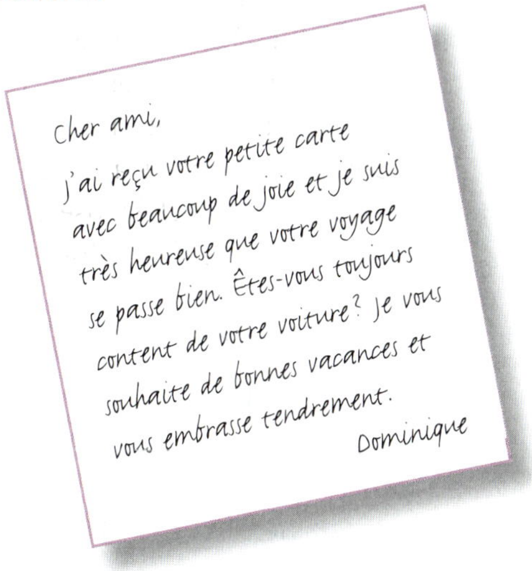
Cher ami,
j'ai reçu votre petite carte avec beaucoup de joie et je suis très heureuse que votre voyage se passe bien. Êtes-vous toujours content de votre voiture ? Je vous souhaite de bonnes vacances et vous embrasse tendrement.
Dominique

17 Le complément d'objet direct

Phrase → Groupe sujet + Verbe + COD + Ct circonstanciel

Groupe verbal

Un architecte a tracé le plan de la maison que vous habitez; **un carrier a éventré la terre pour en arracher les pierres**; un tuilier a pétri, moulé et mis au four chacune des tuiles qui vous abritent; **un bûcheron a coupé des arbres dans la forêt**; un voiturier les a emportés; un charpentier les a taillés et assemblés pour vous faire une toiture; un plâtrier a cuit le plâtre qui revêt les murs; un menuisier a posé les planchers, les portes et les fenêtres; un peintre a étendu sur le bois plusieurs couches de peinture; un verrier a fondu le verre des fenêtres.

D'après Edmond About, *ABC du travailleur*.

J'observe

- Dans les deux phrases en gras:
  - repère et supprime les groupes compléments déplaçables et supprimables, s'il y en a;
  - isole dans chaque phrase obtenue le groupe sujet et le groupe verbal;
  - analyse chaque groupe verbal en Verbe + COD.
- Repère dans le texte un groupe verbal comportant un verbe et plusieurs COD.
- Repère dans le texte un COD commun à plusieurs verbes.
- Relève les pronoms personnels COD.
- Pour qui, à ton avis, le texte est-il écrit? À qui renvoie le pronom personnel *vous*?

Vocabulaire

- Cherche les noms de métiers dans le texte et dis pour chacun en quoi il consiste en citant les passages qui te permettent de répondre.

Je retiens

- **Le COD est un complément essentiel.** Il fait donc partie du groupe verbal: il ne peut être, en principe, ni déplacé ni supprimé. Le plus souvent, il suit immédiatement le verbe.
- Le COD peut être remplacé par les pronoms personnels ***le***, ***la***, ***l'***, ***les***.

Un bûcheron *a coupé* ***cet arbre*** *dans la forêt*.

cet arbre: groupe nominal, masculin singulier, COD du verbe *a coupé*.

Je vérifie que j'ai compris

CM1 * **1 Essaie de déplacer au début de la phrase le groupe complément. Dis si c'est possible ou non.**

Exemple : Le cuisinier prépare la sauce.
→ Le groupe complément ***la sauce*** *ne peut pas être placé au début de la phrase.*

1. Les secouristes distribuaient des couvertures.
2. Les secouristes s'affairaient dans le camp.
3. Un vent froid souffle ce matin.
4. Un vent léger agite les buissons.
5. La soupe refroidit dans les assiettes.
6. Une bonne soupe réchauffera les voyageurs.
7. Les couturiers présentent leur collection.
8. Les soldes commenceront la semaine prochaine.

CM1 * **2 Dans les phrases de l'exercice 1, essaie de supprimer le groupe complément. Dis si c'est possible ou non.**

Exemple : Le cuisinier prépare la sauce.
→ Le groupe complément ***la sauce*** *ne peut pas être supprimé.*

CM1 * **3 Remplace par un groupe nominal le pronom personnel COD en gras.**

Exemple : Le cuisinier ***la*** *prépare.*
→ *Le cuisinier prépare* ***la sauce***.

a. **1.** Je ne **la** vois plus.
2. Le garagiste **les** connaissait bien.
3. Elle **le** prendra demain.
4. Les parents **les** emmèneront au cinéma.

b. **1.** Vous **les** remplirez plus tard.
2. Un couvercle **la** protège des abeilles.
3. Un chasseur **l'**entendit.
4. Je **le** chercherai sur Internet.

CM1 * **4 Remplace le groupe nominal COD en gras par** le, la, l' **ou** les.

Exemple : Le cuisinier prépare ***la sauce***.
→ *Le cuisinier* ***la*** *prépare.*

1. Tu laveras **les verres**.
2. Tous les astronomes observent **la comète**.
3. Chaque soir, mon voisin arrose **ses plantes**.
4. Mon frère découpe **son gâteau d'anniversaire**.
5. Le propriétaire repeindra **la chambre**.
6. Il ne prend pas régulièrement **ses médicaments**.
7. Il a allumé **l'ordinateur**.
8. En reculant, une voiture a enfoncé **la barrière**.

CM2 ** **5 Transforme à la forme active ces phrases passives.**

Exemple : La sauce est préparée par le cuisinier.
→ *Le cuisinier prépare la sauce.*

1. La pièce est éclairée par une grande fenêtre.
2. Le spectacle sera diffusé par la télévision.
3. Les parapluies sont retournés par le vent.
4. Au Moyen Âge, les paysans étaient opprimés par les seigneurs.
5. Cette pièce de théâtre sera jouée par les CM2.
6. Le bébé a été réveillé par le bruit.
7. Le quai était encombré par les valises.
8. Les dictées seront notées demain par le professeur.

CM2 ** **6 Transforme à la forme passive ces phrases actives.**

Exemple : Le cuisinier prépare la sauce.
→ *La sauce est préparée par le cuisinier.*

1. Un élève avait renversé de l'encre.
2. La tempête a déraciné le pin.
3. Une voisine déposera le paquet.
4. La municipalité construit un pont.
5. Le gel abîme les routes.
6. Une hôtesse reçoit les visiteurs.
7. Les voisins repeindront les volets.

Je m'entraîne

grammaire

CM1 * **7 Supprime tous les groupes qui peuvent l'être et analyse, comme dans l'exemple, la phrase obtenue.**

Exemple :
Mon frère habite cet appartement depuis deux ans.
→ *Mon frère* | *habite* | *cet appartement.*
Groupe Sujet Verbe COD

1. Sur la place, une vieille femme nourrissait les chats.
2. La voie ferrée longe la rivière pendant des kilomètres.
3. Depuis des siècles, la cloche annonce les incendies dans cette région.
4. Les promeneurs frappaient les hautes herbes avec leur bâton, pour effrayer les serpents.

CM1 * **8 Réécris ces phrases en plaçant au début le groupe complément, quand c'est possible.**

Exemple : Nous partirons demain.
→ ***Demain** nous partirons.*

1. Les pêcheurs rentrent le soir.
2. L'apprenti prépare le rôti.
3. Des enfants jouent sur la plage.
4. Les élèves fabriquaient un cube.

CM1 * **9 Complète chaque groupe verbal par un COD.**

1. Le journaliste interroge ...
2. À la récréation, je lui prêterai ...
3. La jeune fille portait ...
4. Chaque matin il conduit ...

CM1 * **10 Remplace par un pronom personnel le groupe COD de la deuxième phrase.**

*Ce texte est difficile. Nous relisons **ce texte**.*
→ *Ce texte est difficile. Nous **le** relisons.*

1. J'ai écrit une lettre. Je posterai cette lettre demain.
2. Les feuilles mortes envahissent la cour. Le vent balaie ces feuilles mortes.
3. Un monstre terrorisait le pays. Un brave chevalier a tué ce monstre.
4. La citadelle se dressait sur la colline. Le soleil éclairait cette citadelle de reflets rougeâtres.

CM1 * **11 Remplace le pronom COD par un groupe nominal.**

*Exemple : Ce jouet **la** remplissait de joie.*
→ *Ce jouet remplissait de joie **la petite fille**.*

1. Nous l'écoutions avec beaucoup d'attention.
2. Quelqu'un les invita à entrer.
3. Je le connais depuis longtemps.
4. On les transporta dans des camions.

CM2 ** **12 Repère le COD puis réécris à la forme passive chaque phrase.**

*Exemple : Le maître écrit **un mot** au tableau.*
→ *Un mot est écrit au tableau par le maître.*

1. Les ronces envahissent le jardin.
2. La caravane du Tour distribue des ballons.

CM2 ** **13 Réécris à la forme active chaque phrase. Souligne alors le COD.**

Exemple : Un mot est écrit au tableau par le maître.
→ *Le maître écrit un mot au tableau.*

1. Le trésor a été enterré par des pirates.
2. Les buissons étaient agités par le vent.

CM2 ** **14 Complète chaque phrase.**

Exemple : Nous espérons que ...
→ *Nous espérons **que vous allez bien**.*

1. Tu sais que ...
2. Autrefois, les hommes croyaient que ...
3. On a appris que ...

CM1 * **15 Classe les groupes en gras selon que ces groupes sont sujets ou COD.**

1. Très haut dans le ciel bleu planait **un aigle noir**.
2. Sur la gravure, on voyait **un oiseau noir**.

3. De la chambre voisine, on entendait **des cris**.
4. De la chambre voisine parvenaient **des bruits de voix**.

CM1 * **16** Classe les groupes en gras selon qu'ils sont compléments circonstanciels ou COD.

1. Les affiches ont changé **ce matin**.
2. La maman change **le bébé**.
3. Toute la classe écoutait **attentivement**.
4. Toute la classe écoutait **les explications**.

CM2 ** **17** Recopie la phrase qui comporte un COD et souligne-le.

1. Nos amis reviennent cette semaine.
2. De gros nuages cachent le soleil.
3. Du pot jaillit une grosse araignée.
4. Cet oiseau est une pie.

CM1 * **18** Relève les COD et classe-les selon que ce sont des groupes nominaux ou des pronoms.

Mlle Charmes lui prit la main, défit le poignet du tablier, releva la manche au-dessus du coude où se voyaient des taches bleuâtres, et interrogea, comme à une leçon :
« Qui t'a fait cela ? Est-ce que tes camarades te pincent ?
- Non.
- Si tes compagnes te pincent, il faut me le dire, je les punirai. »

Marguerite Audoux, *Douce Lumière*, Grasset.

CM2 ** **19** Comme les verbes conjugués, les verbes à l'infinitif peuvent avoir des COD.

Exemple : Je veux faire ***un dessin****.*

Retrouve les deux COD qui dépendent de verbes à l'infinitif.

Au-dessus du taureau, un jeune garçon exécutait un saut périlleux, jambes en l'air. Derrière l'animal, une jeune fille aux longues tresses noires tendait les bras pour recevoir l'acrobate, une fois sa pirouette achevée. L'archéologue soupira. Comme bien d'autres merveilles, il avait sorti cette peinture de terre, puis l'avait brossée centimètre après centimètre, pour retirer la poussière noire qui la recouvrait depuis trois mille cinq cents ans.

B. Solet, *L'Atlantide, l'empire retrouvé*, « Je lis des histoires vraies n° 102 », Fleurus-Presse.

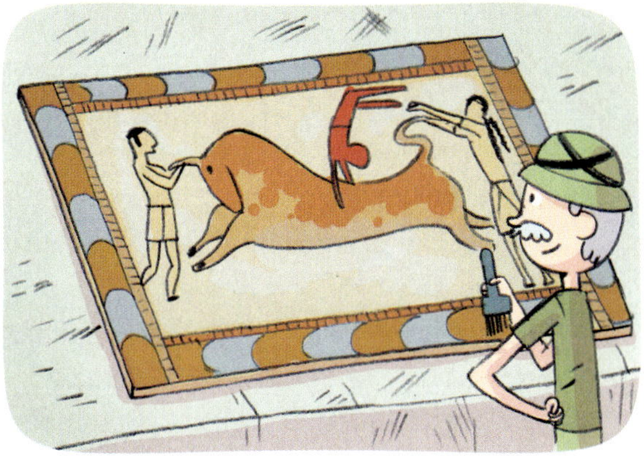

Vocabulaire

CM1 * **20** Les verbes à l'infinitif peuvent eux-mêmes être COD. Dans ces phrases, remplace par un groupe nominal le verbe à l'infinitif COD.

Exemple : J'aime ***dessiner****. → J'aime* ***le dessin****.*

1. Mon ami préfère courir.
2. Laure aime lire.
3. Son petit frère déteste nager.

CM1 * **21** Remplace chaque proposition subordonnée par un groupe nominal de sens proche.

Exemple : J'attends avec impatience que ***tu arrives****.*
→ J'attends avec impatience ***ton arrivée****.*

1. Nous regretterons que vous partiez.
2. Les riverains demandent qu'on construise un pont.
3. Durant l'épreuve, le candidat a montré qu'il était intelligent.

Vocabulaire

22 CM2 ** **Remplace le groupe nominal COD par une proposition subordonnée de sens proche.**
*Exemple : J'attends avec impatience **ton arrivée**.*
*→ J'attends avec impatience **que tu arrives**.*
1. Les journaux annoncent la capture du lion.
2. La police a constaté la disparition du témoin.
3. On prévoit l'interruption des travaux.

23 CM1 * **Enlève le COD et dis le nouveau sens que prennent le verbe et la phrase.**
1. Le chauffeur tournait la tête au moment de l'accident. 2. Cette plante jaunit les mains quand on la cueille.

24 CM2 ** **Ajoute un COD de manière à modifier le sens du verbe et de la phrase.**
1. Le médecin guérira. 2. L'invité passa à table.

25 CM1 * **Explique ce qui provoque le changement de sens du verbe** enlever**.**
1. L'homme avait enlevé sa veste.
2. L'homme avait enlevé un petit enfant.

26 CM1 * **Choisis, parmi les verbes proposés à l'infinitif, le synonyme du verbe** passer **qui convient.** À toi de le conjuguer, si nécessaire.
Verbes : *appliquer, aller, traverser, circuler, lancer*
1. Beaucoup de camions **passent** dans cette rue.
2. Pour y aller, il faut **passer** le pont.
3. Je **passerai** voir mon ami au retour.
4. Jules **passe** toujours le ballon à Martin.
5. Nous devrons **passer** deux couches de peinture.

27 CM2 ** **Remplace le groupe COD en gras par le groupe proposé et dis quel nouveau sens prend le verbe.**
1. Le marin a essuyé **une tempête**. (*la table*)
2. Ces gens élèvent **des chevaux**. (*la voix*)
3. Nous avons reçu **un colis**. (*un ami anglais*)

Orthographe

- Lorsqu'il est employé avec l'auxiliaire *avoir*, **le participe passé ne s'accorde pas avec le sujet.**
- **Il s'accorde avec le** COD si ce COD est placé **avant** le verbe.

28 CM2 ** **Remplace le groupe nominal COD par le pronom personnel correspondant. Ce dernier se trouvera avant le verbe.**
Recopie alors les phrases en accordant correctement le participe passé.
*Exemple : L'oiseau a nourri **ses petits**.*
*→ L'oiseau **les** a nourris.*
1. Marion a ouvert la fenêtre.
2. Mon père a couvert mes livres.
3. Julien a mis la table.
4. Quelqu'un a pris les fourchettes.

29 CM2 ** **Réécris les phrases au passé composé, souligne les COD et accorde les participes passés.**
Exemple : Je les récitais par cœur, ces poèmes.
*→ Je **les** ai récités par cœur, ces poèmes.*
1. Cette femme, je la vois tous les jours.
2. Tes sœurs, il les rencontre dans le train.
3. Sa lettre, il l'écrit.
4. Tu les comptes, tes crayons ?

30 **Mets au passé composé les verbes et accorde les participes passés.**

Exemple : Quelle poésie apprenez-vous ?
→ *Quelle poésie avez-vous apprise ?*

1. Les rosiers poussent et deviennent superbes.
2. Ma sœur part avant moi, mais je la rejoins à l'épicerie.
3. Nous voyons des champignons mais nous ne les cueillons pas.

31 **Recopie les phrases du texte comportant un groupe en gras.**
Souligne le COD de chacun de ces verbes et accorde ou non le participe passé en fonction de la place des COD.

Les araignées charbonnières ne restaient jamais dans les toiles mortes. Une loi invariable, absolue, établie depuis la nuit des temps. L'araignée ne l'**avait** pas **respect**.... Elle l'**avait transgress**... sans aucun scrupule. Et maintenant, elle attendait, sûre de son impunité, immobile, aplatie dans le coin de la toile. Le moucheron ne l'**avait** pas encore **aperç**.... Il **avait sort**... sa petite trompe et goûtait les fils sur lesquels il s'accrochait. Tranquillement. Sans se presser. Son instinct ne l'avertissait pas, ne le poussait pas à se méfier d'une toile morte. Comment aurait-il pu se douter que l'araignée charbonnière **avait viol**... la règle ?

D'après **C. Brami**, *Le garçon sur la colline*, Denoël.

AUTODICTÉE

Mon cher Poil de Carotte,
Juste comme ta dent poussait, une des miennes se mettait à branler. Elle s'est décidée à tomber hier matin. De sorte que si tu possèdes une dent de plus, ton père en possède une de moins. C'est pourquoi il n'y a rien de changé et le nombre des dents de la famille reste le même.
Ton père qui t'aime.

Jules Renard, *Poil de Carotte*.

J'apprends à rédiger

32 «Assurancetourix chante la nuit.» **Cette phrase a deux sens et peut s'analyser de deux façons différentes.**

Quel est le sens de la phrase
– quand la nuit est COD ?
– quand la nuit est Ct circonstanciel ?

33 **Lis ce texte et dis si cette lettre précède ou suit la lettre de l'autodictée.**
Justifie ta réponse.

Mon cher papa,
Je t'annonce avec plaisir qu'il vient de me pousser une dent. Bien que je n'aie pas l'âge, je crois que c'est une dent de sagesse précoce. J'ose espérer qu'elle ne sera pas la seule et que je te satisferai toujours par ma bonne conduite et mon application.
Ton fils affectionné.

Jules Renard, *Poil de Carotte*.

34 **Retrouve ou imagine les COD qui ont été enlevés.**

a. César semblait avoir pensé à tout. Il ouvrit le coffre et en sortit des biscuits durs, des oignons, du sel et du poivre, une marmite de fer et de la viande salée. Puis, de nouveau, il disparut. Il revint avec des huîtres plein la marmite.
Ayant rempli d'eau ..., il ... posa sur le feu, puis, s'accroupissant, il ouvrit ... et découpa ... en petits cubes. Ensuite, avec son grand coutelas, il hacha menu ... qu'il avait cueillies et vida ... dans la marmite.
b. Après avoir laissé bouillir pendant quelques minutes, il ajouta ... et ... et ... qu'il avait sortis du coffre, puis finalement il émietta ... qu'il versa dans le ragoût.
L'obscurité était complète lorsque César, avec un geste de grand cuisinier, sortit ... du coffre et dit en souriant de toutes ses dents :
« Mangez, c'est bon. Mangez. »

D'après **Louis Bromfield**, *Le Delta sauvage*, Stock.

• Compare ton texte avec ceux de tes camarades.

18 Le complément d'objet indirect

Phrase → Groupe sujet + Verbe + COI + Ct circonstanciel

Groupe verbal

Un matin, Jackson Toad vint me signaler la présence d'un autre tigre dans la région : il s'agissait d'un animal estropié, beaucoup plus gros, en bonne condition physique malgré sa blessure, et qui avait une tête ronde. Jackson l'avait observé pendant qu'il se désaltérait dans une petite mare bordée d'herbes hautes. Immédiatement, je pensai au tigre à la patte cassée et, quand je sortis dans la forêt pour me mettre à sa recherche, je n'eus aucun doute : dans le sable qui entourait le site, je reconnus les empreintes géantes qui m'étaient familières.

Arjan Singh, *Le refuge du tigre*, Albin Michel.

J'observe

- Dans les deux phrases soulignées :
  - isole le groupe sujet et le groupe verbal ;
  - Analyse le groupe verbal en : Verbe + COI.
- Lorsqu'un groupe verbal comporte un COD et un COI, le COI s'appelle Complément d'objet second (COS). Retrouve dans le début du texte un groupe verbal comportant un COD et un pronom COS.

Vocabulaire

- Que signifie l'adjectif *estropié* ? Trouve dans le texte les passages qui en explicitent le sens.
- L'adjectif *familières* a plusieurs sens. Que signifie-t-il dans le texte ? Emploie cet adjectif dans une phrase où il aura un autre sens.

Je retiens

- Le COI est un **complément essentiel**. Il fait donc partie du groupe verbal : il ne peut être, en principe, ni déplacé ni supprimé.
- Le plus souvent, le COI est introduit par une **préposition** et il est placé après le verbe.

immédiatement *je* *pensai* ***à l'animal estropié*** .

à l'animal estropié : groupe nominal, masculin singulier, COI du verbe *pensai*.

Je vérifie que j'ai compris

* CM1 **1 Essaie de déplacer au début de la phrase le groupe complément. Dis si c'est possible ou non.**

Exemple : Elle a accepté d'un signe de tête.
*→ **D'un signe de tête**, elle a accepté.*

1. Nous assisterons à un match de football.
2. Mon camarade adhère à un club de judo.
3. Un homme criait à sa fenêtre.
4. Je me suis ennuyée à la fin du film.
5. Un paysan s'empara de sa fourche.
6. Ils se sont revus à la rentrée.
7. Je me contenterai d'un verre d'eau.
8. La chèvre de M. Seguin a résisté pendant toute la nuit.

* CM1 **2 Dans les phrases de l'exercice 1, essaie de supprimer le groupe complément. Dis si c'est possible ou non.**

Exemple : Elle a accepté d'un signe de tête.
→ Elle a accepté. → Il est possible de supprimer le groupe complément ***d'un signe de tête***.

* CM1 **3 Remplace par un groupe nominal le pronom COI en gras.**

*Exemple : Le maire s'**en** inquiète.*
*→ Le maire s'inquiète **de la montée des eaux**.*

1. Ce livre **lui** appartient.
2. La réussite dépend **d'eux**.
3. Ce vase **leur** déplaît beaucoup.
4. Le village entier se méfiait **d'elle**.
5. Je m'**en** méfie depuis toujours.
6. Cette situation **lui** convient tout à fait.
7. La distribution d'eau **leur** incombe.
8. Nous pensons beaucoup **à elle**.
9. Penses-**y**.

** CM2 **4 Remplace par** lui, leur, en **ou** y **le groupe nominal COI en gras.**

*Exemple : Le maire s'inquiète **de la montée des eaux**.*
*→ Le maire s'**en** inquiète.*

1. Ces enfants n'obéissent pas souvent **à leur grande sœur**.
2. Les pucerons nuisent **aux rosiers**.
3. Le prisonnier s'est libéré **de ses chaînes**.
4. Tu as menti **à ton père** ?
5. Nous jouons souvent **aux échecs**.
6. Mon chat raffole **de ces croquettes**.
7. Le capitaine Crochet se vengera **de Peter Pan**.
8. Le professeur s'intéresse **à cet élève**.
9. Je m'intéresse **à cette activité**.

** CM2 **5 Distingue parmi les groupes en gras les COD et les COI / COS.**

Dans les dernières minutes, alors que le public croyait **à un match nul**, les Tigres de Rosy-le-Bitume se lancent **à l'attaque**. Ladroge hérite **du ballon**, fait **une passe à Koutine**, mais ce dernier est entouré d'adversaires ; bousculé, il rate **la réception**. Fort heureusement, car Grivot se précipite du milieu du terrain, s'empare **du ballon**, le contrôle du bout du pied, évite **Fouliard**, file vers les buts et tire dans la lucarne. L'équipe aspirait **à marquer un but**. C'est fait. L'arbitre siffle **la fin du match**. L'entraîneur pense déjà **à la finale**.

Je m'entraîne

grammaire

CM1 * **6 Supprime tous les groupes qui peuvent être supprimés et analyse la phrase obtenue.**

Ex. : Le professeur s'est aperçu tout de suite de son erreur.

→ *Le professeur* | *s'est aperçu* | *de son erreur.*

Groupe Sujet — **Verbe** — COI

1. En arrivant, ils se sont adressés aux gendarmes.
2. Depuis deux ans, mon frère collabore à une revue.
3. Avec beaucoup d'efforts, ils sont parvenus à terminer.

CM1 * **7 Recopie chaque phrase où tu peux placer en tête le groupe complément.**

*Les touristes ont dîné **à sept heures**.*

→ ***À sept heures**, les touristes ont dîné.*

1. Le chevalier se saisit de son épée.
2. Les accusés ont protesté de leur innocence.
3. Les spectateurs ont protesté avec véhémence.
4. Les soldats résistaient à l'attaque ennemie.
5. Le château a résisté pendant six mois.

CM1 * **8 Complète chaque groupe verbal par un COI.**

1. Mon petit frère s'initie à ...
2. Le menu se composait de ...
3. Les enfants ont changé de ...
4. Maxime s'est habitué à ...
5. La sortie dépendra de ...

CM2 ** **9 Pour éviter la répétition, remplace le groupe COI par un pronom personnel.**

Exemple : Pour consoler son petit frère, Marie parla gentiment à son petit frère.

→ *Pour consoler son petit frère, Marie **lui** parla gentiment.*

1. Comme je n'avais pas de nouvelles de mon grand-père, j'ai téléphoné à mon grand-père.
2. Depuis que Julien a fait cette farce stupide, Charles se méfie de Julien.
3. Comme leur mère est très sévère, les enfants obéissent à leur mère sans un mot.
4. Mon amie est partie en colonie de vacances et je pense beaucoup à mon amie.
5. Je n'ai pas acheté **de** café, l'épicier manquait de café.

CM1 * **10 Recopie ces phrases en soulignant les pronoms COI.**

1. Nos parents nous téléphoneront.
2. Penses-tu quelquefois à moi ?
3. Ton correspondant africain t'a répondu.
4. Son pantalon me déplaît.

CM1 * **11 Remplace le pronom COI par un groupe nominal.**

Exemple : Le cheval lui a fait peur.

→ *Le cheval a fait peur **à mon chien**.*

1. Ils se sont confiés à elle.
2. Cette histoire leur a beaucoup déplu.
3. Les enfants y jouent tous les jours.
4. Vous vous en souvenez.
5. Personne ne lui a pardonné.

CM1 * **12 Observe si les compléments sont introduits ou non par une préposition, puis classe-les en COD ou COI.**

1. Le surveillant a cédé à ses prières.
2. La fortune sourit aux audacieux.
3. Les élèves rangent leurs affaires.
4. Ce voyage nécessite une préparation.
5. Les joueurs débordaient d'énergie.

CM2 ** **13 Les pronoms personnels COD et COI des 1re et 2e personnes ont la même forme. Classe les pronoms en gras selon qu'ils sont COD ou COI.**

1. Ton chien **t'**obéit bien.
2. Ton chien **t'**aime bien.
3. Quelqu'un **nous** observe.
4. Le film **nous** a beaucoup plu.
5. Votre pays **vous** manque-t-il ?
6. Vos parents **vous** attendent.

14 **Classe les groupes en gras selon que ce sont des COI ou des compléments circonstanciels.** (CM1, *)

1. Les voyageurs rentrèrent **à la tombée de la nuit**.
2. Jean croit **à la victoire de son équipe**.
3. Personne ne répondit **à la question**.
4. La neige tombait **des jours entiers**.
5. Les ouvriers s'arrêtent **de travailler**.
6. Les ouvriers s'arrêtent **de bonne heure**.

15 **Complète chaque phrase avec un COS.** (CM1, *)

*Exemple : L'instituteur distribue des livres à … **ses élèves**.*

1. Le médecin a déconseillé le sport à …
2. Michel a décrit la maison à …
3. Il accuse son frère de …
4. J'ai emprunté un livre à …
5. Nicolas a offert des fleurs à …
6. Le professeur a enlevé deux points à …

16 **Emploie chaque verbe dans une phrase avec un COD et un COS.** (CM2, **)

*Exemple : rapporter → Le chien rapportait **le bâton à son maître**.*

• dicter • expliquer • remercier • souhaiter

17 **Relève les COI et les COS, puis classe-les selon leur nature** (G. nominal / Pronom / Verbe à l'infinitif). (CM2, **)

Les chasseurs se livrèrent à de nombreuses chasses dès le début de l'été. L'été suivant, ils consacreraient toute la saison à faire le voyage jusqu'à la caverne où ils participeraient à une grande fête. Cela les décida à organiser la chasse au mammouth. Si les produits de cette chasse s'ajoutaient aux provisions déjà entreposées, ils pourraient faire face en toute tranquillité. Leurs réserves de viande séchée, de légumes, de fruits et de céréales leur suffiraient pendant deux ans.

Jean M. Auel, *Ayla, l'Enfant de la terre*, Éd. Soline.

18 **Classe les verbes conjugués, selon qu'ils introduisent un COI ou un COD + COS.** (CM2, **)

1. L'auteur a dédié son livre aux enfants.
2. Ses parents lui ont écrit.
3. Ses parents lui ont écrit une lettre.
4. Les élèves ont averti le maître de l'incident.
5. La lourde porte de fer céda à l'assaut des assiégeants.
6. On le débarrassa de son chapeau.
7. J'ai donné cette bande dessinée à ma meilleure amie.
8. La sécheresse a nui à la récolte de maïs.

19 **Recopie le tableau et complète-le avec les verbes en gras dans le texte.** (CM2, **)

Verbes transitifs			Autres verbes
Directs	Indirects	à double construction	
	obéir		

Aaron devait **obéir** à son père. Léa, sa mère, **pleura** à chaudes larmes, quand elle **apprit** la nouvelle. Les jeunes sœurs d'Aaron, Anna et Miriam, **se répandirent** en lamentations. Aaron **enfila** sa veste rembourrée et sa casquette la plus chaude, puis il **noua** une corde autour du cou de Zlateh la chèvre. Il **se munit** de deux tranches de pain au fromage comme en-cas sur la route. Tandis que la famille **faisait** ses adieux à la chèvre, Zlateh se montra aussi bienfaisante que de coutume. Elle **lécha** la main de Reuven. Elle **secoua** sa petite barbiche blanche. Zlateh avait pleinement confiance en l'être humain. Elle **savait** qu'il la **nourrissait** toujours et ne lui **faisait** jamais le moindre mal.

D'après **Isaac Bashevis Singer**, *Zlateh la chèvre et autres contes*, Stock.

Vocabulaire

CM2 ** **20** Supprime chaque COI et dis si le sens du verbe change.

1. La maison avait changé d'apparence.
2. Les enfants jouent aux cartes.
3. Mon fils joue du violon.
4. L'aîné s'occupait de ses frères.
5. L'aîné s'occupait à découper des images.

CM1 * **21** Supprime le COI et dis le nouveau sens que prend la phrase.

1. Les élèves écrivent à leurs correspondants.
2. La mariée avait changé de robe.
3. La chanteuse se gargarise encore de ses succès.

CM1 * **22** Supprime le COS et dis le nouveau sens que prend la phrase.

Mon père apprend l'italien à ma sœur.

CM1 * **23** Ajoute un COI de manière à modifier le sens du verbe et de la phrase.

Ce petit change tous les jours.
→ Ce petit change de ... tous les jours.

CM2 ** **24** En quoi le changement de préposition modifie-t-il le sens du verbe ?

1. Marie manque à ses amis.
2. Marie manque d'amis.

Orthographe

CM1 * **25** Recopie cette phrase en la segmentant et en la ponctuant correctement.

a. Leplusdurcétaitlacorvéedeauilfallaitallerl achercherdanslarivièreavecdesseauxetlhiv erquandilgelaitlesrivesétaientunevraiepat inoire.

b. Ilnavaitpasencorefermélesyeuxquilvitlesl oupsarriveretcettefoissapprochersiprèsdelat entequilnétaitpasquestiondesongeràdormir.

CM1 * **26** Recopie ce texte en isolant les phrases : rétablis les points et les majuscules.

il s'éveilla au moment où les loups hurlants étaient sur lui déjà l'un d'eux avait refermé les crocs sur son bras Henry sauta dans le feu et le loup lâcha prise, non sans laisser dans la chair une large déchirure alors commença une bataille de flammes ses épaisses mitaines protégeant ses mains, Henry ramassait les charbons ardents à pleines poignées et les jetait en l'air dans toutes les directions le campement ressemblait à une sorte de volcan en éruption

D'après **Jack London**, *Croc Blanc*.

CM2 ** **27** Intervertis le nom et le verbe, et orthographie correctement la nouvelle phrase obtenue.

Ils discourent de change. / Ils ....

CM2 ** **28** En tenant compte du sens et des accords, associe à chaque demi-ligne de gauche la demi-ligne de droite qui convient. Les lignes de gauche sont dans l'ordre.
Recopie le texte sans faire de fautes.

1. De brillantes guêpes	**a.** aussi, l'œil curieux.
2. sombres pénétraient	**b.** le petit coq venaient
3. les fenêtres grandes	**c.** jaunes, des bourdons
4. blanches et noires et	**d.** la porte également
5. picorer sur le seuil de	**e.** dans la chapelle par
6. ouverte, et entraient	**f.** ouvertes. Les poules

Mary Webb, *La Renarde*, Nouvelles Éditions latines.

DICTÉE POUR APPRENDRE

Le désert se parait de milliers de fleurs poussées on ne sait comment. La terre était couverte d'un gazon velouté : il offrait un tapis à la danse et une table au festin.
Hassan Massoudy, *Antara, le poète du désert*, Syros.

J'apprends à rédiger

CM1 * **29 Lis le texte, en rétablissant au bon endroit chaque COI ou COS donné à part.**

COI et COS à replacer :
- *leur* • *à devenir un lapin* • *à un vieux lapin*
- *à notre existence* • *nous* • *lui*

L'Esquimau raconta ses malheurs ... et finit par ... avouer que l'existence insouciante des lapins lui faisait envie, il aurait voulu ... ressembler.
« Tu te trompes, affirma le vieux lapin. Tu ne serais pas heureux, si tu étais un lapin ! Nous connaissons des jours de désespoir. Des oiseaux carnassiers nous épient du fond des cieux et fondent sur nous pour nous enlever de leurs serres puissantes jusqu'à leur nid et, là, nous dévorer. Les loups et les renards en veulent également .... Les visons, voire les furets, ... volent nos enfants. Non, non, il est impossible que tu songes ....

L. Weiss, *L'Homme-Caribou*,
in *Le Voyage enchanté*, Fayard.

- **Cette fois, l'Esquimau rencontre un vieux loup et lui dit qu'il voudrait être un loup, lui aussi.
Écris en une dizaine de lignes ce que lui répond le loup.**
- **Et toi, voudrais-tu être un animal ? Lequel ? Pourquoi ?**

CM2 ** **30 Recopie le texte en rétablissant les COI qui ont été supprimés.**
Compare ton texte avec ceux de tes camarades.

Toute la cuisine était embaumée. Ce lapin, dans sa casserole, refroidissait depuis le matin. Il était destiné au .... Pouf le chat, sur un coin de table, paraissait dormir profondément. Il ne s'intéressait manifestement pas à ... ni à .... Quand la cuisinière quitta la cuisine, Pouf ne tarda pas à .... Il s'approcha de la casserole, souleva le couvercle avec sa tête, s'attaqua au ... avec sa patte et... le voilà dans la casserole ! Et le couvercle retomba...

- **Termine l'histoire.**

19 L'attribut du sujet

Phrase → Groupe sujet + Verbe + Attribut + Ct circonstanciel

Groupe verbal

Ciel! Je l'avais pressenti: un bruit de vaisselle brisée.

Le bol bleu et jaune!

La bol dans lequel mange m'man Tine! […]

J'éclate en sanglots.

« Ta maman va te battre? me demande Romane.

- Je dirai que c'est vous tous qui étiez venus voler ici, dis-je avec colère.

- Il faut pas, dit Tortilla; tu diras que le coupable est une poule: une poule frisée qui est entrée, qui est montée sur la table et qui a cassé le bol au moment où tu la chassais. »

Tous ils affirment que cette explication est valable. Mais je n'en demeure pas moins inconsolable.

D'après Joseph Zobel,
La Rue Cases-Nègres, Présence Africaine.

J'observe

- Dans les 3 phrases soulignées:
  - isole le groupe sujet et le groupe verbal;
  - analyse chaque groupe verbal en Verbe + Attribut du sujet.
- Constates-tu une relation de sens entre le sujet et l'attribut du sujet? (Essaie de remplacer le verbe par le signe = .)

Vocabulaire

- Sur quel verbe est formé l'adjectif *inconsolable*? Donne le sens du préfixe et celui du suffixe.

Je retiens

- **L'attribut du sujet présente une étroite relation de sens avec le sujet.** L'adjectif attribut s'accorde toujours en genre et en nombre avec le sujet.
- L'attribut du sujet est introduit par le **verbe *être*** ou par un **verbe d'état** (*paraître, sembler, demeurer, devenir, avoir l'air…*).

Le coupable | *est* | ***une poule***. *Elle* | *demeure* | ***introuvable***.

une poule: groupe nominal, féminin singulier, attribut du sujet *le coupable*.
introuvable: adjectif qualificatif, féminin singulier, attribut du sujet *elle*.

Est-ce que je sais faire ?

* CM1 **1 Transforme chaque phrase comme dans l'exemple.**

*Cette fleur est **très belle**.* (Attribut du sujet)
→ *Voici une **très belle fleur**.* (Épithète)

1. Ce chien semble très gentil.
2. Le film était passionnant.
3. Le verre a l'air sale.
4. L'exercice paraît difficile.
5. Le chemin devient dangereux.
6. Cette photo est ratée.
7. La porte semble vraiment étroite.
8. Le professeur paraît sévère.

* CM1 **2 Exercice inverse de l'exercice 1.**

*Voici une **très belle** fleur.* (Épithète)
→ *Cette fleur est **très belle**.* (Attribut du sujet)

1. Voici une réponse insolente.
2. Voici un chapeau bien ridicule.
3. Voici un très joli dessin.
4. Voici une montre ancienne.
5. Voici un conte effrayant.
6. Voici une voiture rapide.
7. Voici un robot intelligent.
8. Voici une émission passionnante.

** CM2 **3 Transforme chaque phrase comme dans l'exemple.**

Le chien est un caniche qui aboie toute la journée.
→ *Le chien, un caniche, aboie toute la journée.*

1. Leur maison est une vieille ferme qui se dresse sur la colline.
2. Leurs enfants sont des garnements qui font des farces à tout le voisinage.
3. Ce livre est un recueil de contes qui passionne les enfants.
4. Son manteau est un vieux pardessus usé qui ne tient pas très chaud.
5. La poule est une bonne pondeuse qui donne un œuf tous les jours.
6. Hugo est un enfant bien élevé qui répond toujours poliment.

** CM2 **4 Exercice inverse de l'exercice 3.**

Le chien, un caniche, aboie toute la journée.
→ *Le chien est un caniche qui aboie toute la journée.*

1. Le chemin, un sentier de montagne, monte tout le temps.
2. L'animal, un petit lapin gris, joue dans l'herbe.
3. Le conférencier, un gros homme chauve, transpire abondamment.
4. Ce meuble, un lourd buffet, bloque la porte.
5. Le nouvel exercice, un problème de géométrie, effraie les écoliers.
6. La bouillie verte, une infâme mixture, leur coupa l'appétit.

* CM1 **5 Afin de repérer les attributs du sujet, lis chaque phrase en essayant de remplacer le verbe par** le signe **=.**

*Ex. : Le repas **était** délicieux.*
→ *Le repas* = *délicieux* (Attribut du sujet)

1. Ce château paraît ancien.
2. La nuit effraye les petits enfants.
3. Les nuits deviennent de plus en plus courtes.
4. Son père est un ouvrier agricole.
5. Son père a embauché un ouvrier agricole.
6. Ce peintre passe pour un grand artiste.
7. Ce peintre copie l'œuvre d'un grand artiste.
8. Nos amis resteront une semaine en Bretagne.

Je m'entraîne

grammaire

CM1 * **6 Termine chaque phrase à l'aide d'un adjectif attribut du sujet.**

*Exemple : L'histoire paraît ... **incomplète**.*

1. Le vent devient ...
2. La rue paraît ...
3. Le petit nuage avait l'air ...
4. Le voyage sera ...
5. La vieille dame semble ...

CM2 ** **7 Termine chaque phrase à l'aide d'un groupe nominal attribut du sujet.**

*Exemple : Leur mère semble ... **une femme très dynamique**.*

1. L'arbre était ...
2. Ce médecin passe pour ...
3. Ce bâtiment semble ...
4. Cet enfant devient ...
5. Mon chien demeure ...

CM1 * **8 Remplace le verbe** être **par un autre verbe attributif (verbe d'état).**

Exemple : Sa valise était trop lourde.
*→ Sa valise **paraissait** trop lourde.*

1. Les animaux sont très énervés.
2. Ce chien est un chien de traîneau.
3. Leur jardin est un véritable parc.
4. La pièce était très sombre.
5. Mon fils sera un habile bricoleur.

CM1 * **9 Relie l'attribut du sujet au sujet à l'aide d'un verbe attributif (verbe d'état).**
Change de verbe pour chaque phrase.

*Ex. : L'homme ... malade. → L'homme **semblait** (**paraissait**, **avait l'air**, **restait**...) malade.*

1. Les ombres ... immenses, quand le soir tombait.
2. Les visages ... pâles, à la lumière crue des projecteurs.
3. Les dauphins ... des animaux pacifiques amis de l'homme.
4. Leur chien ... un bon chasseur.
5. Le boulanger ... un homme très généreux.

CM1 * **10 Classe les adjectifs qualificatifs en gras selon qu'ils sont épithètes ou attributs du sujet.**

Une **jeune** femme, en robe de mérinos **bleu**, vint sur le seuil de la maison pour recevoir M. Bovary, qu'elle fit entrer dans la cuisine où flambait un **grand** feu.
Charles fut surpris de la blancheur de ses ongles. Ils étaient **brillants**, **fins** du bout, plus nettoyés que les ivoires de Dieppe, et taillés en amande. Sa main pourtant n'était pas **belle**, point assez pâle, peut-être, et un peu sèche aux phalanges ; elle était trop **longue** aussi et sans molles inflexions de lignes sur les contours. Ses yeux étaient très **beaux** : quoiqu'ils fussent **bruns**, ils semblaient **noirs** à cause des cils, et son regard arrivait franchement à vous avec une hardiesse **candide**.

Flaubert, *Madame Bovary*.

CM1 * **11 Distingue les COD et les attributs du sujet en numérotant les groupes nominaux comme dans l'exemple.**

→ *Le requin est un poisson.* (Attribut du sujet)
1 = 1

→ *Le requin mange un poisson.* (COD)
1 ≠ 2

1. François demeure son meilleur ami.
2. François a bousculé son meilleur ami.

3. La route est une nationale.
4. La route rejoint une nationale.
5. Le ministre a décoré un brave homme.
6. Le ministre est resté un brave homme.

CM2 ** **12** **Repère les attributs du sujet en essayant de remplacer par un adjectif qualificatif chaque groupe nominal en gras.**

Ex. : Le spectacle était ***une représentation de marionnettes****. → Le spectacle était* ***intéressant*** *(****triste, mauvais****...).*

1. Le berger devint **un grand seigneur** et épousa **la fille d'un prince**.
2. Son frère passe pour **un garçon courageux** et il ressemble beaucoup à **son père**.
3. Le singe imitait toujours **son maître** et il semblait **un animal très malicieux**.

CM2 ** **13** **Construis une phrase correspondant à chacune de ces analyses.**

1. Groupe sujet + Verbe + COD + Ct Circ.
2. Ct Circ. + Groupe sujet + Verbe + COI
3. Groupe sujet + Verbe + Attribut + Ct Circ.

CM2 ** **14** **Relève les attributs du sujet et classe-les selon que ce sont des adjectifs qualificatifs ou des groupes nominaux.**

Celui qui tient la tête est un vieux chef. Son corps
Est gercé comme un tronc que le temps ronge et mine ;
Sa tête est comme un roc, et l'arc de son échine
Se voûte puissamment à ses moindres efforts.

Leconte de Lisle, *Les Éléphants*.

CM2 ** **15** **Même exercice.**

Nous sommes encore ces deux frères qui se rendaient à l'école ensemble. Mon frère est toujours mon conseiller, et je suis toujours son guide.
J'ai un ami qui me défend, un ami dont mon bonheur est le plus cher désir, un ami qui est prêt à tous les sacrifices ; qui sera toujours satisfait de ma prospérité, qui me restera fidèle...

Louis Veuillot.

Vocabulaire

CM2 ** **16** **Dis dans quelle phrase** un chiffon sale **est un attribut du sujet et dans quelle phrase c'est un sujet inversé.**

1. Dans le panier reste un chiffon sale.
2. Cette nappe reste un chiffon sale.

• Dans laquelle des deux phrases le verbe rester peut-il être remplacé par le verbe d'état sembler ?

CM1 * **17** **Donne la fonction des groupes en gras. Essaie de remplacer chaque verbe par un verbe de sens proche. Que constates-tu ?**

1. La voiture est **un vrai bolide**.
2. La voiture est **sur le trottoir**.
3. Ce livre paraît **un roman intéressant**.
4. Ce livre paraît **le mois prochain**.
5. Jean demeure **place Hoche**.
6. Gaston demeure **un élève brillant**.

CM1 * **18** **Supprime l'attribut du sujet et dis le nouveau sens que prend la phrase.**

Les invités sont restés stupéfaits.

CM2 ** **19** **Lis attentivement les deux phrases, puis réponds aux questions.**

1. Une grande affiche parait un mur.
2. Cette haie vive paraît un mur.

a. Dans quelle phrase un mur est-il attribut du sujet ? Dans quelle phrase est-il COD ?
b. Donne l'infinitif de chaque verbe.
c. Réécris à l'imparfait la phrase qui est au présent.

CM2 ** **20** **La phrase** « Je suis une fille. » **peut avoir deux sens. Afin de différencier chaque sens :**

a. Remplace le groupe nominal par un pronom personnel.
b. Donne l'infinitif du verbe.

Orthographe

CM1 * **21 Mets au pluriel le groupe sujet et fais tous les accords.**

Exemple : L'homme paraissait fatigué.
→ ***Les hommes** paraissaient fatigués.*

1. Ce garçon est mon ami.
2. Le poussin semblait une boule de coton jaune.
3. La rivière paraissait profonde et dangereuse.
4. L'habit était magnifique et brodé d'or.
5. Un son étrange parvenait étouffé et assourdi.

CM1 * **22 Même exercice.**

1. Le cheval semblait nerveux et effrayé.
2. Le randonneur rentre épuisé.
3. Le chanteur est tombé malade.
4. Le chien avait l'air féroce.

CM1 * **23 Remplace chaque sujet par le groupe donné entre parenthèses et fais les accords.**

L'homme paraissait fatigué. (sa sœur)
→ ***Sa sœur** paraissait fatiguée.*

1. Ce sel est riche en iode. *(Les huîtres)*
2. L'escargot est un animal lent. *(Les tortues)*
3. Le chemin reste caillouteux et accidenté. *(La route)*
4. Sa fille semble une musicienne expérimentée. *(Son grand-père)*

CM1 * **24 Même exercice.**

1. Le sol était desséché et craquelé. *(les champs)*
2. Tu parais fatigué. *(elles)*
3. Les illustrations sont trop abondantes. *(les exemples)*
4. Malika devient très adroite. *(Mes cousins)*

CM1 * **25 En tenant compte des accords, donne un groupe sujet à chaque phrase.**

Exemple : ... devient de plus en plus adroite.
→ ***La petite fille** devient de plus en plus adroite.*

1. ... devinrent plus pâles que la mort.
2. ... paraissaient très concentrées sur leur ouvrage.
3. ... n'est pas très amusant.
4. ... avaient l'air de chiffons froissés.
5. ... passe pour une punition trop sévère.

CM2 ** **26 Réécris le texte en remplaçant** King (il) **par** les lionnes (elles)**.**

a. « King était moins gros que les deux poings de mon père mis ensemble. Et il était maigre et nu, sans un poil. Et il gémissait de soif et de peur. Maman disait qu'il était comme un vrai bébé qui vient de naître. Et aussi, elle disait qu'il était trop chétif pour vivre. »

b. Quand il était devenu bien gras, bien lisse, Patricia avait donné une fête pour son baptême.

« C'est moi qui lui ai trouvé son nom, dit la petite fille. Je savais bien, et contre tout le monde, qu'un jour il serait un roi, un vrai. »

Joseph Kessel, *Le Lion*, Gallimard.

DICTÉE PRÉPARÉE

Trois enfants marchent le long d'une grève. Ils s'avancent, côte à côte, se tenant par la main. Ils sont blonds, presque de la même couleur que le sable : la peau est un peu plus foncée, les cheveux sont un peu plus clairs. Ils sont habillés tous les trois de la même façon, culotte courte et chemisette, l'une et l'autre en grosse toile d'un bleu délavé.

D'après **Alain Robbe-Grillet**, *Instantanés*, Minuit.

1. Cherche le sujet de chaque verbe et justifie l'accord.
2. Repère les attributs du sujet et dis avec quoi ils s'accordent.
3. Relève tous les mots comportant une double consonne.
4. Quel mot comporte un accent circonflexe ?

J'apprends à rédiger

*** 27 Dans ce texte s'est glissée une ligne « pirate ». Retrouve-la et dis à quoi tu l'as reconnue.** CM1

1. Tout à coup, Béto montre à son frère
2. deux singes qui les épient, cachés
3. derrière un arbre. Le plus grand est
4. noirs, sur une branche basse, agrippés à
5. un singe qui a les bras, les jambes et
6. la queue trop longs. Il marche comme
7. une araignée velue et, pour cette
8. raison, on l'appelle le singe-araignée.

Antonieta Dias de Moraes, *Trois Garçons en Amazonie*, Nathan.

**** 28 Recopie le texte en rétablissant au bon endroit les adjectifs donnés à part.** CM2

Aide-toi de la fonction et des accords.

Adjectifs attributs du sujet :
• *aveuglantes* • *bigarrés* • *exaspéré* • *flamboyants* • *graves* • *rouges*

Adjectifs épithètes :
• *ardente* • *noires* • *voisines*

Les hommes redevenaient ... en approchant du repas. [...]
Toutes les femmes avaient des châles dont elles tenaient les bouts sur leurs bras avec cérémonie. Ils étaient ..., ..., ..., ces châles ; et leur éclat semblait étonner les poules ... sur le fumier, les canards au bord de la mare, et les pigeons sur le toit de chaume.
Tout le vert de la campagne, le vert de l'herbe et des arbres, semblait..., au contact de cette pourpre ... et les deux couleurs ainsi ... devenaient ... sous le feu du soleil de midi.

D'après **Guy de Maupassant**, *Farce normande*, in *Contes de la bécasse*.

• Compare ton texte avec ceux de tes camarades.

**** 29 Recopie le texte en imaginant les attributs qui ont été supprimés.** CM2

Mustapha est .... Il est ..., ... et .... Il a de beaux yeux, un petit nez, des joues grêlées, et il est habillé à la diable. Mustapha me plaît parce qu'il est .... Il est ... en classe. Il écoute avec passion. Il a envie d'apprendre. Il fait ses devoirs en artiste. Ses classeurs sont ..., enluminés de dessins de couleurs. Plus tard il deviendra ..., chez lui, en Kabylie. Il sera un .... Il sait commander. Mais il n'est pas ....

D'après **Jeanne Delais**, *Les Enfants majuscules*, Gallimard.

• Compare ton texte avec ceux de tes camarades.

20 Les compléments circonstanciels

Phrase ⟶ Groupe sujet + Verbe + Ct. circ. + Ct circ.

Groupe verbal

De minute en minute, Trémoulin cueillit, **avec une adresse surprenante, avec une rapidité foudroyante, avec une sûreté miraculeuse**, tous les étranges vivants de l'eau salée. Je voyais **tour à tour** passer au-dessus du feu, **avec des convulsions d'agonie**, des loups argentés, des murènes sombres tachetées de sang, des rascasses hérissées de dards, et des seiches, animaux bizarres qui crachaient de l'encre et faisaient la mer toute noire **pendant quelques instants autour du bateau**.

Guy de Maupassant, *Un soir*.

J'observe

➤ Lis le texte en supprimant tous les groupes en gras. Que constates-tu ?

➤ Dans la première phrase, isole le groupe sujet et le groupe verbal. Repère ensuite les groupes compléments circonstanciels.

➤ Classe les groupes en gras selon qu'ils indiquent le temps, le lieu ou la manière.

Vocabulaire

➤ Relève les noms de « ces étranges vivants de l'eau salée » et, si tu ne les connais pas, cherche-les dans le dictionnaire.

Je retiens

- Les compléments circonstanciels expriment les **circonstances de l'action** : où elle se passe (*lieu*), quand elle se passe (*temps*), comment elle se passe (*manière*), pourquoi elle se passe (*cause*), etc.
- La plupart des compléments circonstanciels sont supprimables et déplaçables. D'autres font partie du groupe verbal, de la même manière que le COI.

Ce matin, *les pêcheurs* *vont* ***vers le large***.

ce matin : groupe nominal, masculin singulier, complément circonstanciel de temps du verbe *vont*.
vers le large : groupe nominal, masculin singulier, complément circonstanciel de lieu du verbe *vont*.

Est-ce que je sais faire ?

CM1 * **1 Supprime les compléments circonstanciels.**

Exemple : Il sortit en claquant la porte. → *Il sortit.*

1. Le joueur bondit pour attraper le ballon.
2. Deux chèvres broutaient sur le talus.
3. Lentement, le serpent déroula ses anneaux.
4. Les villageois font des provisions de bois en raison de la rigueur des hivers.
5. Cette nuit le vent a soufflé interminablement.
6. Sur un banc, un vieux monsieur lisait son journal en grommelant.

CM1 * **2 Déplace au début de la phrase le complément circonstanciel.**

Exemple : Je te rendrai ton livre demain.
→ ***Demain****, je te rendrai ton livre.*

1. La branche cassa sous son poids.
2. Les eaux de la rivière ont beaucoup monté depuis quelques jours.
3. De nombreux élèves sont absents, à cause de l'épidémie de varicelle.
4. Ils ont emporté des provisions, de peur de ne rien trouver sur place.
5. Les singes se livraient à des acrobaties devant les visiteurs.

CM1 * **3 Ajoute un complément circonstanciel à chaque phrase.**

Exemple : Une ampoule explosa.
→ *Une ampoule explosa* ***avec un bruit sec****.*

1. Un oiseau chantait.
2. Mon grand-père cherche ses lunettes.
3. La voiture s'arrêta.
4. Léa se déguise en princesse.
5. Le ciel devenait de plus en plus sombre.
6. On voyait un filet de fumée.
7. De petites fleurs bleues poussaient.
8. Un chien aboyait.

CM2 ** **4 Même exercice. Le complément circonstanciel doit avoir le sens donné.**

Exemple : Une ampoule explosa. (Temps)
→ *Une ampoule explosa* ***au milieu de la nuit****.*

1. La terre était couverte de neige. *(Temps)*
2. Une pierre rebondit. *(Lieu)*
3. Un homme repeignait ses volets. *(Manière)*
4. Mettez votre manteau. *(Cause)*
5. La mère fredonnait une berceuse. *(But)*
6. Les élèves apprennent la division. *(Temps)*
7. La terre a tremblé. *(Lieu)*

CM2 ** **5 Repère les compléments circonstanciels et donne le sens de chacun** (temps, lieu, manière, moyen, cause, but...).

1. Un jour, il planta sa machette dans la terre pour arranger son chargement de fruits et, au moment où il allait la reprendre, il sentit les crocs brûlants d'un crotale lui mordre le poignet droit.
2. Il bondit en brandissant la machette de la main atteinte et coupa l'animal en morceaux jusqu'à ce que le voile de venin vienne lui obscurcir les yeux.
3. À tâtons, il trouva la tête du reptile et il partit à la recherche d'un foyer Shuar.
4. Les indigènes le virent arriver en titubant.
5. Il parvint à montrer la tête du serpent avant de perdre connaissance.
6. Il se réveilla deux jours plus tard ; il grelottait des pieds à la tête entre deux accès de fièvre.

Luis Sepulveda, *Le Vieux qui lisait des romans d'amour*, Métailié.

Je m'entraîne

grammaire

*** 6 Fais l'analyse de chaque phrase.** CM1

→ *Son frère* | *referma* | *le livre* | *avec colère*.

G. Sujet	Verbe	COD	Ct circ.

1. La vigie guettait la côte du haut du mât.
2. Ce matin la mer paraît très calme.
3. Les petits s'appliquaient à l'écriture en tirant la langue.

*** 7 Même exercice.** CM1

1. À cinq heures, les merles sifflaient dans le pommier.
2. Une petite rivière coule paisiblement entre des rives ombragées.
3. L'hiver, on allume du feu dans la cheminée.

*** 8 Repère les compléments circonstanciels par la possibilité qu'on a de les supprimer.** CM1

Exemple : Son frère referma le livre avec colère.
Son frère referma le livre. → ***avec colère*** Ct circ.

1. Il tondait la pelouse pendant des heures.
2. Le vagabond ramassa une pierre pour effrayer le chien.
3. Le traîneau dévale la pente dans une gerbe de neige.
4. La carcasse de l'avion paraissait intacte sous trente mètres d'eau.
5. Le volcan entra en éruption vers minuit.

*** 9 Repère les compléments circonstanciels par la possibilité qu'on a de les placer au début de la phrase.** CM1

Exemple :
Son frère referma le livre avec colère.
***Avec colère**, son frère referma le livre.*
→ ***avec colère*** = Ct circ.

1. Un énorme éclat de rire secoua soudain la classe.
2. Ils découvrirent un vieux moulin au cours de leur promenade.
3. Les Indiens s'emparèrent de la diligence à la sortie du défilé.
4. Une murène guettait ses proies dans le creux d'un rocher.
5. Les promeneurs rapportent de leur promenade un bouquet de fleurs des champs.
6. La route était bordée à droite par un haut mur.

*** 10 Complète chaque complément circonstanciel.** CM1

1. Les enfants marchaient sur ...
2. Un vent violent se leva pendant ...
3. Ils trièrent leurs jouets pour ...
4. Nous ne sortirons pas à cause de ...
5. Il a attrapé le ballon avec ...
6. De la lumière brille chez ...

*** 11 Associe chaque phrase au schéma d'analyse correspondant.** CM1

1. Prudemment, les alpinistes avançaient sur la corniche.
2. La pierre heurta le fond avec un bruit sec.
3. Derrière les montagnes s'étendait une vaste plaine.
4. Une infirmière veillait à côté de son lit.

Analyses :

a. Ct circ. + Verbe + G. sujet.
b. Ct circ. + G. sujet + Verbe + Ct circ.
c. G. sujet + Verbe + Ct circ.
d. G. sujet + Verbe + COD + Ct circ.

CM1 ✱ **12 Repère les compléments circonstanciels et classe-les selon qu'ils sont introduits par une préposition ou non.**

1. Ce soir, sur le lac gelé, une jeune fille patine avec beaucoup de grâce.
2. Le chien hurla toute la nuit, sans s'arrêter.
3. Sur le promontoire, un homme admirait silencieusement le paysage.
4. On trouvait là des arbres centenaires.
5. Lundi, nous nous lèverons tôt.

CM1 ✱ **13 Réécris chaque phrase en ajoutant, à la place de ton choix, un complément circonstanciel dont le sens est donné.**

Exemple :
Les Esquimaux sculptent des dents de morse. (Temps)
→ *Les Esquimaux, **pendant le long hiver**, sculptent des dents de morse.*

1. Les voyageurs atteindront le lac. *(Temps)*
2. Les arbres prennent des formes inquiétantes. *(Lieu)*
3. Des poissons mordillaient l'appât. *(Manière)*
4. Les touristes ne quittèrent pas l'hôtel. *(Cause)*

CM1 ✱ **14 Réponds à chaque question par une phrase comportant un complément circonstanciel.**

Avec quoi avez-vous fait cette maquette ?
→ *J'ai fait cette maquette **avec du carton**.*

1. Quand devez-vous prendre votre médicament ?
2. Où avez-vous trouvé cette plante ?
3. Comment s'est-elle blessée ?
4. Pour quelle raison ne sortez-vous pas ?
5. Avec quoi as-tu fabriqué cette marionnette ?

CM1 ✱ **15 Invente des phrases où tu introduiras ces groupes compléments circonstanciels :**

• avec précaution • autrefois • au fond d'un trou • grâce à la rapidité des secours

*Exemple : sans bruit → Le lion rampait **sans bruit**.*

CM1 ✱ **16 Même exercice que le précédent.**

• depuis plusieurs jours • en raison de la chaleur • pour éviter les obstacles • au milieu de la rue • sans se faire voir

CM1 ✱ **17 Relève les compléments circonstanciels en les classant selon le sens :** temps **ou** lieu.

En moins d'une heure, les trois tentes étaient montées. Celle de Marcelot était en haut, sur la pente. L'entrée des trois tentes donnait vers le sud, elles formaient un triangle dont la pointe s'orientait vers le bois et la base vers la petite rivière. Les couchettes étaient au fond ; les bagages avaient été rangés sur les bords, contre les parois de toile. À cet instant, l'ombre du chêne venait mourir au seuil des tentes.

D'après **Maurice Genevoix**, *Les Compagnons de l'aubépin*, Flammarion.

CM2 ✱✱ **18 Relève les compléments circonstanciels en les classant selon le sens :** temps, lieu **ou** manière.

a. La trompe du grand mâle se balançait en l'air au-dessus de ma tête. Avec la rapidité de l'éclair, je me laissai glisser de ma selle. À côté du cheval gisait un arbre abattu de la grosseur d'un corps humain. L'arbre était maintenu un peu au-dessus du sol par les branches brisées qui supportaient son poids ; d'un seul mouvement, je me jetai sous celui-ci.

b. À cet instant, j'entendis la trompe de l'éléphant s'abattre avec un grand bruit mou sur le dos de mon pauvre cheval, et le moment d'après, j'étais presque dans l'obscurité, car le cheval tomba en travers de l'arbre sous lequel j'étais blotti. Dix secondes après, l'éléphant avait enroulé sa trompe autour du cou de ma petite monture, et, d'un puissant effort, la lançait avec violence loin de l'arbre.

D'après **H. Rider Haggard**, *L'Épouse d'Allan*, NEO.

Vocabulaire

CM1 * **19 Recopie le texte en rétablissant les prépositions qui ont été supprimées.**

Il y a quelques années, un train de marchandises a déraillé ... un tournant ... deux kilomètres d'ici environ, ... Cordova. Trois des fourgons qui étaient remplis ... quantité de conserves ont quitté les rails et sont allés s'éventrer ... contrebas du talus ... une plate-forme rocheuse. Il y avait un ruisseau qui coulait ... l'endroit où les fourgons avaient éclaté et les boîtes de conserve se trouvèrent bel et bien immergées ... l'eau du ruisseau avant qu'on ait eu le temps de les emporter toutes.

CM1 * **20 Même exercice avec la suite du texte.**

Les étiquettes qui entouraient les boîtes se sont décollées ... l'eau du ruisseau, et les gens qui les ont ensuite rapportées ... eux ne pouvaient absolument pas savoir ce qu'elles contenaient. Mais cela n'avait aucune importance ... eux de ne pas savoir, ... ouvrant une conserve, s'ils allaient manger des haricots, un ragoût ou quelque sirop : c'était gratuit. ... l'heure des repas, on s'amusait à deviner ce qu'on allait avoir ... l'estomac.

D'après **Erskin Caldwell**, *À la recherche de Bisco*, Pierre Belfont.

CM2 ** **21 Relis le texte de l'exercice 19, puis réponds aux questions.**

a. Sur quels noms sont formés les verbes dérailler et éventrer ? Trouve au moins un autre mot de la famille de chaque verbe.

b. Quel est le sens du verbe immerger ? Et celui du verbe émerger ?

Orthographe

CM2 ** **22 Recopie ce texte en rétablissant correctement les virgules qui ont été supprimées.**

a. Tout à coup Folco aperçut là tout près de lui l'image un peu floue qui se dessinait à la surface de l'eau ridée brillante comme un miroir. b. Une silhouette blanche se précisait avec deux fines oreilles et deux grands yeux sombres qui s'ouvraient et se refermaient. c. Folco n'en croyant pas ses yeux aperçut enfin tendant son cou un peu grêle un magnifique poulain.

René Guillot, *Crin-Blanc*, Hachette Jeunesse.

CM1 * **23 La plupart des adverbes en -ment se forment à partir du féminin de l'adjectif :**

fort → forte → fortement

Retrouve l'adverbe en -ment qui correspond à chaque adjectif.

- lent • vif • ouvert • silencieux
- net • dur • léger • froid • large

CM2 ** **24 Retrouve l'adjectif à partir duquel a été formé l'adverbe en -ment.**

méchamment → méchant

- savamment • prudemment • étonnamment
- violemment • intelligemment • bruyamment
- patiemment

DICTÉE DE CONTRÔLE

Les ombres fuient, le soleil monte... Ses parents dorment. Il est dans son petit lit, couché sur le dos. Il regarde les raies lumineuses qui dansent au plafond. C'est un amusement sans fin. À un moment, il rit tout haut. Sa mère se penche du lit vers lui et dit : « Qu'est-ce que tu as donc, petit fou ? » Alors il rit de plus belle, et peut-être même il se force à rire parce qu'il a un public.

Romain Rolland, *Jean-Christophe*, Albin Michel.

• À quel moment de la journée se passe l'histoire ? Le soir ? La nuit ? Le matin ?

J'apprends à rédiger

25 ** CM2 « L'enfant dessinait sur le mur. » Cette phrase sans virgule peut avoir deux sens, selon que l'on place le complément circonstanciel au début ou à la fin de la phrase.
Explique ces deux sens.

26 * CM1 « L'homme parlait de sa fenêtre. » Cette phrase sans virgule peut avoir deux sens, selon que le complément est COI ou Ct circ.
Explique ces deux sens.

27 ** CM2 « L'enfant dessinait les yeux mi-clos. » Cette phrase sans virgule peut avoir deux sens, selon que le complément est COD ou Ct. circ.
Explique ces deux sens.

28 ** CM2 **Montre que chaque phrase sans virgule peut avoir deux sens, selon que le groupe en gras est complément du nom ou complément circonstanciel.**

1. Il n'a pas vu le vélo **sans éclairage**.
2. J'ai écrit à mon cousin **d'Algérie**.
3. Elle a mangé une glace **au café**.

29 ** CM2 **Recopie le texte en y complétant les groupes compléments circonstanciels.**

a. Tous les ..., la taupe rendait visite à Poucette. Quand ..., les noces de la taupe et de Poucette auraient lieu. Mais Poucette n'était pas contente, parce qu' .... Tous les ..., quand le soleil se levait, et tous les ..., quand il se couchait, la petite se glissait à la porte pour ....
b. Elle désirait vivement revoir sa chère hirondelle ; mais celle-ci ne reviendrait jamais, elle volait sûrement très ... dans ....
Lorsque ..., tout le monde se mit au travail pour que ....
« Dans ..., ce sera la noce », lui dit la souris.
Et Poucette pleura parce qu' ....

D'après **Hans Andersen**, *Poucette*, Rencontre.

• Compare ton texte avec ceux de tes camarades.

30 * CM1 **Jeu de pliage.**

But du jeu
Construire un poème avec les phrases que tu obtiendras en jouant avec ton voisin.

Règle du jeu
Début A. *Un (Une)...* → B. *dans...*

• Le premier joueur écrit la partie A sur une feuille à partir du début proposé. Il plie la feuille, afin de cacher ce qu'il a écrit, et la passe à son voisin, qui complète la partie B.
On déplie la feuille, on recopie la phrase obtenue et on recommence.

• Pour écrire le poème, choisissez et organisez ensemble les phrases obtenues. Vous pouvez ajouter une introduction et une conclusion.

Autre structures possibles
A. *Pourquoi ... ?* → B. *parce que ...*
A. *Quand j'étais ...* → B. *je ...*

Mention CM1/CM2 réservée à l'exemplaire enseignant

21 Les fonctions dans le groupe nominal

Groupe nominal (GN) → Dét. + Nom + Expansion du nom

Une vieille bavarde,
Un postillon gris,
Un âne qui regarde
La corde d'un puits,
Des roses et des lis
Dans **un pot d'moutarde,**
Voilà **le chemin**
Qui mène à Paris.

Lamartine.

J'observe

- Ce poème est composé entièrement de groupes nominaux. Recopie-le en consacrant une ligne à chaque groupe nominal.
- Dans chaque groupe nominal en gras : encadre le nom noyau, souligne en noir le déterminant et en vert ce qui reste (expansion du nom).
- Le premier vers *Une vieille bavarde* pourrait être analysé de trois façons différentes (dans une des trois analyses ce n'est pas un groupe nominal). Trouve ces trois analyses.

Vocabulaire

- Que signifie le nom *postillon* dans le texte ? Ce mot a un homonyme. Emploie cet homonyme dans une phrase qui en précisera le sens.

Je retiens

- Les expansions du nom font partie du groupe nominal. Ce sont des éléments facultatifs, qui peuvent toujours être supprimés.
- Les fonctions qui dépendent du nom portent un nom différent selon la classe grammaticale (la nature) de l'expansion.

J'ai vu le ***petit*** *âne* ***de la ferme*** ***qui broute dans le pré.***

Épithète — Ct du nom — Ct du nom *(Ct de l'antécédent)*

petit : adjectif qualificatif, masculin singulier, épithète du nom *âne*.
de la ferme : groupe nominal introduit par une préposition, complément du nom *âne*.
qui broute dans le pré : proposition subordonnée relative, complément du nom *âne*.

Est-ce que je sais faire ?

CM1 **1 Relis la phrase en supprimant toutes les expansions des noms.**

Exemple. : Un vieux manteau traînait sur le fauteuil de sa chambre.
→ *Un manteau traînait sur le fauteuil.*

1. Ce sentier rocailleux conduit à une petite clairière.
2. Ils vivaient dans une cabane de bois.
3. Le phare de l'île guide les marins.
4. Prêtez-moi votre crayon noir.
5. Rends-lui le livre qu'il t'a prêté.
6. Une table ronde occupait le centre de la pièce.

CM1 **2 Ajoute une expansion du nom de ton choix à chaque groupe nominal.**

Exemple : un manteau
→ *un* ***vieux*** *manteau, un manteau* ***de laine****, un manteau* ***qu'on avait oublié****...*

1. une couverture
2. les nuages
3. un camion
4. mon cahier
5. sa jambe
6. des bouteilles
7. une nuit
8. la branche
9. leur maison
10. un jardin

CM1 **3 Classe les groupes en gras selon qu'ils sont compléments du nom ou compléments circonstanciels** (ces derniers peuvent se placer au début de la phrase).

1. Il lui fait un signe **de la main**.
2. On lui a lu les lignes **de la main**.
3. Je connais le conducteur **de l'autobus**.
4. J'ai aperçu l'école **de l'autobus**.
5. Elles ont cueilli des fleurs sur le talus **du chemin**.
6. On ne voit pas la maison **du chemin**.

CM2 **4 Remplace le complément du nom par un adjectif épithète de sens proche.**

les bruits de la nuit → *les bruits* ***nocturnes***

1. un soleil de printemps
2. une brise de mer
3. la circulation de Toulouse
4. l'exploitation de la forêt
5. un personnage de roman
6. une danse d'Italie

CM1 **5 Remplace chaque groupe nominal complément du nom par une proposition subordonnée relative de sens proche.**

Exemple : On a livré le lit ***de mon frère****.*
→ *le lit* ***dans lequel mon frère dormira****.*

1. Le train de Lyon avait du retard.
2. J'ai rencontré un professeur de piano.
3. Mets le manteau de Paul.
4. Des nuages d'orage s'accumulaient dans le ciel bleu.
5. La Castafiore avait perdu une boîte à bijoux.

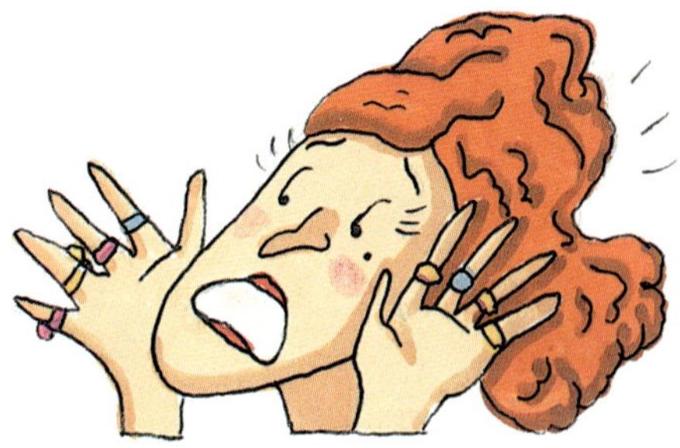

CM2 **6 Repère toutes les expansions des noms en gras.**

J'atteignis la faille. C'était un simple **passage** voûté. Il se terminait dans une **ravine** qui menait à une sorte de grand espace découvert. Je regardai à travers le passage et vis que la ravine était noire de babouins. Ils s'avançaient par centaines. Je pris le **fusil** à éléphant que je portais en bandoulière et attendis, criant aux **hommes** qui étaient au-dessous de moi de monter le plus vite possible. Le **flot** des bêtes continuait de descendre le **gouffre** ténébreux dans ma direction, jappant, grondant et découvrant d'énormes **dents**.

H. Rider Haggard,
L'Épouse d'Allan, NEO.

Je m'entraîne

grammaire

CM1 **7** **Relève et analyse les groupes nominaux comme dans l'exemple.**

mes *heures* *libres*
Dét. **Nom** **Adj. épithète**

À mes heures libres, je m'occupais activement de sport. Je faisais de bonnes parties de ballon avec les grands de l'école et les jeunes gens du bourg. Une fois par semaine, nous nous réunissions, après dîner, dans une salle communale pour préparer le match du dimanche et étudier quelque combinaison qui nous ferait gagner.

Édouard Bled,
Mes Écoles, Robert Laffont.

CM2 **8** **Complète chaque groupe nominal à l'aide d'une expansion du nom dont la nature est donnée entre parenthèses.**

Exemple : L'homme (Adj. qualificatif) *monta dans une voiture* (P. sub. relative).
→ *Le **petit** homme monta dans une voiture **qui démarra immédiatement**.*

1. Leur chat *(Adj. qualificatif)* guettait les oiseaux *(P. sub. relative)*.
2. Les spectateurs *(Prop. sub. relative)* sont sortis avant la fin *(Groupe introduit par une prép.)*.
3. La lampe *(Adj. qualificatif + P. sub. relative)* s'éteignit soudain.

CM1 **9** **Relève les expansions du nom et classe-les selon leur nature.**

La porte de leur roulotte était ouverte, j'apercevais un intérieur bizarre où des gosses se traînaient, où des femmes criaient ; des hommes travaillaient à tordre des brindilles d'osier dont ils faisaient des tables. À l'écart, un cheval efflanqué tondait l'herbe. Avec ce spectacle, j'entrais dans un monde sauvage et libre.

D'après **Eugène Dabit**, *Faubourgs de Paris*.

CM1 **10** **Complète chaque groupe nominal à l'aide d'une expansion du nom de ton choix.**

Exemple : L'homme monta dans une voiture.
→ *L'homme **à la veste rouge** monta dans une voiture **qui démarra immédiatement**.*

1. Un bateau entrait dans le port.
2. Les voyageurs surveillaient leurs valises.
3. Une fleur poussait sur le mur.
4. L'instituteur distribue les livres.

vocabulaire

CM2 **11** « C'est une question simple. » **Place l'adjectif épithète avant le nom. Le sens de la phrase a-t-il changé ? Explique en quoi.**

CM1 **12** « Un grand homme a dormi dans ce lit. » **Place l'adjectif épithète après le nom. Le sens de la phrase a-t-il changé ? Explique en quoi.**

CM2 **13** « un plat de poisson » • « un plat à poisson » **Quelle différence de sens entraîne le changement de préposition ? Dans quel cas le plat est-il plein ?**

Orthographe

CM2 ** **14** **Accorde en fonction du sens le complément du nom donné.**

1. un tas *(de livre)* • une page *(de livre)*
2. un bouquet *(de rose)* • un pétale *(de rose)*
3. une feuille *(de chêne)* • une forêt *(de chêne)*

CM1 * **15** **En quoi le choix du singulier ou du pluriel change-t-il le sens ? Dessine chaque photographie.**

1. une photographie de fleur
2. une photographie de fleurs

CM2 ** **16** « un sac de chiffons » • « un sac en chiffon » **Quelle différence de sens entraîne le changement de préposition ? Justifie l'emploi du singulier et du pluriel.**

CM2 ** **17** « un tissu à fleurs rouge » • « un tissu à fleurs rouges » **Avec quel nom s'accorde l'adjectif épithète ? Quelle est la différence de sens entre les deux groupes nominaux ?**

CM2 ** **18** **Recopie les groupes nominaux en accordant ou non l'adjectif de couleur.**

- des rubans *(rose)*
- des chapeaux *(vert clair)*
- une veste *(marron)*
- des rideaux *(jaune)*
- une fleur *(blanc)*
- des couvertures *(gris d'acier)*
- une chevelure *(brun)*
- des chemises *(bleu ciel)*

AUTODICTÉE

La petite Craigie était blonde et nerveuse, avec une tête grosse comme le poing, des yeux gris clair et d'énormes rubans cerise au bout de ses nattes pâles. Même en hiver, elle avait les pieds nus dans des sandales de cuir trop larges.

D'après **Valery Larbaud**, *Enfantines*, Gallimard.

J'apprends à rédiger

CM2 ** **19** **Remplace le groupe nominal complément du nom par des propositions subordonnées relatives de sens proche.**

la chambre des enfants

→ la chambre qui …

→ la chambre que … *etc.*

CM2 ** **20** **Montre en quoi ces phrases sont maladroites.**

1. Voici le chien du voisin qui a mordu mon chat.
2. Il faudra recoudre le pantalon du petit garçon qu'on a mis dans l'armoire.

CM1 * **21** **Complète à ton gré les groupes nominaux de ton choix avec des expansions du nom.**

L'homme avançait avec assurance, déplaçant l'air de ses épaules ; il portait un pantalon, une veste, une coiffe. En passant, il fit un salut à la femme ; puis toisa du regard cet étranger, accroupi sur le porche, comme un vagabond.

Andrée Chedid, *L'Étroite Porte*, Julliard.

- Compare ton texte avec ceux de tes camarades.

Les fonctions dans la phrase

Les fonctions dépendant du verbe

Sujet	→	*Les enfants chantent.*
Attribut	→	*Les enfants sont joyeux.*
Complément d'objet direct	→	*Les enfants chantent un joli refrain.*
Complément d'objet indirect	→	*Le professeur parle à Paul.*
Complément d'objet second	→	*Le professeur donne une image à Paul.* (une image : COD ; à Paul : COS)
Complément circonstanciel *(non déplaçable et non supprimable)*	→	*Un élève va au tableau.*

La fonction dépendant de la phrase

Complément circonstanciel *(déplaçable et supprimable)*

→ *Les enfants chantent dès le matin.*
sujet verbe ct circ.

→ *Dès le matin, les enfants chantent.*
ct circ. sujet verbe

Les fonctions dépendant du nom (les expansions du nom)

Épithète	→	*Voici un livre intéressant.*
Complément du nom	→	*Voici un livre de géographie.*
Complément du nom *(Complément de l'antécédent)*	→	*Voici un livre que j'aime beaucoup.*

Le verbe et sa conjugaison

22 Le verbe et sa conjugaison

Après l'orage, cependant, M. T… dressait en silence l'inventaire des dégâts, mais surtout celui des réparations : **replacer les ardoises, redresser la gouttière, mastiquer les vitres, charpenter la cabane, reconstruire le mur, repeindre la serre, planter de nouveaux rosiers…** Quelle « fiche » !

« Mais, lui demanda Mme T… d'une voix où la stupeur le disputait au désespoir, on dirait que ça te fait rire, mon ami ? »

Gilbert Cesbron,
La Ville couronnée d'épines, Robert Laffont.

J'observe

- Relève les verbes conjugués. Donnes-en l'infinitif, le temps et la personne.
- Classe les verbes à l'infinitif en fonction de leur groupe. Une colonne reste vide, laquelle ?

1er groupe	2e groupe	3e groupe

- Dans quel type de textes classerais-tu le passage en gras ?
- Pourquoi, d'après toi, M. T… a-t-il l'air heureux de tous ces dégâts ?

Vocabulaire

- Qu'est-ce qu'un *inventaire* : une liste ? un étalage sur un marché ? un mensonge ?
  Dis ce qui dans le texte t'a permis de répondre.

Je retiens

- Le verbe est caractérisé par **sa conjugaison**.
  Sa terminaison varie en fonction du mode, du temps et de la personne.
- On classe les verbes en **3 groupes** : premier groupe (infinitif en ***-er***), deuxième groupe (infinitif en ***-ir***, ***-issais***), et troisième groupe (infinitif en ***-ir***, ***-oir***, ***-re***).

*Il **dressera** l'inventaire*

Radical Terminaison

dressera : verbe *dresser*, 1er groupe, futur de l'indicatif, 3e personne du singulier.

Est-ce que je sais faire ?

* CM1 **1 Relève les verbes conjugués et donne leur infinitif.**

Exemple : posa → poser

Prenant le chat dans ses bras, Quilleran le posa sur le dictionnaire ouvert. Le jeu consistait pour Koko à planter ses griffes entre les pages du livre. Quilleran consultait l'endroit indiqué et lisait les deux premiers mots. S'il n'en connaissait pas le sens, le chat marquait deux points. Dans le cas contraire, le score était en sa faveur.

Avec enthousiasme, Koko plongea ses griffes entre les feuilles.

« Chaume et chauve, lut Quilleran, élémentaire ! Deux points pour moi, essaie de faire mieux. »

Lilian Jackson Braun, *Le Chat qui mangeait de la laine*, UGE 10/18.

* CM1 **2 Conjugue chaque verbe à la 1re personne du singulier de l'imparfait et dis si le verbe est du 2e ou du 3e groupe.**

Exemple : courir → je courais, 3e groupe

a.

- pourrir
- jaunir
- haïr
- abolir
- mourir
- mentir
- cueillir
- partir
- réussir
- maigrir
- fuir
- adoucir

b.

- devenir
- dormir
- réfléchir
- venir
- remplir
- fournir
- tenir
- bâtir
- servir
- jaillir
- raidir
- couvrir
- divertir
- sentir
- réunir
- établir

* CM1 **3 Indique l'infinitif et le groupe de chaque verbe en gras.**

Reconduit à la Santé et enfermé au triple verrou dans un cachot ombreux, Garou-Garou **s'en échappa** le soir même et **alla** coucher à l'appartement du directeur, dans la chambre d'amis. Le lendemain matin, vers neuf heures, il **sonnait** la bonne pour avoir son petit déjeuner et **se laissait** cueillir au lit, sans résistance, par les gardiens alertés. Outré, le directeur **établit** un poste de garde à la porte de son cachot et le **mit** au pain sec. Vers midi, le prisonnier s'en fut déjeuner dans un restaurant voisin de la prison et, après avoir bu son café, **téléphona** au directeur.

« Allô ! Monsieur le Directeur, je suis confus, mais tout à l'heure, au moment de sortir, j'**ai oublié** de prendre votre portefeuille, de sorte que je **me trouve** en panne au restaurant. **Voulez**-vous avoir la bonté d'envoyer quelqu'un pour régler l'addition ? »

D'après **Marcel Aymé**, *Le Passe-Muraille*, Gallimard.

* CM1 **4 Choisis entre les auxiliaires** être **ou** avoir **pour compléter les passés composés.**

*Exemple : j'... assuré → **j'ai** assuré*

Tandis que ma femelle allaitait, j'... assuré le ravitaillement. Souvent je me ... glissé furtivement vers les réserves de la boulangerie, j' ... découvert un chemin sûr pour y accéder, à travers un ventilateur hors d'usage.

Je ... revenu souvent avec le pelage barbouillé de beurre, de saindoux, de crème ou de farine. Toute la famille s'... précipitée pour me lécher. Mes explorations dans le magasin se ... multipliées. J'... rongé la grande boîte remplie de sucre en poudre. Quand je ... rentré au nid tout recouvert de poudre sucrée, ma femelle et les petits ... léché mes poils un par un. Plusieurs fois je me ... rendu au magasin avec les plus âgés des ratons.

D'après **A. Zaniewski**, *Mémoires d'un rat*, Belfond.

- As-tu deviné quel est le narrateur ?

Je m'entraîne

grammaire

CM1 * 5 Relève les verbes à un temps simple et sépare radical et terminaison.

Exemple : lisait → lis/ait

Mon père lisait le soir, à la veillée, devant le feu, pour ma mère et pour moi, des livres pleins d'histoires...
Il lisait bien, et vite, avec toutes les intonations voulues. Quand c'était drôle, il se marrait, il s'étranglait sur les mots. Sa pomme d'Adam faisait des petits sauts comme la gorge d'un dindon qui roucoule... Quand c'était triste, il s'assombrissait, il prenait un ton douloureux. Aux passages vraiment très, très tristes, il pleurait. Il avait des vraies larmes qui dégoulinaient sur ses joues et sa voix devenait toute grêle... Mais il s'arrêtait pas !

D'après **Claude Duneton**, *Le Diable sans porte*, Éditions du Seuil.

• Selon quel registre (niveau) de langue ce texte est-il écrit ?
Montre-le avec des exemples.

CM1 * 6 Relève les verbes conjugués et classe-les selon qu'ils sont à un temps simple ou à un temps composé.

Exemple :
*a récité : **temps composé*** (passé composé)

Aujourd'hui, Rose Benoist a récité sa leçon sans faute. Elle a un bon point. Emmeline Capel a reçu aussi un bon point pour avoir bien su sa leçon d'arithmétique.
Au sortir de la classe, elle a dit à sa maman qu'elle avait un bon point. Et elle a ajouté :
« Un bon point, à quoi ça sert, Maman ?
– Un bon point ne sert à rien, a répondu la maman d'Emmeline. C'est justement pour cela qu'on doit être fier de le recevoir. »

Anatole France, *Pierre Nozière*.

CM2 ** 7 Analyse chaque verbe conjugué en en indiquant l'infinitif, le mode, le temps et la personne.

*Ex. : **se promenait** → verbe **se promener**, mode indicatif, temps imparfait, 3e personne du singulier*

LE SAUVETEUR : Il se promenait sur les bords de la Seine, sur la rambarde, et puis il a glissé, il est tombé à l'eau. Alors je n'ai fait ni une ni deux, j'ai plongé, et puis c'est tout, quoi !
LE PÈRE : Ah ! C'est vous qui avez sauvé mon fils de la noyade...
LE SAUVETEUR : Oui. C'est moi. Il y avait des tourbillons, je l'ai rattrapé par les cheveux, j'ai nagé entre deux eaux, je l'ai ramené sur la berge... On a fait la respiration artificielle, et puis on l'a sauvé !
LE PÈRE : Ah ! C'est vous !
LE SAUVETEUR : Oui. C'est moi...
LE PÈRE : Et son béret, hein ? Son béret, qu'est-ce que vous en avez fait ?

Fernand Raynaud, *Heureux !* La Table Ronde.

CM1 * 8 Classe les verbes avoir, **selon que c'est un verbe à part entière ou un auxiliaire pour former un temps composé.**

« J'ai une quantité de filles, dit Mrs Mullet, et j'ai essayé... pas de m'en débarrasser, naturellement, mais un ou deux maris ne feraient pas de mal dans le tableau : j'ai six filles, vous le savez.
– Non, dit Clovis. Je n'ai jamais compté, mais je pense que vous devez avoir raison : les mères savent généralement ces choses-là. »

D'après **Saki**, *Le Cheval impossible*, Julliard.

CM2 ** **9** **Classe les verbes** être**, selon que c'est un verbe à part entière, ou un auxiliaire pour former le passif ou un temps composé.**

« Est-ce que nous allons continuer à nous disputer devant cette bête qui est prête à nous mettre en pièces ? demanda Mavis avec indignation.
– Lord Pabham, vous qui vous y connaissez très bien en bêtes féroces... suggéra le colonel Hampton.
– Les bêtes auxquelles je suis habitué, moi, répondit Lord Pabham, m'ont été procurées par des maisons sérieuses, avec leur certificat d'origine, ou elles ont été élevées dans ma propre ménagerie. Autant qu'on peut en juger d'après les caractéristiques extérieures, continua-t-il, cette bête présente l'aspect d'une belle femelle de loup de l'Amérique du Nord, qui est une variété de l'espèce ordinaire *canis lupus*. »

D'après **Saki**,
Le Cheval impossible, Julliard.

CM2 ** **10** **La phrase passive correspondant à la phrase active** « Le maître photographiera les élèves dans la cour. » **se cache parmi ces phrases. Retrouve-la.**

1. La photographie a été prise dans la cour.
2. Les élèves photographieront le maître dans la cour.
3. Les élèves seront photographiés par le maître dans la cour.
4. La cour sera photographiée par le maître.
5. La cour sera photographiée par les élèves.
6. Les élèves se sont photographiés dans la cour.

CM2 ** **11** **Classe les verbes en gras dans un tableau de ce type.**

Voix active	Voix passive	Tournure pronominale	Tournure impersonnelle
	était fermée		

La marche **était fermée** par un groupe de personnages inférieurs remplissant diverses fonctions dans la commanderie. L'infortunée Rebecca **fut conduite** vers une chaise peinte en noir placée à côté du bûcher. On l'**avait dépouillée** de tous ses ornements, de peur qu'il y **ait** quelques amulettes. Au bout d'une minute, elle rouvrit les yeux, regarda fixement le bûcher, comme pour **se familiariser** avec cette vue...
Cependant le grand maître **s'était assis** ; et, lorsque les chevaliers de son ordre **se furent placés** autour de lui, chacun selon son rang, une fanfare de trompettes, bruyante et prolongée, **annonça** que la cour siégerait pour le jugement. Alors, Malvoisin, comme parrain du champion, **s'avança** et **déposa** aux pieds du grand maître, le gant de Rebecca, gage du combat.

D'après **Walter Scott**,
Ivanhoé.

CM1 * **12** **Réécris chaque phrase en remplaçant le futur proche par le futur et le passé proche par le passé composé.**

• *Je vais prendre un bain.* → *Je **prendrai** un bain.*
• *Je viens de prendre un bain.* → *J'**ai pris** un bain.*

1. Quelqu'un vient de sonner.
2. Le train va partir dans deux minutes.
3. Un cirque vient de s'installer sur la grande place.
4. Le merle est sur le point de s'envoler.
5. Nous allons faire ces exercices tout à l'heure.

CM2 ** **13** **Relève et classe les pronoms sujets** il**, selon que** il **remplace un groupe nominal ou que** il **fait partie de la tournure impersonnelle du verbe.**

Il fut conclu que le jeune marquis ne perdrait point son temps à connaître le latin.
« Mais qu'apprendra-t-il donc ? car encore faut-il qu'il sache quelque chose ; ne pourrait-on lui montrer un peu de géographie ?
– À quoi cela lui servirait-il ? répondit le gouverneur. Quand monsieur le marquis ira dans ses terres, les postillons ne sauront-ils pas les chemins ? »

Voltaire,
Jeannot et Colin.

Vocabulaire

14 (CM2 **) **Intervertis comme dans l'exemple le verbe et le complément et orthographie correctement la nouvelle phrase obtenue.**

Exemple : Il réveille son père → Il perd son réveil.

1. Ils tentent de la sortir.
2. Ils copient les livres.
3. Elle court dans l'allée.
4. On nie les faits.

15 (CM2 **) **Dis quelle différence de sens présente le verbe selon qu'il est conjugué avec l'auxiliaire** être **ou avec l'auxiliaire** avoir.

1. Il a sorti la caisse.
Il est sorti de la caisse.
2. Il a passé son problème.
Il est passé sans problème.

Orthographe

16 (CM1 *) **En tenant compte de l'accord du verbe, choisis le bon pronom ou le bon groupe nominal et recopie les sujets et les verbes ainsi accordés.**

Dès l'âge de douze ans, < les gamins / je braconnais. < Ils / Je prenais en cela le relais de < mon grand-père / leurs grands frères qui était devenu trop vieux pour cet amusement campagnard. C'est par amusement en effet qu'< on / ils commence. Et puis aussi un peu par amour : < les faucons / l'aigle royal chasse et tue pour nourrir les siens. < Il / Je revient triomphant sur son aire pour apporter aux aiglons ses proies. < Eux / Moi aussi, < ils / j' arrivais triomphant avec un, parfois deux beaux lièvres que < ma tante / je préparait en délicieux civet. Quelle fierté, à douze ans, de contribuer déjà à la nourriture de la famille !

D'après **Marcel Scipion**, *Le Clos du Roi*, Seghers.

17 (CM1 *) **Recopie le texte en mettant au temps indiqué le verbe donné.**
Attention aux accords !

« Oui, tu m'*(être, présent)* la plus chère, *(dire, imparfait)* le prince, car c'*(être, présent)* toi qui *(avoir, présent)* le meilleur cœur. C'*(être, présent)* toi qui m'*(être, présent)* le plus dévouée et tu *(ressembler, présent)* à une jeune fille que j'*(voir, passé composé)* une fois, mais que sûrement je ne *(retrouver, futur)* jamais. »

D'après **Andersen**, *La Petite Sirène*.

18 (CM2 **) **Même exercice.**

La chatte *(regarder, imparfait)* le .... avec un air de méditation profonde, rassemblant toutes les notions d'histoire naturelle qu'elle *(pouvoir, plus-que-parfait)* recueillir sur les toits, dans la cour et le jardin. L'ombre de ses pensées *(passer, imparfait)* par ses prunelles changeantes, et nous *(pouvoir, passé simple)* y lire ce résumé de son examen : « Décidément, c'*(être, présent)* un poulet vert. »

D'après **Théophile Gautier**, *La Nature chez elle*.

• Peux-tu retrouver le nom supprimé ?

DICTÉE PRÉPARÉE

La lune allait se coucher lorsqu'ils quittèrent la plaine pour entrer dans le bois. Marchant en ordre dispersé, ils venaient de parcourir un kilomètre à travers champs sans quitter le ruisseau. Une fois de plus, Noisette chercha à deviner si on leur donnait la chasse.

D'après **R. Adams**, *Les Garennes de Watershipdown*, Flammarion.

1. Relève les verbes conjugués : indique le sujet de chacun et le temps auquel il est conjugué afin de justifier sa terminaison.

2. Relève les verbes à l'infinitif et dis pourquoi ils sont à l'infinitif.

3. Recopie le verbe au participe présent et souligne sa terminaison.

4. Retrouve dans le texte un exemple de futur proche et un exemple de passé proche.

5. Donne la classe grammaticale de à (« à travers champs », « à deviner »).

J'apprends à rédiger

CM2 ** **19** **Recopie le texte en essayant de retrouver les verbes à l'imparfait qui ont été supprimés.**

Par mille interstices de branchages, le soleil ... ses longs rais lumineux qui ... la maison. Et l'un des rayons vint tomber sur la caisse suspendue qui ... de berceau à Coyotito et sur les cordes qui la ....

Ce fut un imperceptible mouvement qui attira le regard de Kino et de Juana vers la caisse. Tous deux se figèrent sur place. Un scorpion ... lentement le long de la corde fixée au plafond. Sa queue piquante se ..., rigide derrière lui, prête à se dresser en un éclair.

Le long de la corde, le scorpion ... délicatement vers le lit. Dans sa caisse Coyotito ... et ... la main vers l'animal.

D'après **John Steinbeck**, *La Perle*, Gallimard.

• Compare ton texte avec ceux de tes camarades.

CM1 * **20** **En tenant compte du sens, remets les lignes dans l'ordre, afin d'obtenir un texte ayant un sens et correctement orthographié.**

1. l'arracher à la contemplation attendrie d'un
2. menton la mine dubitative.
3. les œufs, le beurre, le fromage de leur
4. agneau qui tétait sa mère. Un peu plus
5. Ernestine dut tirer Sylvie par la main pour
6. volaille à pleins doigts, hochait le
7. paysannes avaient étalé, sur un lit de paille,
8. ferme. Certaines brandissaient sous
9. loin, à l'abri de grands parapluies, des
10. le nez des passants des poules vivantes, la
11. une ménagère s'approchait, palpait la
12. tête en bas, les pattes liées. De temps à autre

Henri Troyat, *Viou*, Flammarion.

23

Infinitif et participe (présent/passé)

Un énorme ours brun était en train de se frotter le dos contre un arbre. Tout occupé à se gratter le long de l'écorce rugueuse, il ne prêta aucune attention au Clan médusé. Sa taille immense paraissait à tous imposante tant sa fourrure était épaisse et sa tête massive…

Lassé de son activité, l'ours se redressa de toute sa hauteur pour faire quelques pas, campé sur ses pattes de derrière, avant de se laisser retomber. Flairant le sol, il s'éloigna en trottant pesamment. L'ours des cavernes était un animal fondamentalement pacifique qui n'attaquait personne tant qu'on ne l'importunait pas.

Jean M. Auel,
Ayla, l'enfant de la terre, Éditions Soline.

J'observe

- Relève les verbes à l'infinitif et classe-les selon leur groupe.
- Relève les participes passés et donne leur infinitif.
  Relève les verbes dont la terminaison est *-ant:* ce sont des participes présents ou des gérondifs.
- À quelle époque, selon toi, le texte se situe-il ? Quels indices te permettent de le deviner ?

Vocabulaire

- Cherche l'origine et le sens de l'adjectif *médusé* dans un dictionnaire.
- Que signifie le verbe *importuner* ? Trouve des synonymes appartenant à un autre registre de langue.

Je retiens

- L'infinitif donne son nom au verbe.
- CM2 Le participe présent se termine par ***-ant***. Il est toujours invariable.
- Le participe passé s'accorde en genre et en nombre avec le nom.
  Dans un temps composé, selon qu'il est employé avec l'auxiliaire *être* ou avec l'auxiliaire *avoir*, il suit des règles particulières d'accord (v. chapitre 24).

Flairant *le sol, les ours s'éloignèrent pour* ***rejoindre*** *leur tanière* ***cachée*** *dans la forêt.*

flairant : verbe *flairer* au participe présent, 1er groupe.
rejoindre : verbe *rejoindre* à l'infinitif, 3e groupe.
cachée : participe passé du verbe *cacher*, 1er groupe.

Est-ce que je sais faire ?

CM1 * **1** **Repère les verbes et donne l'infinitif et le groupe de chacun.**

Exemple : changea → ***changer, 1er groupe***

Cyrano changea de côté, se rendormit et rêva de nouveau. Seulement, cette fois, ce n'était plus dans le Soleil qu'il montait, c'était dans la Lune. L'atmosphère était bleue, l'air pur et léger. Cyrano tombait sur une terrasse magnifique, où des seigneurs bizarres le recevaient.

CM1 * **2** **Même exercice avec la suite du texte.**

Il remarqua qu'ils avaient tous des fleurs en place de têtes. On l'introduisit ensuite auprès d'un Roi qui avait une tête de tulipe et causait avec un ministre à tête de poire. Puis on le présenta à la Reine, une rose jaune, avec qui il dansa le menuet.

Cyrano éblouit véritablement les gentilshommes et les grandes dames par ses manières.

D'après **Henriot**,
Aventures prodigieuses de Cyrano de Bergerac.

CM1 * **3** **Remplace la proposition subordonnée par un groupe comportant un verbe à l'infinitif.**

Ex. : L'élève lève le doigt, ***avant même qu'il entende la question****.*
→ *L'élève lève le doigt,* ***avant même d'entendre la question****.*

1. Le chien est passé à côté de la vipère sans qu'il la voie.
2. Le cavalier pensait qu'il pouvait sauter la barrière.
3. Il nous faudrait une barque afin que nous traversions le lac.
4. L'équipe croyait qu'elle perdrait.
5. Ils ont téléphoné au moment où ils allaient partir.

CM2 ** **4** **Repère les verbes à l'infinitif et donne le participe présent et le participe passé de chacun.**

Exemple : parler → *participe présent :* ***parlant***
participe passé : ***parlé***

a. Yacine avait pour habitude de consacrer une part de ses loisirs à la lecture de contes et de poèmes. Kamal ne le lâchait pas d'une semelle afin de glaner les histoires extraordinaires qu'il racontait quelquefois. Il ne cessait d'en demander davantage. Mais Yacine avait vite fait de le délaisser pour reprendre la discussion ou se plonger dans la lecture.

b. Avec l'œil de la jalousie et de la tristesse, Kamal restait alors à regarder son frère, tandis que celui-ci reprenait la lecture, une lecture qui donnait la clé du monde magique. Quelle rancœur faisait naître en lui cette incapacité à lire lui-même l'histoire ! Combien cela le peinait de la voir là devant lui, de pouvoir la tourner et la retourner à loisir dans tous les sens sans être capable d'en déchiffrer les symboles, d'y découvrir une issue vers le monde des songes et des rêves.

D'après **Naguib Mahfouz**,
Impasse des deux palais, J.-C. Lattès.

Je m'entraîne

grammaire

CM1 * **5 Relève les verbes à l'infinitif et classe-les selon leur groupe.**

Il existe différentes façons de se débarrasser des pucerons. S'ils ne sont pas encore trop nombreux, il peut suffire de les retirer. Pulvériser de l'eau avec un vaporisateur à main ou maintenir les parties atteintes sous le jet de la douche pour les éliminer. Ajouter un peu de savon liquide dans l'eau vaporisée pour rendre l'opération plus efficace. Répéter le traitement une semaine après pour se débarrasser des insectes qui auraient pu éclore entretemps.

Fiche n° 875, *Maladies et parasites : les pucerons*, IMP.

CM1 * **6 Lis le texte, puis réponds aux questions.**

Chiffon **bondit** sur ses pattes et **mordit** férocement William à la main. William **hurla** et laissa tomber la cuisse de poulet. Le chien bondit sur la cuisse de poulet et **s'enfuit** entre les jambes d'Oswald. Oswald **voulut** le frapper mais le manqua, et dans une explosion de jurons **s'affala** sur le trou à ordures. Je **lançai** un bâton mais ce fut Alexandre qui le **reçut** derrière les genoux. Alexandre en tombant heurta du coude le ventre de tante Barbe. Tante Barbe tomba dans les braises, **hurla**, et voulut se relever en s'accrochant aux cheveux de tante Amélie. Tante Amélie hurla aussi et toutes les tantes alors **braillèrent** ensemble.

D'après **Roy Lewis**, *Pourquoi j'ai mangé mon père*, Actes Sud.

a. Analyse les verbes en gras comme dans l'exemple ci-dessous.

Verbe	Infinitif	Groupe
bondit	*bondir*	*2e groupe*

b. Relève les verbes à l'infinitif et indique leur groupe.

c. Relève les verbes au gérondif (en + participe présent) et donne leur fonction.

CM2 ** **7 Relève les verbes à l'infinitif et au participe, présent et passé, et classe-les dans un tableau.**

Infinitifs	Participes présents	Participes passés
		figé

Il resta figé sur place, écarquillant les yeux. Il y avait une machine à écrire par terre.
Ce n'était pas sa machine à écrire. Elle était grande et fabriquée dans une matière qui avait l'air d'être de l'argent poli.
Elle commença à taper, toute seule au milieu de la pièce.
Il ne bougea pas. Il ne pouvait pas bouger. Il s'accroupit sur place, regardant les touches polies s'enfoncer l'une après l'autre et frapper sans intervention d'aucune main.

Ray Bradbury, *Le Futur antérieur*, Marabout.

CM2 ** **8 Recopie et complète le tableau avec les verbes en gras dans le texte.**

Verbe	Infinitif	Groupe	Participe présent	Participe passé
jette	*jeter*	*1er groupe*	*jetant*	*jeté*

a. L'araignée **jette** un coup d'œil du sommet de sa fougère. C'est très haut. Elle exsude une goutte de soie liquide, la **colle** à la feuille, s'avance au bout de la branche et **saute** dans le vide. Sa chute **dure** un long moment. Le filin s'étire, s'étire puis il **sèche**, **durcit** et la **retient**. Elle **a manqué** s'écraser comme une baie mûre.
b. Beaucoup de ses sœurs se sont déjà brisé la carcasse à cause d'un brusque coup de

froid **ralentissant** le temps de durcissement de la soie. L'araignée **agite** ses huit pattes afin d'**obtenir** un mouvement de balancier, puis, les **allongeant**, elle **parvient** à s'arrimer à une feuille. Ce sera le deuxième point d'ancrage de sa toile. Elle y colle l'extrémité de son filin.

D'après **Bernard Werber**, *Les Fourmis*, Albin Michel.

CM1 * **9 Associe chaque infinitif à son participe présent et à son participe passé.**

faire •	• écrivant •	• lu
savoir •	• croyant •	• écrit
venir •	• faisant •	• vu
croire •	• vivant •	• fait
écrire •	• sachant •	• su
lire •	• voyant •	• venu
voir •	• venant •	• vécu
vivre •	• lisant •	• cru

CM2 ** **10 Lis le texte, puis réponds aux questions.**

Les voyageurs ne manifestaient aucunement le désir de descendre de leur wagon, ou de gagner le wagon suivant où il y avait des tas de places libres. Imaginez des New-Yorkais qui résistent à l'envie de passer d'une voiture à l'autre, en laissant les portes grandes ouvertes pour créer des courants d'air.

I. Asimov et **J. McCreigh**, *Le Petit Bonhomme du métro, Noël sur Ganimède*, Denoël

a. Relève les verbes à l'infinitif et donne leur fonction.
b. Donne la fonction des groupes qui dépendent de chaque infinitif relevé.

Exemples :
a. *descendre :* Ct du nom *désir*
b. *de leur wagon :* Ct circ. de lieu de *descendre*

CM2 ** **11 Lis le texte, puis réponds aux questions.**

Une tenture de velours vert semblait faite exprès pour absorber toute la lumière que pouvaient fournir deux immenses croisées garnies de glaces au lieu de vitres. Ces croisées donnaient sur un jardin solitaire divisé en compartiments bizarres par des bordures de buis. Une rangée de tilleuls taillés régulièrement trois fois par an en garnissait le fond.

Stendhal, *Armance*.

a. Relève les participes passés et donne leur fonction.
b. Donne les participes présents correspondants comme dans l'exemple.

Exemples :
a. *faite :* attribut du sujet *une tenture de velours vert*
b. *faisant*

Vocabulaire

CM2 ** **12 Indique pour chaque mot en gras si c'est un adjectif qualificatif ou un participe présent.** Observe ce qui dans l'orthographe permet de les différencier.

1. La montée **fatiguant** les promeneurs, ils firent une halte à mi-pente.
Après une montée **fatigante**, les promeneurs firent une halte.

2. Ce sont **d'excellents** lecteurs !
Excellant à la lecture, ils aident les plus faibles.

CM1 * **13** « Ils ne parlaient jamais **pendant** le **dîner** ».
• **Connais-tu une autre préposition issue d'un participe présent ?**
• **Connais-tu un autre nom issu d'un verbe à l'infinitif ?**

CM1 * **14** « Un **passant** est tombé à cause du verglas. »
Connais-tu un autre nom issu d'un participe présent ?

CM1 * **15** « Le sceptre était orné de pierres **brillantes**. »
Connais-tu un autre adjectif qualificatif issu d'un participe présent ?

Orthographe

* CM1

16 Indicatif présent ou participe passé ? Choisis la forme juste.

1. Le chien < bondit / bondi en aboyant sur les visiteurs.
2. Elle joue dehors, le visage < rougit / rougi par le froid.
3. < Saisit / Saisi d'effroi, l'écureuil a vu le serpent.
4. Le vent glacial vous < saisit / saisi dès que vous sortez.
5. Vous aurez deux points par exercice < réussit. / réussi.
6. Très adroit, il < réussit / réussi tout ce qu'il fait.

** CM2

18 En tenant compte des accords et du sens, recopie le texte en rétablissant au bon endroit les adjectifs qualificatifs et les participes présents donnés.

• *cinglantes* • *encerclant* • *enfonçant* • *étouffant* • *grimpantes* • *grouillante* • *s'entortillant*

La grande forêt qui apparaissait devant eux était devenue une vision de cauchemar. Elle était agitée d'une vie … et folle : les grandes branches s'agrippaient et se fouettaient en un combat pour l'accès à la lumière. Les lianes rampaient comme des serpents parmi les arbres, … leurs troncs, … le long des branches et … avec hargne leurs racines parasites dans la chair de l'écorce. Et les arbres les combattaient : les branches … frappaient les plantes … prédatrices ; la scène était semblable à celle d'un homme en lutte contre un python l'… dans ses anneaux.

D'après **Hamilton**, *Terre étrangère, Invariant*, Londreys.

* CM1

17 Infinitif ou participe passé ? Choisis la forme juste.

Julia, le visage < apaiser / apaisé, massait ses pieds nus. Le manteau fumait, < étaler / étalé sur une chaise. Julia était en danger, plus que jamais. L'assassin, tout le prouvait, était < persuader / persuadé qu'elle l'avait plus ou moins < identifier / identifié. Pourquoi durant ces dix jours lui avait-il < accorder / accordé un sursis, se contentant de faire < peser / pesé sur elle le chantage et la peur ? Et pourquoi hier avait-il < brusquer / brusqué les choses ? Sans doute le nouveau climat < créer / créé par les événements de la bergerie lui avait-il < montrer / montré la nécessité d'une solution radicale ? En tout cas, s'il le pouvait, il recommencerait. Il fallait donc < jouer / joué très < serrer / serré, et vite.

D'après **J.-F. Coatmeur**
La Danse des masques, Albin Michel

DICTÉE POUR APPRENDRE

La pêche se pratique en pirogue : on va poser des nasses tout en lançant le harpon sur le poisson qui est à portée ; gare aux caïmans qui hantent les rives où ils paraissent engourdis, mais qui peuvent couper une jambe, un bras, une tête d'un coup de leurs redoutables mâchoires.

J.-M. Levesque, *Indiens d'Amérique*,
in *Revue Thème n° 73*, Colin-Bourrelier.

J'apprends à rédiger

CM1 * **19 Tous les verbes du texte sont donnés à l'infinitif. Recopie le texte en mettant au présent ceux qui doivent l'être** (accorde-les correctement)**. Laisse les autres à l'infinitif.**

Au mois d'octobre suivant, au lieu de *(quitter)* l'école, Fouroulou *(décider)* d'y *(retourner)* pour *(préparer)* le concours des bourses. Fouroulou *(se dire)* qu'il *(pouvoir)* *(aller)* à l'école sans *(porter)* tort aux siens. Sa mère et ses sœurs *(se charger)* des travaux des champs. Son père *(envoyer)* assez régulièrement l'argent nécessaire pour *(acheter)* de l'orge. Son oncle Lounis *(faire)* *(venir)* des marchés ce dont on *(avoir)* besoin.

CM2 ** **20 Même consigne que pour l'exercice 19, mais cette fois tu dois choisir entre l'infinitif et l'imparfait.**

a. Mais à la saison des olives, Fouroulou *(envier)* un peu ceux qui ne *(aller)* plus à l'école. Les grives et les étourneaux *(s'abattre)* par milliers sur les olivettes. Pendant que les hommes *(se hâter)* de *(gauler)* les fruits, les femmes de les *(ramasser)*, les ânes de les *(charrier)*, les bergers, eux, *(se livrer)* passionnément à la chasse. De grands espaces *(être)* envahis de lacets. Chacun en *(placer)* deux cents, trois cents et même cinq cents.

b. Les garçons *(partir)* le matin, par un froid glacial, *(changer)* les appâts, de grosses olives brillantes. Puis ils *(se rassembler)* par groupes sous de gros oliviers, sur une colline voisine d'où l'on *(pouvoir)* *(surveiller)* les pièges. Ils *(allumer)* du feu pour *(réchauffer)* leurs pieds et leurs doigts; ils *(attendre)* fiévreusement le moment de *(faire)* leur ronde.

D'après **Mouloud Feraoun**, *Le Fils du pauvre*, Seuil.

CM2 ** **21 Rétablis au bon endroit les verbes à l'infinitif, au participe passé, au participe présent et au gérondif.**

Verbes à replacer:
• *avalé* • *boire* • *descendant* • *en agitant* • *fondu* • *jeté* • *montant* • *sucrée*

On m'avait fait un verre d'eau ... que j'allais ..., quand, ... la petite cuillère pour que le sucre fondît, j'aperçus quelque chose d'anormal parmi l'effervescence des bulles d'air ... et .... Ce quelque chose était un scorpion de la plus ténue espèce, transparent et presque invisible, telle une crevette en miniature, dans son tortillement comme ... dans l'agitation de l'eau. Je m'écriai: « bébête ! » – et le malencontreux petit monstre mourut, non pas ..., mais ... au feu séance tenante.

Paul Verlaine, *Confessions*.

24 L'accord du participe passé

Le petit Nicolas est malade. Son ami Alceste est venu le voir, mais les deux garçons se sont battus.

Maman est arrivée en courant et elle n'était pas contente. Elle nous **a séparés**, elle nous **a grondés**, puis elle a dit à Alceste de partir. Moi, ça m'embêtait de voir partir Alceste on s'amusait bien, tous les deux, mais j'ai compris qu'il valait mieux ne pas discuter avec Maman, elle n'avait vraiment pas l'air de rigoler. Alceste m'**a serré** la main, il m'a dit à bientôt et il est parti. Je l'aime bien, Alceste, c'est un copain.

Sempé et Goscinny,
Le Petit Nicolas, Denoël.

J'observe

➤ Relève les deux verbes conjugués à un temps composé avec l'auxiliaire *être*.
Quel est ce temps composé ?
Indique le sujet de chaque verbe relevé et justifie l'accord du participe passé.

➤ À quel temps composé sont conjugués les trois verbes en gras ? Avec quel auxiliaire ?
Cherche le sujet et le COD de chaque verbe et observe comment s'accorde le participe passé.

Vocabulaire

➤ Quel est le registre de langue employé ? Justifie ta réponse avec des exemples.

Je retiens

- Le participe passé conjugué avec ***être*** s'accorde en genre et en nombre avec le sujet du verbe. *Maman **est arrivée** en courant.* *Les deux garçons se **sont battus**.*
- CM2 Le participe passé conjugué avec ***avoir*** s'accorde en genre et en nombre avec le COD, si celui-ci est placé avant le verbe.
*Elle nous **a séparés**.* *Quels enfants **a**-t-elle **séparés** ?*
- CM2 Le participe passé conjugué avec ***avoir*** ne s'accorde pas et reste donc invariable quand le COD est placé après le verbe ou quand le verbe n'a pas de COD.
*La maman **a grondé** les enfants.* *Les enfants **ont pleuré**.*

Est-ce que je sais faire ?

* CM1 **1 Remplace le groupe sujet par le groupe entre parenthèses.**

1. Le coffre s'est ouvert. *(la boîte)*
2. Le sol est couvert de neige. *(la terre)*
3. Ce géranium est mort depuis peu. *(cette plante)*
4. Le fleuve est pris par les glaces. *(la rivière)*
5. L'appareil s'est éteint soudain. *(la lampe)*
6. Ce texte a été bien écrit. *(la lettre)*
7. L'homme s'est assis par terre. *(Juliette)*
8. Le mur a été peint hier. *(la toile)*

** CM2 **2 Remplace le groupe en gras par le groupe entre parenthèses.**

1. **Ce mot**, il **l'**a déjà dit. *(cette phrase)*
2. **Son vélo**, il **l'**a mis au garage. *(sa moto)*
3. **Quel mur** as-tu construit ? *(quelle maison)*
4. Combien de **crayons** a-t-il pris ? *(billes)*
5. **Ce vase**, je **l'**ai découvert. *(cette statue)*
6. Je **l'**ai appris, **ce poème** ! *(cette poésie)*
7. **Quel beau pantalon** vous avez mis ! *(quelle belle chemise)*

Je m'entraîne

grammaire

* CM1 **3 Recopie les phrases en accordant correctement les participes passés.**

a.

1. Les juments sont redescend... dans la vallée.
2. Les voyageurs sont part... à l'aube.
3. La serviette est tomb... dans l'eau.
4. Les cigognes sont reven... cette nuit.
5. Un avion est appar... dans le ciel.

b.

1. Les cyclistes sont mont... jusqu'au col.
2. Les brebis sont pass... par le village.
3. La sœur de Paul est all... à la gare.
4. Les pompiers sont interven... rapidement.
5. Martine et Antoine sont deven... bons amis.

* CM1 **4 Mets au passé composé le verbe.**
Attention à l'accord.

Ex. : La navette part. → *La navette **est partie**.*

1. Les campeurs vont chercher du lait à la ferme.
2. Quelques poules restent sur la route.
3. La nuit tombe tôt.
4. Des incidents graves surviennent au cours de la semaine.
5. Les pluies arrivent.

** CM2 **5 Réécris au passif chaque phrase active.**
Attention à l'accord.

Exemple : Les arbres cachent la maison.
→ *La maison **est cachée** par les arbres.*

1. La neige recouvre les sommets.
2. Vauban a fortifié cette ville.
3. Les lions ont tué cette jeune girafe.
4. La mer a brisé les digues.
5. Un jeune mécanicien conduit la locomotive.

* CM1 **6 Réécris chaque phrase en remplaçant le sujet par le groupe nominal entre parenthèses.**
Attention à l'accord.

1. Son pantalon a été déchiré par les ronces. *(ses vêtements)*
2. Son visage est rougi par le froid. *(ses mains)*
3. Le sommet est balayé par les vents. *(la plaine)*
4. La falaise est battue par les vagues. *(les remparts)*
5. La lumière est revenue. *(Le merle)*

Orthographe

CM1 * **7** **Mets au féminin le groupe nominal sujet de chaque phrase.** Attention à l'accord.

Exemple : Le voyageur est parti à l'aube.
*→ **La voyageuse est partie** à l'aube.*

1. Le lion est couché sur le flanc.
2. Les chanteurs ont été applaudis longuement.
3. Mon père est allé au marché.
4. Le petit garçon est tombé en courant.
5. Les chiens sont couverts de puces.

CM1 * **8** **Mets au pluriel les groupes sujets.** Fais les accords nécessaires.

Exemple : Le voyageur est parti à l'aube.
*→ **Les voyageurs sont partis** à l'aube.*

1. La pomme est tombée au pied de l'arbre.
2. Cette noisette a été grignotée par un écureuil.
3. Le petit poisson est devenu grand.
4. La vitre était recouverte de givre.
5. L'alpiniste est arrivé au sommet.

CM1 * **9** **En tenant compte de l'accord du participe passé, ajoute un groupe sujet à chaque phrase.**

*Ex. : ... est parti à l'aube. → **Le train** est parti à l'aube.*

1. ... ont été surprises par la nuit.
2. ... a été creusée par les eaux de pluie.
3. ... sont envahies par les fourmis.
4. ... sont chassés par le froid.
5. ... a été préparé par un grand cuisinier.

CM2 ** **10** **Recopie ce texte en accordant correctement les participes passés.**

Quand mes filles sont rentré... de l'école, elles sont allé... directement dans la cuisine. Claudine est monté... sur un tabouret pour attraper la bouteille de sirop. Cette dernière est tombé..., s'est cassé... et le sirop s'est répandu... sur le sol. La coupable est devenu... toute rouge et est sorti... pour prévenir ses grands frères. Ils sont venu... et ont tout nettoyé....

CM2 ** **11** **Observe la place du COD (ici en gras) et accorde si nécessaire le participe passé conjugué avec** avoir.

1. Ils ont lavé... **les assiettes**.
2. Cette lettre, je **l'**ai écrit... moi-même.
3. **Quelles erreurs** avez-vous fait... ?
4. Avez-vous déjà rencontré... **cette personne** ?

CM2 ** **12** **Recopie ces phrases en accordant les participes passés conjugués avec** avoir.

1. Ces fleurs, je les ai cueill....
2. La salade ? je l'ai mi... dans le réfrigérateur.
3. Les champignons que nous avons trouv... étaient tous vénéneux.
4. Quelle route avez-vous pri... pour venir ?
5. Nous les avons admir..., tes grimaces.

CM2 ** **13** **Réécris ces phrases en remplaçant le groupe nominal COD par le pronom personnel correspondant.** Attention à l'accord du participe passé.

*Exemple : J'ai vu **la** comète. → Je **l'**ai vu**e**.*

1. Nous avons aperçu vos parents.
2. Le marquis a rangé la lettre dans un tiroir.
3. Quelqu'un a fermé les fenêtres.
4. Le pêcheur a amarré sa barque.
5. Les lions ont poursuivi le troupeau de zèbres.

CM2 ** **14** **Observe l'accord du participe passé, et trouve un groupe nominal qui pourrait avoir été remplacé par le pronom COD.**

*Exemple : Le jardinier les a arrach**ées**.*
*→ **les** = **les mauvaises herbes**.*

1. Je les ai trouvées sous le lit.
2. Un chien l'a suivie durant tout le chemin.
3. Le baigneur les avait laissés sur la rive.
4. La boulangère l'a appelé.

15 CM2 ** **Mets au passé composé les verbes.**
Attention aux accords.

Les randonneuses ne rentrent pas, les secours partent à leur recherche et les retrouvent quelques heures plus tard. Un hélicoptère les ramène dans la vallée.

16 CM2 ** **Justifie l'accord ou l'absence d'accord du participe passé.**

1. Les promeneurs ont vu une vipère.
2. Cette dame est mécontente, parce que vous ne l'avez pas reconnue.
3. Rendez-moi les livres que je vous ai prêtés.
4. Des fourrés ont jailli une biche et son faon.
5. Les enfants n'avaient pas dormi.

17 CM2 ** **Recopie ce texte en écrivant correctement la terminaison des participes passés.**

Le poisson vagabond, c'est moi qui l'ai pêch...
J'avais piqu..., sur l'hameçon, une cerise rouge,
Une cerise rouge que j'avais cueill...,
Que j'avais cueill... sur un cerisier,
Sur un cerisier que j'avais plant...
Que j'avais plant... au bout du verger.

E. Pérochon,
Contes des cent et un matins,
Delagrave.

18 CM2 ** **Ce texte a été recopié par un élève qui n'a accordé aucun participe passé. Recopie-le à ton tour en l'orthographiant correctement.**
Attention, certains participes passés sont bien écrits et ne doivent donc pas être modifiés.

a. Trois voitures étaient passé et à chacune Batilde avait couru regarder. Chaque fois, elle s'était aperçu que la voiture ne ramenait pas Raoul et elle était tombé sur une chaise, haletante et prête à étouffer. Enfin quatre heures avaient sonné : quelques minutes après Batilde avait entendu le pas de Buvat dans l'escalier.
b. Batilde avait fermé sa fenêtre en soupirant et elle n'avait pu avaler un seul morceau. L'heure de partir pour Sceaux était arrivé, la jeune fille était allé une dernière fois à la fenêtre et avait soulevé le rideau : tout était fermé chez Raoul. L'idée que cette absence pouvait se prolonger lui était alors venu pour la première fois, et elle était parti le cœur serré.

D'après **Alexandre Dumas,**
Le Chevalier d'Harmental

AUTODICTÉE

Hier le temps était si mauvais que plusieurs pirogues qui étaient sorties pour nous rendre visite ont été obligées de rebrousser chemin. De nombreuses femmes sont demeurées à bord, de sorte que le navire est très encombré.

D'après **Hammon Innes,**
Le Dernier voyage, ou le journal perdu du Capitaine Cook, Albin Michel.

Vocabulaire

19 CM1 * **Lis le texte puis réponds aux questions.**

Ça a été **terrible**, à l'école, aujourd'hui. Nous sommes arrivés ce matin, comme d'habitude, et quand le surveillant **a sonné** la cloche, nous sommes allés nous mettre en rang. Et puis tous les autres **types** sont montés dans leurs classes et nous, nous sommes restés seuls dans la cour de **récré**.

D'après **Sempé** et **Goscinny,**
Joachim a des ennuis, Denoël.

• Donne au moins trois mots appartenant à la famille du verbe sonner.
• Les mots terrible et types appartiennent ici au registre familier. Traduis en langage courant « Ça a été terrible » et « Tous les autres types sont montés ».
• Comment s'appelle l'opération qui consiste à passer de récréation à récré ?
Les deux mots appartiennent-ils au même registre de langue ?

25 Présent et passé composé

Un *plantié* désigne, en Provence, l'escapade que fait l'enfant loin de la maison paternelle, sans avertir ses parents et sans savoir où il va. Les petits Provençaux font cette école buissonnière lorsqu'ils ont commis quelque faute, quelque grave méfait, quelque désobéissance et qu'ils redoutent quelque bonne rossée.

Frédéric Mistral, *Mes Origines*.

J'observe

➤ Relève les verbes conjugués et indiques-en l'infinitif et le groupe. Classe-les selon qu'ils sont au présent ou au passé composé.

➤ Place sur l'axe du temps les verbes de la dernière phrase.

➤ Ce texte est écrit : pour raconter ? définir ? donner un ordre ou un conseil ? condamner, exprimer une désapprobation ?

Vocabulaire ➤ Quelle(s) autre(s) expression(s) du texte désigne(nt) le *plantié* ?

Je retiens

PRÉSENT • 1er groupe : radical + *-e -es -e -ons -ez -ent.* • 2e groupe : radical + *-is -is -it -issons -issez -issent.* • Les verbes du 3e groupe sont irréguliers.				PASSÉ COMPOSÉ Temps composé, donc formé de 2 éléments : 1. *avoir* ou *être* au présent 2. participe passé du verbe		
	Chanter	Rougir	Venir	Chanter	Rougir	Venir
Je/j'	chante	rougis	viens	ai chanté	ai rougi	suis venu (e)
Tu	chantes	rougis	viens	as chanté	as rougi	es venu (e)
Il/elle/on	chante	rougit	vient	a chanté	a rougi	est venu (e)
Nous	chantons	rougissons	venons	avons chanté	avons rougi	sommes venu (e)s
Vous	chantez	rougissez	venez	avez chanté	avez rougi	êtes venu (e)s
Ils/elles	chantent	rougissent	viennent	ont chanté	ont rougi	sont venu (e)s

• Le **présent** exprime des actions qui se déroulent au moment où l'on parle, ou au moment où l'on écrit.

• Le **passé composé** exprime des actions qui se sont déroulées **avant** les actions exprimées par le présent.

*Ces enfants **font** l'école buissonnière lorsqu'ils **ont commis** une faute.*

Est-ce que je sais faire ?

CM1 **1 Transforme la phrase** « Tu reçois chaque jour une lettre. », **en utilisant les sujets donnés.**

*Exemple avec « Ils » → **Ils reçoivent chaque jour une lettre.***

- les pensionnaires
- mon ami
- mon frère et moi
- ton correspondant
- je
- ta sœur et toi

CM1 **2 Transforme la phrase** « Nous faisons un poème. », **en utilisant les verbes donnés.**

*Exemple avec « savoir » → **Nous savons un poème.***

- vouloir
- dire
- lire
- écrire
- voir
- connaître
- chercher
- recevoir
- finir
- écouter

CM1 **3 Mets au présent le verbe.**

1. Les enfants ne *(pouvoir)* pas sortir.
2. Nous *(écrire)* sur nos cahiers de brouillon.
3. Vous *(lire)* trop peu.
4. Il *(savoir)* parfaitement ses leçons.
5. Tu *(venir)* avec nous à la piscine.
6. Il *(falloir)* se dépêcher.
7. Vous *(brunir)* facilement.

CM1 **4 Remplace le groupe sujet par le pronom donné entre parenthèses.**

1. Je dois partir. *(Nous)*
2. Nous faisons une partie de dames. *(Vous)*
3. Vous allez au cinéma. *(Ils)*
4. Cette fleur sent très bon. *(Vous)*
5. Nous apercevons la mer. *(On)*
6. Connais-tu cet animal ? *(Elles)*
7. Les derniers clients finissent leur repas. *(Elle)*
8. Je ne crois que ce que je vois. *(Nous)*.

CM1 **5 Relève les verbes au présent. À quelle personne sont-ils conjugués ?**

*réussissez → **2e personne du pluriel***

Vous réussissez à faire tenir tous les bagages dans le coffre, vous videz les cendriers, vous tirez au sort la place respective des enfants, vous démarrez dans l'allégresse générale.
Le petit Jean veut absolument conduire. Il prétend que son papa le lui permet. Vous vous efforcez de le repousser avec votre coude, mais il remonte à l'assaut du volant avec l'acharnement d'un jeune chiot.

Nicole de Buron, *Sainte Chérie*, Pierre Horay.

CM1 **6 Transforme la phrase** « J'ai reçu une lettre. », **en utilisant les sujets donnés.**

*Exemple avec « Ils » → **Ils ont reçu une lettre.***

- cette famille
- tu
- mes parents
- ta grand-mère et toi
- on
- mon amie et moi

CM1 **7 Transforme la phrase** « Nous avons bien joué. » **en utilisant successivement les verbes donnés.**

Attention au choix de l'auxiliaire être ou avoir.

*Exemple avec « s'amuser » → **Nous nous sommes bien amusés.***

- manger
- voir
- lire
- entendre
- chanter
- grandir
- nager
- se battre
- combattre
- rire
- travailler
- vendre
- courir
- se promener
- bondir

CM1 **8 Mets au passé composé les verbes des phrases de l'exercice 3.** Attention au choix de l'auxiliaire être ou avoir.

Je m'entraîne

grammaire

CM1 **9 Recopie ce tableau et complète-le avec les verbes au présent qui figurent dans la bande dessinée.**

Verbe	Infinitif	Groupe	Personne
jaunissent	*jaunir*	*2ᵉ groupe*	*3ᵉ pers. plur.*

Abum n° 13 des *Gags de Boule et Bill.*

CM1 **10 Associe d'abord chaque verbe au groupe sujet qui convient, puis complète chaque phrase.**

La locomotive •	• mets ...
Des voitures •	• voyons ...
Tu •	• recule ...
Nous •	• faites ...
Vous •	• vont ...
Je •	• rentres ...

CM1 **11 Donne un sujet à chaque verbe, en tenant compte de l'accord.**

1. ... prends une glace à la pistache.
2. ... vivent dans les pays chauds.
3. ... choisissent une carte postale.
4. ... jettes ces papiers.

CM1 **12 Fais une phrase au présent à partir de chaque groupe sujet.**

1. Les écureuils ...
2. La distribution des livres ...
3. Moi, je ...
4. Monsieur, vous ...

CM1 **13 Recopie le texte en mettant au présent les verbes.**

L'ours lève la tête...

L'ours *(lever)* la tête, *(serrer)* les oreilles, *(montrer)* les dents et *(marcher)* sur moi. Je *(saisir)* mon fusil. À peine l'*(avoir)*-je en main que la bête *(être)* sur moi, me *(renverser)* dans la neige et *(passer)* outre.

D'après **Léon Tolstoï**, *Les Quatre Livres de lecture*.

CM1 **14 Réécris au présent ce texte.**

J'arrive à l'école...

J'arrivais à l'école vers huit heures du matin ; j'en sortais à six heures du soir. Sauf le jeudi et le dimanche.

Je déjeunais à la cantine. Dans un préau qui me semblait vaste, des tables, des bancs de bois blanc. Durant le repas, malgré le surveillant qui recommandait de ne jamais gaspiller le pain, nous nous lancions des boulettes. Vraiment, nous avions moins souci de manger que de jouer.

Eugène Dabit, *Faubourgs de Paris*.

CM1 **15 Recopie ce texte en remplaçant** les arbres **par** l'arbre**.**

Ainsi que tous les êtres vivants, les arbres naissent, se reproduisent, vieillissent et meurent. Ils se reproduisent par graine.

CM1 **16 Remplace le sujet par le pronom ou le groupe nominal entre parenthèses.**

1. Paul a soufflé les dix bougies. *(Nous)*
2. Vous êtes arrivés tôt. *(Mes frères)*
3. Je suis allé acheter le pain. *(Vous)*
4. As-tu senti le courant d'air ? *(Elle)*
5. Le vent est tombé. *(Je)*
6. On a crié. *(Tu)*
7. Nous nous sommes perdus. *(Le randonneur)*.

CM1 * **17** **Associe chaque verbe au groupe sujet qui convient** (attention aux accords) **; puis complète chaque phrase.**

Tu •	• se sont envolées ...
Cet oiseau •	• est entrée ...
Les pigeons •	• es arrivé ...
Sa sœur •	• est devenu ...
Les feuilles •	• se sont posés ...

CM1 * **18** **Fais une phrase au passé composé à partir de chaque groupe sujet.** Attention aux accords.

1. Des souris ...
2. Un jeune renard ...
3. Hier matin, je ...
4. Dans la cave, vous ...
5. Le dernier train ...

CM1 * **19** **Donne un sujet à chaque verbe, en tenant compte de l'accord.**

1. ... as allumé l'ordinateur.
2. ... sont revenues d'Italie.
3. ... est arrivé au port.
4. ... est devenue mon amie.
5. ... avons commandé une pizza.

CM2 ** **20** **Place les verbes conjugués de chaque phrase sur un axe du temps.**

1. Les élèves écrivent le résumé du texte que le professeur leur a lu.
2. Il range les assiettes qu'il a lavées.
3. Les pompiers demandent si la police a été avertie de l'accident.
4. Les trains n'arrivent pas parce qu'il a neigé et gelé très fort cette nuit.

CM2 ** **21** **Lis le texte puis réponds aux questions.**

Élodie a eu le temps de réfléchir. Il est évident que l'homme les a vus le jour où ils ont trouvé la planche. Elle parvient à articuler :
« Nous l'avons cachée dans l'île.
– Tu vas me dire pour qui vous travaillez. C'est toi la chef de bande, je vous ai observés.
– Comment l'avez-vous deviné ? Monsieur, il ne faudra pas dire que je vous ai révélé l'endroit où nous avons caché le trésor. »

D'après **Céline Augé**, *Interdit au public*, SED.

a. Relève les verbes au passé composé et analyse-les comme dans l'exemple.
b. Si tu le peux, justifie l'accord des participes passés.

Exemples :
a. ***a eu*** → *avoir, 3e personne du singulier.*
b. *Le participe passé conjugué avec* avoir *est invariable puisque le* COD *est placé après le verbe.*

Vocabulaire

CM1 * **22** **Recopie le texte en mettant au passé composé les verbes.** Attention aux accords.

*nous **avons atterri**...*

À ce moment précis, nous *(atterrir)*. Jamais bébé couché par sa mère sur un lit de plume ne *(se poser)* plus doucement que nous, sur l'extrême fond de l'océan Atlantique. C'est à peine si nous *(chanceler)* sur notre siège ; nous *(se balancer)* en équilibre instable ; en fin de compte, notre cage *(s'enliser)* légèrement et *(s'immobiliser)*.

D'après **Conan Doyle**, *Le Monde perdu sous la mer*, Robert Laffont.

CM1 * **23** **Relis le texte de l'exercice 22**

• Donne le sens de chacun des verbes entre parenthèses.
• Trouve un nom formé sur chacun de ces verbes
atterrir • se balancer • s'enliser • s'immobiliser

CM1 * **24** **Termine chaque phrase afin de justifier l'orthographe du verbe.**

1. Il part ... / Il pare ...
2. Je sers ... / Je serre ...

orthographe

CM1 * **25 Recopie la phrase en remplaçant** le roi **par** les rois. Attention aux accords.

Le roi, qui a beaucoup voyagé, regarde le village et envie la vie paisible de ses habitants.

CM2 ** **26 Orthographie correctement les verbes, au présent de l'indicatif.**

1. Le chat les observ....
2. Ses amis la rejoign....
3. Les voyageurs les attend....
4. Tu la cach....
5. Je te les donn....

CM2 ** **27 Recopie ce texte en remplaçant** la fillette **par** les fillettes. Attention aux accords.

Les fillettes se sont levées...

La fillette s'est levée et s'est dirigée vers la lumière. Elle a senti une bonne odeur de fumée et a entendu le crépitement d'un feu de bois. Elle a pressé le pas, elle est arrivée dans une clairière et elle s'est arrêtée, éblouie. Au milieu de la clairière brûlait un grand feu.

D'après **S. Marchak**, *Les Douze Mois*.

CM2 ** **28 Choisis la terminaison** «d» **ou** «t» **pour orthographier correctement ces verbes, qui sont au présent.**

1. Quelqu'un atten... dans le couloir.
2. Un jeune garçon ven... des bandes dessinées.
3. Cette plante crain... le froid.
4. Mon frère me rejoin... à Lyon.
5. Un vieil artiste pein... sur le port.
6. Elle pren... l'autobus tous les jours.

CM1 * **29 Complète cette grille de mots croisés avec des verbes au présent.**
Écris les définitions

							4↓		5↓	
		1↓	2↓		3↓		V		R	
	6→	D		M	E			G		S
7→	L								U	
				13	N		T			
	8→	E		S	U	Y	O			
			9→		I			14↓		
			10→	V		R			S	
11→	R		V		S			T		
			12→	T		E		S		

DICTÉE DE CONTRÔLE

Les fourmis se trouvent soudain dans une région encore plus déroutante. Le sol est rouge et a le grain d'une fraise. Elles repèrent une sorte de puits et pensent y descendre pour trouver un peu d'ombre, quand brusquement une grosse boule blanche surgit du ciel et les pourchasse. Elles se jettent dans le puits... ont juste le temps de se plaquer contre les parois lorsque la boule s'écrase au fond.

Elles ressortent affolées et galopent. Alentour, le sol est bleu, vert ou jaune, et partout il y a ces puits et ces boules blanches qui les poursuivent. Alors les fourmis fuient à perdre haleine.

D'après **B.Werber**, *Les Fourmis*, Albin Michel.

• As-tu deviné où se trouvent les fourmis ? Justifie ta réponse en relevant des indices dans le texte.

J'apprends à rédiger

30 **Observe, pour chaque extrait, le ou les temps de l'indicatif employé(s). Précise de quel type de texte il s'agit.**

CM2 **

a. Les sorcières adorent se retrouver entre elles. Pour s'amuser, après leur goûter, les sorcières regardent la télévision ou se disent l'une à l'autre la bonne aventure dans les feuilles de thé (elles n'utilisent jamais d'infusettes !).

Colin Hawkins, *Les Sorcières*, Albin Michel Jeunesse.

b. Les pucerons attaquent les plantes à tissu tendre plutôt que celles à tissu ligneux. Ils sucent la sève des plantes pour se nourrir des acides aminés qu'elle contient et ont une prédilection particulière pour les jeunes pousses et les boutons.

Fiche 875, *Maladies et parasites : les pucerons*, IMP.

c. « La forêt est vivante !
– Elle est toujours la même. C'est nous qui avons changé – qui vivons à présent si lentement que les plantes s'animent à nos yeux. »

D'après **Hamilton**, *Terre étrangère* in *Invariant*, Londreys.

d. Dès que je suis allée à l'école, je me suis sentie chez moi et c'est là que je me suis épanouie. J'ai commencé à sept ans. C'était l'âge normal.

Émilie Carles, *Une soupe aux herbes sauvages*, Robert Laffont.

31 **Retrouve les verbes qui ont été effacés.**
Ces verbes sont au présent.

CM1 *

J'... à lire et à écrire aux enfants des fermes environnantes. J'y ... tout mon cœur. En fin d'après-midi, quand les élèves ... la classe, je ... me plonger dans ma vieille Bible, un des premiers cadeaux de mon père. C'est que les livres ... rares. Les quelques dollars que je ..., je les ... pour en acheter. Avoir des livres, c'... une obsession !

D'après **Danièle Desgranges**, *Autopsie d'un massacre*, Phébus.

32 **Quelle différence de sens vois-tu entre ces deux phrases ? À quoi est-elle due ?**

CM1 *

1. Alain regarde la télévision quand il mange.
2. Alain regarde la télévision quand il a mangé.

33 **Les deux textes sont dans l'ordre, mais leurs phrases ont été mélangées. Démêle-les afin de retrouver chaque texte.**

CM1 *

1. La plaine s'étend, aride et morne.
2. Les grandes cultures des orties et des chardons la couvrent.
3. Les maisons avaient une apparence fort étrange et, à vrai dire, l'aspect de la vallée tout entière devenait de plus en plus insolite.
4. Le bout de l'étang scintille à gauche au soleil comme un éclat de verre, le reste moisit, glacé de vert pistache par les lentilles d'eau.
5. Sa surface était occupée par des prairies, grasses, luxuriantes, émaillées de fleurs et irriguées avec un soin extraordinaire qui témoignait d'un entretien systématique.
6. Le long de cette plaine, à droite, la rivière coule en un mince ruban, bordant la route qui s'engage sous une arche de pont jusqu'à la poterne ouverte dans les remparts.
7. À mi-côte, entourant la vallée, se dressait un mur, au pied duquel était creusé un canal d'où s'échappaient des ruisselets qui alimentaient les canaux des prairies.
8. Sur les pentes extérieures, des troupeaux de lamas broutaient l'herbe rare.
9. Des cultures maraîchères verdoient par places dans une terre moins pauvre, huit vigoureux peupliers éventent une maisonnette, dont les murs se dressent, mettant les jolies taches de leur crépi rose sous la dentelle jaune et verte des feuilles.
10. De place en place, contre la muraille, des appentis s'appuyaient, apparemment des abris pour les animaux.

Huysmans, *Croquis parisiens* ;
et d'après **H. G. Wells**, *Le Pays des aveugles*, Presses de la cité.

26 Le futur

Mme de Rouville : Vous ne prendrez rien si vous vous précipitez tous à la fois, mes enfants. […] Les garçons vont placer les pêchettes sans faire de bruit, les filles prendront les écrevisses qui se trouveront dans les pêchettes, quand on les aura relevées.
Jeanne : Avec quoi les prendrons-nous, ma tante ?
Mme de Rouville : Avec vos mains, comme de raison.
Henriette : Mais elles pincent, elles nous feront mal.
Sophie : Poltronne va ! Je les prendrai bien, moi !

D'après La Comtesse de Ségur, *Les Bons Enfants*.

J'observe

➤ Relève tous les verbes au futur et donnes-en l'infinitif. Indique à quelle personne ils sont conjugués. Place-les chronologiquement sur l'axe du temps.

➤ Relève le verbe au futur antérieur (temps composé dont l'auxiliaire est au futur) et dis à quelle personne il est conjugué. Place-le à son tour sur l'axe du temps.

➤ Trouve dans le texte un futur proche.

Je retiens

FUTUR Le futur des verbes des 1er et 2e groupes, et de nombreux verbes du 3e groupe se forme ainsi : **infinitif + terminaisons du verbe *avoir* au présent**				FUTUR ANTÉRIEUR Temps composé, donc formé de 2 éléments : 1. *avoir* ou *être* au futur 2. participe passé du verbe		
	Chanter	Rougir	Venir	Chanter	Rougir	Venir
Je/j'	chanterai	rougirai	viendrai	aurai chanté	aurai rougi	serai venu (e)
Tu	chanteras	rougiras	viendras	auras chanté	auras rougi	seras venu (e)
Il/elle/on	chantera	rougira	viendra	aura chanté	aura rougi	sera venu (e)
Nous	chanterons	rougirons	viendrons	aurons chanté	aurons rougi	serons venu (e)s
Vous	chanterez	rougirez	viendrez	aurez chanté	aurez rougi	serez venu (e)s
Ils/elles	chanteront	rougiront	viendront	auront chanté	auront rougi	seront venu (e)s

- **Le futur** exprime des actions qui n'ont pas encore eu lieu au moment où l'on parle, ou au moment où l'on écrit.

CM2
- **Le futur antérieur** exprime des actions futures qui devront être achevées **avant** d'autres actions futures.

*Les filles **prendront** les écrevisses dans les pêchettes, quand on les **aura relevées**.*

Est-ce que je sais faire ?

* CM1 **1 Transforme la phrase en utilisant successivement les sujets proposés.**

1. Quand vous grandirez, vous vous en irez.
   - *je* • *le petit poisson / il* • *nous*
   - *tu* • *les hirondelles / elles*
2. Nous ferons ce que nous voudrons.
   - *je* • *le petit poisson / il* • *vous*
   - *tu* • *les hirondelles / elles*

* CM1 **2 Transforme la phrase en utilisant successivement les verbes proposés.**

1. Demain, nous **irons** à la plage.
   - *jouer* • *déjeuner* • *rester* • *courir* • *descendre*
2. Après le repas, il **courra** se laver les mains.
   - *devoir* • *vouloir* • *aller* • *pouvoir* • *savoir*
3. Pendant la traversée, tu **tiendras** la barre.
   - *surveiller* • *lâcher* • *rendre*
4. De là-haut nous **découvrirons** un magnifique panorama.
   - *admirer* • *filmer* • *voir*
5. Vous **choisirez** des fruits mûrs.
   - *acheter* • *prendre* • *cueillir*

* CM1 **3 Relève les verbes au futur. Donnes-en l'infinitif. Dis à quelle personne ils sont conjugués.**

réveillera → ***réveiller***
3e personne du singulier.

a. On le réveillera à neuf heures. Il recevra quelques personnes désignées à son lever. De dix heures à midi, il y aura audience publique. De midi à une heure, le Régent travaillera à ses espionnages avec La Vrillière et Leblanc. De une heure à deux heures, il ouvrira les lettres avec Torcy. b. À deux heures et demie, il passera au conseil de régence et fera visite au roi. À trois heures, il se rendra au jeu de courte paume. À six heures, il ira souper au Luxembourg chez Mme la duchesse de Berry, et il y passera la soirée. De là, il reviendra, sans gardes, au Palais Royal.

Alexandre Dumas,
Le Chevalier d'Harmental.

* CM1 **4 Mets au futur les verbes de ce texte.**

Sur la place, une boutique ***ouvrira*** *ses volets...*

a. Sur la place, une boutique ouvre ses volets, puis une autre ; on entend dans l'air clair les grincements distincts d'un rideau de fer. D'autres volets claquent, et des voix échangent des saluts. De la ruelle juste en face vient le boulanger, comme chaque matin à 7 heures précises, été comme hiver, une baguette de pain sous le bras et, au bout des doigts, la cassolette en terre dans laquelle grésillent encore dans le beurre fondu les deux œufs sur le plat de son petit déjeuner.

b. Presque au même moment apparaissent deux autres personnes, venues de deux autres côtés opposés de la place, tenant chacune, elles aussi, le manche de leur cassolette brûlante ; tous deux arrivent au Café des Sports juste après le boulanger, l'un derrière l'autre, et les trois hommes s'assoient autour de la même table, à l'intérieur, se saluant en même temps qu'ils posent leurs œufs sur le plat devant eux. C'est réglé comme un ballet. Le patron surgit à son tour de sa cuisine, apportant lui aussi sa cassolette qu'il pose devant la quatrième chaise.

D'après **Roger Boussinet**,
Des Enfants dans les arbres, Robert Laffont.

Je m'entraîne

grammaire

5 Mets au futur le verbe. (* CM1)

1. Le vent *(faiblir)* dans l'après-midi.
2. Ces enfants *(devenir)* très beaux.
3. Tu *(apprendre)* ta conjugaison.
4. Nous *(voir)* un spectacle.
5. Je *(devoir)* le savoir pour demain.
6. Vous *(aller)* en récréation.

6 Donne un sujet à chaque verbe, en tenant compte de l'accord. (* CM1)

1. ... changera de train à Marseille.
2. ... porteront les provisions.
3. ... criera de colère.
4. ... ne travaillerons pas beaucoup.
5. ... choisirai un livre.
6. ... cueillerez du persil.

7 Fais une phrase au futur à partir de chaque groupe sujet. (* CM1)

1. Moi, je ...
2. Yves ...
3. Yves, tu ...
4. Les canards ...
5. Dès que la cloche sonnera, vous ...
6. S'il fait beau, nous ...

8 Mets au futur les verbes entre parenthèses. (* CM1)

Je sais ce que vous ***pourrez*** *faire...*

a. « Je sais ce que vous *(pouvoir)* faire, dit tout à coup Grétel gaiement, vous *(acheter)* une paire de patins un peu trop grands pour moi et un peu trop petits pour vous, de sorte que nous *(pouvoir)* nous en servir chacun à notre tour. N'est-ce pas que ce *(être)* superbe ? » s'écria-t-elle en frappant ses mains l'une contre l'autre.
b. Pauvre Hans ! la tentation était forte, mais il la repoussa comme un brave cœur qu'il était. « Ce sont des bêtises, Grétel ; vous ne *(pouvoir)* jamais avancer avec de grands patins. Non, vous en *(avoir)* une paire qui *(aller)* exactement à vos pieds, et il vous *(falloir)* profiter de tous les instants pour vous exercer d'ici le 20. Ma petite Grétel *(gagner)* les patins d'argent. »

P. J. Stahl, *Les Patins d'argent*.

9 Mets au futur chaque phrase. Attention, l'un des deux verbes doit être mis au futur antérieur. (** CM2)

1. L'auteur décrit ce qu'il a vu.
2. J'efface le tableau quand vous avez quitté la salle.
3. Les élèves récitent la poésie qu'ils ont apprise.
4. Tu joues quand tu as fini ton travail.
5. Nous pleurons parce que nous sommes perdus.
6. Elle se met en colère dès qu'elle a manqué son tir.

10 Place les verbes conjugués de chaque phrase sur l'axe du temps. (** CM2)

1. Quand il déjeunera, il regardera la télévision.
2. Quand il aura déjeuné, il regardera la télévision.
3. Quand il aura regardé la télévision, il déjeunera.
4. Je pense qu'il prendra une douche quand il aura tondu la pelouse.
5. Tu sais qu'elle a ouvert les fenêtres et qu'elle les refermera dès qu'il aura fini de passer l'aspirateur.

CM1 ✱ **11** **Toutes ces phrases expriment des idées futures. Dis pour chacune d'elles ce qui permet de savoir que l'action exprimée par le verbe n'a pas encore eu lieu.**

1. Le feu d'artifice débutera à 23 heures.
2. Ne bougez pas, je vais me lever.
3. On sonne la récréation dans cinq minutes.
4. Va te coucher, tu te lèves de bonne heure demain matin.

CM1 ✱ **12** **Réécris au futur ce texte.**

À neuf heures juste, un garçon arrive à bicyclette, saute à terre, cherche des yeux la boîte en carton, la découvre, glisse dedans le billet qu'il tient à la main et repart à toutes pédales dans la direction de Summit City. Je reste encore sur l'arbre pendant une bonne heure.

R. Parker, *Un Coup de maître*, in *Planète*, janv.-fév. 1964.

Vocabulaire

CM1 ✱ **13** **Une seule des deux phrases comporte un verbe au futur. Laquelle ? Donne l'infinitif du verbe de chaque phrase.**

1. Il sera le bras droit de son chef.
2. Il serra le bras droit de son chef.

CM2 ✱✱ **14** **Continue chaque phrase afin de justifier la terminaison du verbe, dont tu donneras l'infinitif.**

1. Cet élève relira …
Cet élève reliera …
2. Les amis s'écrieront …
Les amis s'écriront …

CM2 ✱✱ **15** **Observe bien cette liste de mots et trouve l'intrus qui s'y est glissé. Dis en quoi ce mot est un intrus.**

• moucherons • bûcherons • citrons • forgerons • percherons • napperons

Orthographe

CM1 ✱ **16** **Réécris la phrase à la 3e personne du pluriel.**

il → ils

Il s'arrêtera de lire et se recouchera dès qu'il entendra le réveil sonner.

CM2 ✱✱ **17** **Recopie les phrases en accordant correctement les verbes au futur.**

1. Les Indiens nous attaquer… .
2. Vous les dépasser… .
3. Vous me cacher… .
4. Nous les poursuivr… .
5. Je vous reconnaîtr… .
6. Tu la verr… .

CM1 ✱ **18** **Lis attentivement ce texte, puis réécris-le à la 3e personne du singulier.**

tu → elle → ***Elle n'ouvrira*** *plus…*

a. Tu n'ouvriras plus une porte à la volée : il peut y avoir un petit homme accroupi de l'autre côté.
Tu mesureras tous tes gestes et tu retiendras beaucoup tes élans. Moins de fougue et plus de force.
Tu verras moins souvent le ciel, il faudra regarder sans cesse à tes pieds pour ne pas marcher sur tes petits hommes.
b. Tu ne fermeras plus jamais les tiroirs à coups de genou ; les petites mains se glissent partout.
Tu ne dormiras plus jamais sur tes deux oreilles ; mais tu seras inquiet du moindre soupir. Tu ne pourras entendre un cri sans te demander, le cœur battant, si ce n'est pas le cri… le cri que tu redouteras toute ta vie.

Georges Duhamel, *Les plaisirs et les jeux*, Mercure de France.

CM2 ✱✱ **19** **Même exercice, en utilisant cette fois la 1re personne du singulier.**

tu → je → ***Je n'ouvrirai*** *plus…*

orthographe

CM1 * **20 Réécris ce texte en remplaçant** « l'un des poneys » **par** « les deux poneys ».

Les deux poneys*, toujours les mêmes, se* ***tromperont*** *de place…*

L'un des poneys, toujours le même, se trompera de place à chaque représentation, soulèvera les rires joyeux des enfants dont il sera le favori. Au claquement du fouet, il rentrera dans le rang, à sa place, avec l'air malicieux de celui qui aura joué un bon tour.

A. de Monbrison, *Le Cheval, ce seigneur*, Hachette.

DICTÉE PRÉPARÉE

« Ce trésor est dans mon champ, donc il est à moi ! affirma le paysan.
– Il t'appartiendra si tu me donnes, pendant deux ans, la moitié de ce que produira ton champ », répondit le Diable.
Le petit paysan accepta le marché, mais en précisant qu'il voulait éviter les surprises.
« Pour qu'il n'y ait aucune contestation, dit-il, tu auras tout ce qui sera venu sur la terre, et moi tout ce qui sera dessous. »

D'après **Grimm**, *Le Paysan et le Diable*.

1. Justifie l'accord des verbes.
2. Trouve le verbe à l'infinitif et dis pourquoi il est à l'infinitif.
3. Trouve des mots de la famille de champ. Connais-tu un mot qui se prononce de la même façon, mais qui s'écrit différemment ?
4. Quel autre nom reconnais-tu dans le nom paysan ?
5. Dans quelles parties du texte trouve-t-on le futur ? Dans les passages narratifs ou dans les dialogues ?

J'apprends à rédiger

CM1 * **21 Réécris cette fiche de jardinage, en utilisant le futur à la place de l'impératif. Le sujet sera** on.

*creusez → **on creusera**…*

La culture des champignons de Paris à l'usage de l'amateur

- Pour créer une champignonnière de jardin, creusez une fosse profonde d'un mètre.
- Sur le pourtour, établissez une murette.
- Recouvrez le tout d'une charpente légère et mettez un peu de terre dessus.
- Au fond de la fosse, déposez un lit de fumier épais de 0,40 m, tassez fortement, posez à sa surface, tous les 20 cm, les petites plaquettes découpées dans un gâteau de «blanc» (cette semence de champignons, le mycélium, vendue par les marchands grainiers).
- Puis disposez une seconde couche de fumier épaisse de 25 cm et enfin une pellicule de terreau de 5 cm.
- Arrosez de temps en temps, tout en entretenant une bonne aération.

D'après **M. Lachaud**, *Le Jardin potager de l'amateur*, Bornemann.

* * CM2 **22** **Quelle est la valeur particulière du futur antérieur dans cette phrase?**

Elle ne trouve plus ses lunettes : elle les aura oubliées à la boulangerie.

* CM1 **23** **Relève les verbes au futur dans ce texte et dis s'ils expriment l'ordre ou une action à venir.**

« Rien ne se tient dans ton livre, il y en a un peu par-ci, un peu par-là. Quand les gens rentrent et oublient de fermer la porte, tout s'envole, tout tombe par terre et tu es très fâchée. Ça ne sera pas un bon livre. »

Je lui expliquai que les gens de l'Europe sauraient réunir le livre pour que tout tienne ensemble.

« Est-ce que ton livre sera aussi lourd que celui-ci ? » me demanda-t-il en me montrant l'*Odyssée*. Quand il vit que je réfléchissais, il me tendit le livre pour que je puisse bien me rendre compte avant de répondre.

« Non, répondis-je, il ne sera pas aussi lourd, mais il y a d'autres livres plus légers dans la bibliothèque.

– Sera-t-il aussi dur ? » demanda-t-il.

Je lui expliquai qu'un livre aussi dur coûtait très cher. Il réfléchit un peu, puis pour me prouver la confiance qu'il avait en mon livre, il se mit à ramasser les feuillets épars et à les arranger sur la table. Mais il ne partit point et au bout d'un instant, profitant d'une pause, il m'interrogea de nouveau :

« Msabu, qu'est-ce qu'il y a dans les livres ? »

Karen Blixen, *La Ferme africaine*, Gallimard.

* CM1 **24** **Même exercice.**

Des castagnettes

On sciera l'extrémité arrondie de deux cuillères en bois. On percera un trou dans chaque bout à l'aide d'une perceuse. On peindra les cuillères en noir, on fera des décorations puis on vernira. Quand ce sera sec, on passera une cordelette de couleur dans les trous (les deux creux des cuillères seront face à face) et on fera un nœud.

D'après **Alicia**, *MilAmi*.

* * CM2 **25** **Même exercice que l'exercice 23.**

« Que faut-il faire ? dit le petit prince.

– Il faut être très patient, répondit le renard. Tu t'assoiras d'abord un peu loin de moi, comme ça, dans l'herbe. Je te regarderai du coin de l'œil et tu ne diras rien. Le langage est source de malentendus. Mais, chaque jour, tu pourras t'asseoir un peu plus près. »

Antoine de Saint-Exupéry, *Le Petit Prince*, Gallimard.

* CM1 **26** Ce texte est la suite immédiate de celui de la dictée préparée.

Lis la dictée, puis retrouve la partie qui a été ici supprimée : utilise le futur.

Le Diable s'en déclara satisfait ; mais le rusé petit paysan avait semé des navets et des raves, et quand le Diable s'en revint pour voir sa récolte, il ne trouva rien que les fanes sèches et jaunies, alors que le paysan, tout heureux, emportait les légumes qu'il tirait hors de la terre.

« Cette fois-ci, dit le Diable, c'est toi qui as eu tout le profit, mais ....

....

– Entendu ! répondit le paysan, qui se garda bien de semer des raves le moment venu, et qui sema du blé. »

D'après **Grimm**, *Le Paysan et le Diable*.

27 Imparfait et plus-que-parfait

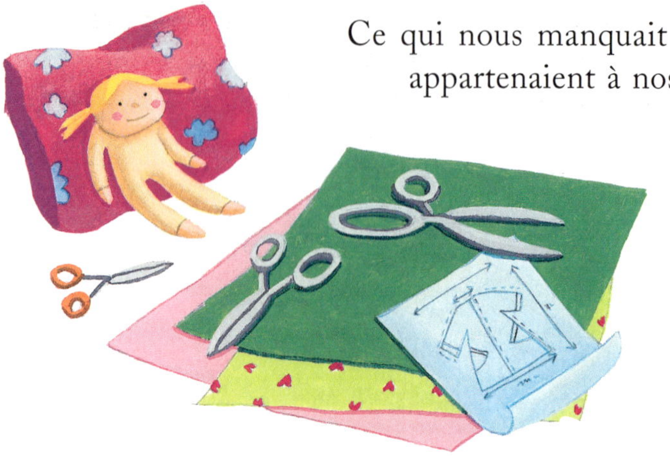

Ce qui nous manquait le plus c'étaient les ciseaux. Ceux de la couture appartenaient à nos mères. Elles les confiaient périodiquement à des aiguiseurs qui passaient dans le quartier. [...]

Pour couper du tissu, pour tailler un vêtement de poupée, ma mère acceptait de me les prêter, mais je devais m'en servir devant elle et il était exclu de les prendre dans la rue. Quant à faire du découpage et surtout dans du carton, l'interdiction était formelle.

D'après Marie Rouanet, *Nous les filles*, Payot.

J'observe

➤ Relève les verbes conjugués et donnes-en l'infinitif.

➤ Dis à quel temps et à quelle personne est conjugué chaque verbe relevé. Observe les terminaisons.

Vocabulaire

➤ Voici la définition de dictionnaire du nom *ciseaux* :

Ciseaux n. m. plur. : .... fait de deux lames d'acier articulées qui sert à couper le tissu, le papier, etc.

Trouve le terme générique effacé dans la définition.

Je retiens

	IMPARFAIT L'imparfait de tous les verbes se forme ainsi : Radical + *-ais - ais -ait -ions - iez -aient*			**PLUS-QUE-PARFAIT** Temps composé, donc formé de 2 éléments : 1. *avoir* ou *être* à l'imparfait 2. participe passé du verbe		
	Chanter	Rougir	Venir	Chanter	Rougir	Venir
Je/j'	chantais	rougissais	venais	avais chanté	avais rougi	étais venu (e)
Tu	chantais	rougissais	venais	avais chanté	avais rougi	étais venu (e)
Il/elle/on	chantait	rougissait	venait	avait chanté	avait rougi	était venu (e)
Nous	chantions	rougissions	venions	avions chanté	avions rougi	étions venu (e)s
Vous	chantiez	rougissiez	veniez	aviez chanté	aviez rougi	étiez venu (e)s
Ils/elles	chantaient	rougissaient	venaient	avaient chanté	avaient rougi	étaient venu (e)s

CM2

- **Le plus-que-parfait** s'emploie dans des textes au passé pour des actions qui se sont déroulées **avant** les actions exprimées à l'imparfait ou au passé simple.

*Les ciseaux **coupaient** très bien quand l'aiguiseur **avait terminé** son travail.*

Est-ce que je sais faire ?

* CM1 **1 Transforme la phrase en utilisant successivement les sujets proposés.**

1. Quand j'étais seul, je m'ennuyais.
   - *mes frères/ils* • *nous* • *tu* • *la chienne/elle*
2. Nous jaillissions et sautions de tous côtés.
   - *les grêlons* • *le lapin* • *vous* • *tu*
3. Il avait fait la vaisselle comme il avait pu.
   - *les campeurs* • *je* • *l'enfant* • *nous* • *tu*

* CM1 **2 Transforme la phrase en utilisant successivement les verbes proposés.**

1. Le bruit montait.
   - *faiblir* • *s'intensifier* • *baisser* • *mourir* • *grandir* • *naître*
2. Les chiens couraient sur la pelouse.
   - *dormir* • *s'asseoir* • *sommeiller* • *bondir* • *revenir* • *sortir* • *sauter*
3. Vous aviez récité une comptine.
   - *savoir* • *apprendre* • *retenir* • *copier* • *dire* • *lire* • *écrire*

* CM1 **3 Mets à l'imparfait les verbes.**

1. Les pêcheurs *(raccommoder)* leurs filets.
2. Vous *(recoudre)* un bouton.
3. Le bûcheron *(vivre)* dans une cabane de rondins.
4. Nous *(applaudir)* quand l'acrobate *(faire)* un double saut périlleux.
5. Tu ne me *(voir)* pas.
6. Je la *(connaître)* bien.

* CM1 **4 Relève les verbes à l'imparfait. Donnes-en l'infinitif. Dis à quelle personne ils sont conjugués.**

se tenait → ***se tenir, 3e personne du singulier***

La pie, attachée à son perchoir par une longue chaînette de fer, se tenait jour et nuit dans la cour. Elle semblait surveiller la rue. Quand elle se sentait épiée, elle plastronnait, digne comme un juge de paix, sur la terre battue de la cour, picorait à droite et à gauche d'un air affairé, grimpait à son observatoire en jetant un cri bref.
Les garçons lui apportaient du pain, des débris de viande, quelques grains dérobés à l'étalage de l'épicerie, la taquinaient un peu. La pie les dévisageait avec insolence, mangeait sans hâte.

D'après **R. Roussel**, *L'Herbe d'avril*, Plon.

* CM1 **5 Mets à l'imparfait les verbes entre parenthèses.**

*C'**étaient** des animaux...*

Vers cinq heures et quart, un lion et deux lionnes parurent à cent pas de la tanière. C'*(être)* des animaux de grande taille. Le lion *(secouer)* sa crinière noire et *(balayer)* le sol de sa redoutable queue. Il *(porter)* entre ses dents une antilope tout entière, qu'il *(secouer)* comme un chat eût fait d'une souris. Ce lourd gibier ne *(peser)* pas à sa gueule puissante, et sa tête, quoique pesamment chargée, *(remuer)* avec une aisance parfaite. Les deux lionnes, à robe jaune, l'*(accompagner)* en gambadant.

J. Verne, *Aventures de trois Russes et trois Anglais dans l'Afrique australe.*

** CM2 **6 Lis ce texte en remplaçant** un garçon **par** nous. **Tu commences par** « Nous étions bruyants... ». **Attention aux accords.**

C'était un garçon bruyant, blême, leste, éveillé, goguenard. Il allait, venait, chantait, jouait à la fayousse*, grattait les ruisseaux, volait un peu, mais comme les chats et les passereaux, gaiement, riait quand on l'appelait galopin, se fâchait quand on l'appelait voyou. Il n'avait pas de gîte, pas de pain, pas de feu, pas d'amour ; mais il était joyeux parce qu'il était libre.

Victor Hugo, *Les Misérables*.

* **Fayousse :** jeu consistant à introduire le maximum de pièces ou de cailloux dans un trou.

Je m'entraîne

grammaire

*** CM1 7 Observe les terminaisons et complète chaque phrase avec un groupe sujet.**

1. ... marchait avec difficulté.
2. ... trouvais des crabes sous les pierres.
3. ... attendiez le métro.
4. ... se cachaient derrière les arbres.
5. ... réfléchissions à l'itinéraire.

*** CM1 8 Fais une phrase à l'imparfait avec chaque groupe sujet.**

1. Les vélos ...
2. Une branche ...
3. Moi, je ...
4. Vous ...
5. Mon chien et moi ...
6. Tu ...

*** CM1 9 Recopie le tableau et complète-le avec les verbes à l'imparfait.**

Verbes à l'imparfait	Infinitif	Sujet	Personne
avais	*avoir*	*je*	*1re pers. sing*

Monsieur Ibrahim décida que nous prendrions des leçons de conduite ensemble. Comme je n'avais pas l'âge, c'est lui, officiellement qui apprenait, tandis que moi, je me tenais sur la banquette arrière sans perdre une miette des instructions du moniteur. Sitôt le cours fini, nous sortions notre voiture et je m'installais au volant. Nous roulions dans le Paris nocturne pour éviter la circulation. Je me débrouillais de mieux en mieux.

Éric-Emmanuel Schmitt, *Monsieur Ibrahim et les fleurs du Coran*, Albin Michel.

*** CM1 10 Mets à l'imparfait les verbes.**

Ainsi nous nous ***asseyions****...*

Ainsi nous *(s'asseoir)* côte à côte à son bureau pendant qu'elle *(surveiller)* l'étude, tous deux penchés sur le livre, parlant à voix basse, ou bien nous *(s'installer)* dans la lugubre salle des professeurs; quand elle ne *(savoir)* pas quelque chose ou *(s'apercevoir)* qu'elle *(faire)* une faute, ses vieilles joues maigres et parcheminées *(rougir)* de honte; son doigt, qui *(désigner)* quelque chose sur la page, *(trembler)*, et, me regardant, elle *(murmurer)* avec tristesse:
« Je t'avais bien prévenu que j'*(être)* rouillée; je ne peux faire que de mon mieux. »

Robert Penn Warren, *Un endroit où aller*, Stock.

*** CM1 11 Complète la terminaison des verbes a. au présent b. à l'imparfait.**
Que constates-tu ?

1. Nous croy... à cette histoire.
2. Vous soulign... les verbes.
3. Nous ne cri... pas dans la cour.
4. Nous ne voy... plus la rive.
5. Vous oubli... votre livre.
6. Vous travaill... bien.

vocabulaire

**** CM2 12 Seul le verbe d'une des deux phrases est à l'imparfait. Lequel? Continue chaque phrase et donne l'infinitif du verbe.**

L'escrimeur paraît ... / L'escrimeur parait ...

*** CM1 13 Continue chaque phrase afin de justifier la différence d'orthographe. Puis donne l'infinitif de chaque verbe et dis à quel temps il est conjugué.**

1. Je mourais de peur ... / Je mourrai ...
2. Vous copiez ... / Vous copiiez ...

Orthographe

CM2 ** **14** **Réécris le premier paragraphe du texte de l'exercice 4, en remplaçant** la pie **par** les pies.
Attention aux accords.

***Les pies**, **attachées** à **leur** perchoir par une longue chaînette de fer, **se tenaient**…*

CM1 * **15** **Réécris cet extrait en remplaçant** les poules **par** la poule.
Attention aux accords.

Les poules chantaient, se grattaient, prenaient de petits bains de poussière, picoraient, sautaient sur les perchoirs, goûtaient à la pâtée, et faisaient un bruit comme si elles allaient pondre – et de fait, pondaient.

D'après **B. Mac Donald**, *L'Œuf et moi*, Robert Laffont.

DICTÉE POUR APPRENDRE

L'école du village, en ce temps-là, prodiguait toute l'instruction que nous étions en droit d'attendre. Chaque enfant de la vallée venait user là ses fonds de culotte, y demeurait jusqu'à quatorze ans, puis se présentait aux champs ou à l'usine.

Laurie Lee, *Rosie ou le goût du cidre*, Phébus.

J'apprends à rédiger

CM1 * **16** **Remets en ordre les lignes du texte en tenant compte du sens et de l'accord du verbe.**

1. Soudain, les souvenirs des Noëls anciens
2. et de notre retour par les ruelles où le vent
3. remontaient avec insistance. Je
4. courions vite vers la maison.
5. s'engouffrait, faisant tournoyer de grandes
6. parlais à Jean des sapins de mon enfance
7. spirales de poussière. Nous

D'après **Commandant Jubelin**, *Marin de métier, pilote de fortune*, France-Empire.

CM1 * **17** **En tenant compte du sens et des accords, rétablis au bon endroit les verbes qui ont été enlevés du texte.**

Verbes à replacer : • *roulaient* • *bondissaient* • *venaient* • *distinguais* • *prenaient* • *s'était précipité* • *me tenais* • *avaient quitté* • *pouvais* • *couvraient* • *sentais*

Les tigres … de prendre leur place, lorsque deux mâles adultes se sautèrent à la gorge. Hans … pour les séparer à coups de bâton, les fauves … sur le sol en rugissant, soulevant un nuage de poussière si dense qu'il me dissimula bientôt le dompteur. Tous les tigres … leur siège : les uns … part à la bataille, les autres affolés, … dangereusement en tous sens. Je voulus crier à Hans de se rapprocher de la porte de sortie où je …, mais les rugissements … ma voix ; inutile d'aller me jeter dans cet enfer : je ne … rien, aveuglé, je … seulement les grilles violemment secouées par les bonds des fauves. Je ne … qu'essayer d'ouvrir la porte du tunnel en espérant que les fauves prendraient d'eux-mêmes la sortie.

CM2 ** **18** **Même exercice avec la suite du texte.**
Tu dois deviner les verbes et employer comme il convient imparfait ou plus-que-parfait.

J'y parvins. Malgré les garçons de cage qui … de faire circuler les tigres avec leurs fouets, le combat se poursuivit dans le tunnel, provoquant un des plus beaux embouteillages de fauves que j'aie jamais vus.
Dans la cage, les deux mâles … leur bataille. Enfin, les rugissements s'apaisèrent. Le tout n'… que quelques instants.
Dans quel état …-je retrouver mon élève ? J'… même s'il … encore vivant. Je le vis soudain sortir du nuage et s'approcher de la porte. Tout … si vite qu'à aucun moment, il n'… peur, mais il … progressivement le danger qu'il … .

D'après **Firmin Bouglione**, *Le Cirque est mon royaume*, Presses de la Cité.

28 Le passé simple

Le pêcheur examina le vase de tous côtés, puis le secoua. Il n'entendit rien. Il attaqua le couvercle avec son couteau et finit par l'enlever. Il pencha l'ouverture du vase, mais, à sa grande surprise, il n'en sortit rien. Il le posa alors devant lui. Or, le vase laissa échapper une fumée épaisse, qui obligea le pêcheur à reculer. La fumée s'éleva jusqu'au ciel et s'étendit sur la mer, formant un gros brouillard. Puis, lorsqu'elle fut toute hors du vase, elle se réunit et devint un corps solide, dont il se forma un génie, deux fois aussi haut que le plus grand des géants. À cette vue, le pêcheur voulut prendre la fuite.

D'après *Contes des Mille et une nuits*, Bordas.

J'observe

➤ Relève les verbes au passé simple et classe-les en fonction de leur groupe. Précise la personne et observe les terminaisons.

	1er groupe	2e groupe	3e groupe
3e personne du singulier	*examina*		

Vocabulaire ➤ Trouve un homonyme du nom *vase* et emploie-le dans une phrase.

Je retiens

PASSÉ SIMPLE

- 1er groupe : Radical + *-ai - as -a -âmes -âtes -èrent*
- 2e groupe : Radical + *-is -is -it -îmes -îtes -irent*
- 3e groupe : Radical + *-is -is -it -îmes -îtes -irent*
  Radical + *-us -us -ut -ûmes -ûtes -urent*

	1er groupe	2e groupe	3e groupe	
	Chanter	Rougir	Prendre	Venir
Je/j'	chantai	rougis	pris	vins
Tu	chantas	rougis	pris	vins
Il/elle/on	chanta	rougit	prit	vint
Nous	chantâmes	rougîmes	prîmes	vînmes
Vous	chantâtes	rougîtes	prîtes	vîntes
Ils/elles	chantèrent	rougirent	prirent	vinrent

- **Le passé simple** n'est pas utilisé dans la langue orale. On le rencontre fréquemment **à l'écrit**, notamment en combinaison avec l'imparfait. C'est un temps difficile.
- Sa conjugaison se caractérise, aux trois groupes, par la présence d'un **accent circonflexe** sur les terminaisons de la première et de la deuxième personnes du pluriel.

*La fumée **s'éleva** jusqu'au ciel et **s'étendit** sur la mer.*

Est-ce que je sais faire ?

* CM1 **1 Transforme la phrase en utilisant successivement les sujets donnés.**

1. Le singe avança la main et saisit le fruit.
   • *les enfants* • *nous*
2. Je m'approchai et vis le nid.
   • *la fouine* • *les promeneurs*
3. Nous aperçûmes notre cousine et nous l'appelâmes. • *elle* • *Julien / il* • *je*
4. Les chats s'enfuirent et disparurent dans les fourrés. • *le lapin* • *tu*

* CM1 **2 Transforme la phrase en utilisant successivement les verbes donnés.**

1. La petite souris mangea le fromage.
   • *apercevoir* • *voir* • *regarder* • *saisir* • *sentir* • *grignoter* • *emporter* • *prendre*
2. Les lions s'abritèrent sous le rocher.
   • *courir* • *s'enfuir* • *se glisser* • *dormir* • *rugir* • *se serrer* • *s'asseoir* • *rester* • *s'allonger*

* CM1 **3 Relève les verbes au passé simple. Donnes-en l'infinitif. Dis à quelle personne ils sont conjugués.**

sautèrent → ***sauter, 3e personne du pluriel***

a. Il y avait avec nous deux garçons ; ils sautèrent dans l'eau les premiers ; ils filèrent au large, et se mirent à la course... L'un d'eux prit d'abord de l'avance sur son camarade, mais se laissa bientôt devancer. Le père de l'enfant, un vieil artilleur, était sur le pont et admirait son fils. Le gamin ayant ralenti sa nage, le père lui cria : « Ne te laisse pas devancer ! Encore un effort ! »

b. Tout à coup, sur le pont, quelqu'un hurla : « Un requin ! » Et tous, nous aperçûmes sur l'eau le dos du monstre. Il nageait droit sur les enfants. « Arrière ! arrière ! revenez vite ! un requin ! » cria l'artilleur. Mais ils ne l'entendirent point ; ils riaient, s'amusaient, nageaient plus loin et riaient encore plus fort.

** CM2 **4 Lis la suite du texte de l'exercice 3 en mettant au passé simple les verbes entre parenthèses.**

*Les matelots **détachèrent**...*

a. L'artilleur, pâle, immobile, ne quittait pas les enfants des yeux. Les matelots *(détacher)* vivement une barque dans laquelle ils *(se jeter)*, et, ramant à briser les avirons, ils *(voler)* au secours des enfants. Mais ils étaient encore loin d'eux, tandis que le requin n'en était qu'à vingt brassées.
Les enfants n'avaient rien vu ni entendu ; mais soudain, l'un d'eux *(se retourner)*. Nous *(entendre)* un cri d'épouvante, puis ils *(se séparer)*.

b. Ce cri *(tirer)* l'artilleur de sa torpeur. Il *(courir)* au canon, *(ajuster)*, *(viser)* et *(prendre)* la mèche. Nous restions tous pétrifiés d'horreur, dans l'attente de ce qui allait se passer. Le coup *(retentir)*, et nous *(voir)* l'artilleur retomber auprès de son canon, en se cachant le visage de ses mains. Pendant un moment, la fumée nous *(empêcher)* de voir ce qu'étaient devenus le requin et les enfants.

c. Mais lorsque la fumée *(se dissiper)*, nous *(entendre)* un doux murmure, qui *(se changer)* bientôt en un cri de joie générale. Le vieil artilleur *(découvrir)* son visage, *(se lever)* et *(regarder)* la mer. Le ventre jaune du requin était ballotté par les vagues et, un instant après, la barque ramenait les deux enfants à bord du navire.

D'après **L. Tolstoï**, *Compositions et adaptations pour les enfants.*

Je m'entraîne

grammaire

CM1 * **5 Recopie le tableau et complète-le.**

	Grimacer	Plonger	Surgir	S'enfuir	Rire	Prendre	Recevoir
je			*surgis*				
tu				*t'enfuis*			
Le singe		*plongea*					
nous					*rîmes*		
vous						*prîtes*	
Les clowns	*grimacèrent*						*reçurent*

CM1 * **6 Observe les terminaisons et complète chaque phrase avec un groupe sujet.**

1. ... avançai lentement dans les hautes herbes.
2. ... secoua la tête.
3. ... atteignîmes le sommet.
4. ... poursuivirent les zèbres.
5. ... courut jusqu'à la fontaine.
6. ... te défendis avec vigueur.
7. ... saisis la fourchette.

CM1 * **7 Recopie le tableau et complète-le avec les verbes au passé simple.**

Verbes au passé simple	Infinitif	Sujet	Personne
commença	*commencer*	*mon entraînement*	*3ᵉ pers. sing.*

Mon entraînement commença le soir même. Grand-Papa me fit prendre une série de poses raides et instables, les jarrets tendus et le menton rentré. Se postant en face de moi dans la même attitude, il me commanda alors de « déclencher ma droite », ce que je fis avec une telle brusquerie que je l'atteignis en plein dans le ventre et l'obligeai à s'asseoir dans son fauteuil, plié en deux et la respiration coupée. « Oh ! Grand-Papa ! m'écriai-je, horrifié. Je n'avais pas l'intention de vous faire mal ! »

D'après **A. J. Cronin**, *Les Vertes Années*, Éditions de la Paix.

CM1 * **8 Fais une phrase au passé simple avec chaque groupe sujet.**

1. Les pêcheurs ...
2. L'oiseau de proie ...
3. L'eau de la carafe ...
4. La fumée ...
5. Les nuages ...

CM1 * **9 Mets au passé simple les verbes.**

1. Les pompiers *(arriver)* et *(intervenir)* rapidement.
2. Une voiture *(s'arrêter)* sur la place, une femme en *(descendre)*.
3. La bouteille *(basculer)* et *(se renverser)*.
4. Les inconnus *(dire)* quelques mots, *(saluer)* et *(s'en aller)*.
5. Quand la lumière *(s'éteindre)*, les convives *(pousser)* un cri.

CM2 ** **10 Même exercice avec ce texte.**

a. Une vache *(entendre)* les pleurs du nourrisson. Elle *(venir)* renifler le petit être nu, *(laver)* son corps à coups de langue, *(se coucher)* sur le flanc et lui *(offrir)* le lait de sa mamelle. Sept jours durant elle le *(nourrir)* sur un lit d'herbes au bord du chemin. Alors *(venir)* à passer dans sa charrette un voyageur. « Cet enfant, *(penser)*-t-il, a grand besoin d'un père. »

b. Il *(s'en revenir)* chez lui avec, au creux du bras, ce fragile cadeau que les dieux lui avaient fait et *(dire)* à son épouse :

« Femme, un garçon nous est donné. Je désire qu'il soit ton fils, comme il est désormais le mien. »

L'enfant *(être)* baptisé Aputra. Il *(être)* dignement élevé. Quand il *(avoir)* l'âge, son père lui *(chanter)* les chants sacrés de l'Inde. Aputra les *(apprendre)* sans erreur, à voix juste.

D'après **Henri Gougaud**,
Don Gan, in *L'Arbre d'amour et de sagesse, Contes du monde entier*, Édition du Seuil.

11 **Même exercice avec cet autre texte.** (CM2 **)

Mon poney *(renâcler)*, il n'aimait pas le galop. Je lui *(donner)* un coup de talon dans le flanc, il *(tourner)* vivement la tête et *(essayer)* de me mordre le pied. Je *(détacher)* ma ceinture et le *(frapper)*, il *(se décider)* à faire quelques foulées au galop, puis *(s'agenouiller)* brusquement et je *(tomber)* dans l'herbe.

D'après **Willy de Spens**,
Red Boy, La Table Ronde.

Vocabulaire

12 **Donne l'infinitif de chaque verbe en gras et dis à quel temps il est conjugué.** (CM2 **)

1. Le pêcheur **tue** le poisson. / **tut** la découverte extraordinaire qu'il avait faite.
2. Le voyageur **sut** alors qu'il était perdu. / **sue** à grosses gouttes.
3. Le mendiant **prit** le morceau de pain. / **prie** qu'on lui donne un morceau de pain.

13 **Même exercice.** (CM2 **)

1. Tu **défis** le nœud avec beaucoup de difficulté / **défies** tes adversaires avec audace.
2. Cette corde **pue** le poisson. / **put** soutenir son poids.
3. Le prince les **crut** aussitôt sur parole. / **crût** en beauté et en sagesse.

14 **Continue chaque phrase afin de justifier la différence d'orthographe.** (CM1 *)

Dis à quel temps est conjugué chaque verbe. Donnes-en l'infinitif.

Je bâtis... / Je battis...

15 **Donne un pronom sujet à chaque verbe, donne son infinitif et dis à quel temps il est conjugué.** (CM2 **)

1. ... fûmes / ... fumes
2. ... mimes / ... mîmes
3. ... se fie / ... se fit

16 **La phrase inachevée** « Les cyclistes virent... » **a deux sens, parce que le verbe peut être au présent ou au passé simple.** (CM2 **)

Donne l'infinitif du verbe dans chaque cas et continue la phrase de deux façons différentes, afin de rendre clair le sens du verbe.

Orthographe

CM1 * **17** **Recopie et complète le tableau : donne l'infinitif de chaque verbe. Précise à quel(s) temps et à quelle(s) personne(s) la forme proposée peut correspondre.**

	Infinitif	Temps	1re pers. sing	2e pers. sing	3e pers. sing
blanchis	*blanchir*	*présent* *passé simple*	+ +	+ +	
fis					
finit					
t'enfuis					
partit					
lançai					
lus					
jetais					
partira					

CM1 * **18** **Réécris ce texte en remplaçant** mes sœurs **par** ma sœur.

ma sœur me saisit, ...

Un matin, sans le moindre avertissement, mes sœurs me saisirent, m'enveloppèrent d'écharpes, lacèrent mes chaussures, m'enfoncèrent une casquette sur le crâne et me fourrèrent une pomme de terre bouillie dans la poche.
« Qu'est-ce qui s'passe ? demandai-je.
– Tu vas à l'école, aujourd'hui. »

D'après **Laurie Lee**, *Rosie ou le goût du cidre*, Phébus.

CM2 ** **19** **Recopie le texte en rétablissant des accents circonflexes là où il en faut.**

Nous posames nos sacs à terre et attendimes les retardataires. L'un de nous partit à leur rencontre et les aperçut qui montaient péniblement le sentier. Nous en profitames pour boire et nous restaurer. Une demi-heure plus tard, nous repartimes.

CM2 ** **20** **Réécris ces deux lignes en remplaçant** je **par** ils, **puis** je **par** elle.

→ *Ils se précipitèrent...* → *Elle se précipita...*

Je me précipitai vers la véranda et descendis les marches. Aussitôt je m'arrêtai, consterné.

CM1 * **21** **Observe les terminaisons et donne un titre** (mode, temps) **à chaque colonne.**

?	?	?	?
fini	finit		
rangé	rangeai	ranger	rangeais
parti	partit		
voulu	voulut		
su	sut		
obéi	obéit		
tiré	tirai	tirer	tirais
pris	prit		

AUTODICTÉE

Le pêcheur se rendit un matin, dès l'aube, au bord de la mer. Il se déshabilla et lança ses filets. Il attendit un bon moment, puis les tira vers le rivage. Il sentit une forte résistance. « J'ai dû faire une bonne prise », se dit-il tout réjoui. Hélas, au lieu de poissons, il n'avait ramené qu'une carcasse d'âne...

D'après *Contes des Mille et une nuits*, Éd. Bordas.

J'apprends à rédiger

**** 22 Pour retrouver le texte original, réécris-le au passé simple.** CM2

Tremblante d'émotion, elle posa...

a. Tremblante d'émotion, elle pose les deux pierres sur la peau du hamster et amasse autour brindilles, herbes sèches et branchages. Quand tout est prêt, elle frappe les deux pierres l'une contre l'autre tout près de la peau. L'étincelle atterrit sur une pierre. Elle change de position et réessaie. **b.** Le bruit du choc lui fait fermer les yeux, l'espace d'un instant. De quelques brindilles roussies surgit un mince filet de fumée qui s'évanouit tout de suite. Elle s'acharne longtemps sans plus de résultat, jusqu'au moment où le vent souffle sur la plage. Alors, à l'étincelle suivante, les brindilles prennent feu.

D'après **Jean M. Auel**, *La Vallée des chevaux*, Presses de la Cité.

**** 23 Recopie le texte en corrigeant les mauvaises formes du passé simple, commises par un élève qui connaît mal ses conjugaisons.** CM2

Le pauvre aveugle ne savait pas que son frère l'avait attaché, car la corde était longue. Mais il s'en aperceva quand il voula faire quelques pas. Alors il se metta à pleurer.
La nuit vînt. Il entendut de grands hurlements de bêtes sauvages. Elles se faisaient de plus en plus entendre ; de plus en plus elles s'approchaient. Comme il avait un couteau dans sa poche, il coupit la corde et montit sur le chêne jusqu'aux plus hautes branches.

D'après **Armand Got**, *Étoile d'Or et Oreille d'Âne*, Colin-Bourrelier.

*** 24 Recopie le texte en choisissant des verbes que tu mettras au passé simple.** CM1

C'est à cet instant que mes yeux, pourtant chargés de sommeil, ... la première bestiole. De la dimension d'un grain de café, mais toute rouge, gonflée du sang qu'elle venait de pomper, elle avançait lentement sur mon drap blanc. Mon père ... une feuille de papier sur son trajet, la bête ... dessus, il ... le papier sur le seau, l'... . La bestiole ... et ... dans l'eau.

Henri Verneuil, *Mayrig*, Robert Laffont.

• Compare ton texte avec ceux de tes camarades.

29 Imparfait / Passé simple (emploi)

Ils étaient cinq : le chacal, la hyène, le sanglier, la panthère et l'éléphant. Ils vivaient en commun et possédaient un troupeau de bœufs. Ils le gardaient tour à tour.

Un jour, en allant surveiller les bœufs, l'éléphant rencontra un enfant des hommes. Il l'emmena avec lui et, le soir même, le présenta aux autres animaux.

A. Demaison, Nontap,
Le Livre des bêtes qu'on appelle sauvages, Grasset.

J'observe

- Les événements que rapporte le texte se situent-ils dans le présent ? dans le futur ? dans le passé ?
- Relève les verbes conjugués du premier paragraphe et précise le temps de chacun d'eux. Relève les verbes conjugués du second paragraphe et précise le temps de chacun d'eux.
- Le premier paragraphe sert-il plutôt à raconter une histoire ou à présenter des personnages et une situation ? Et le second paragraphe ? Quelle conclusion peux-tu en tirer au sujet de l'emploi de l'imparfait et du passé simple ?
- Il s'agit du début d'un texte. De quel genre de texte s'agit-il ? Montre-le.

Vocabulaire

- Comment s'appellent la femelle et le petit de l'*éléphant* ?
Même question pour le *sanglier*.

Je retiens

- L'imparfait et le passé simple sont deux temps du passé qui ne s'emploient pas dans les mêmes conditions.
- **On trouve l'imparfait dans presque tous les types de textes.**
On l'utilise principalement pour décrire, évoquer le décor, l'arrière-plan ou pour exprimer des actions habituelles.
- **On ne trouve le passé simple qu'à l'écrit et principalement dans les narrations.**
On l'utilise pour les verbes qui font avancer l'action principale.

*Un jour, pendant qu'il **gardait** les bœufs, l'éléphant **rencontra** un enfant des hommes.*

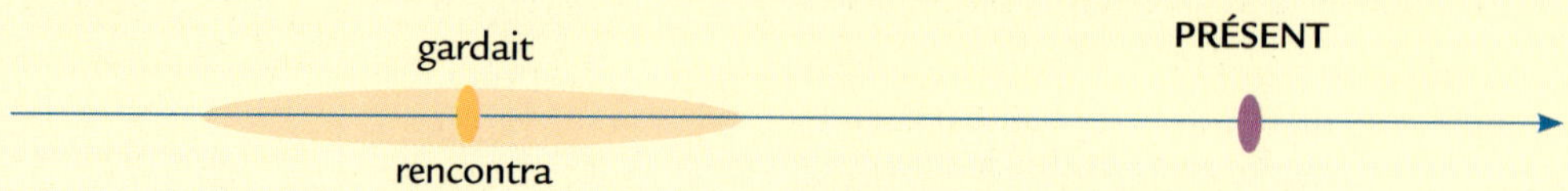

Est-ce que je sais faire ?

*** CM1 1 Dis si l'imparfait est employé pour décrire, ou pour exprimer des actions habituelles.**

Les maisons des Poteaux ne ressemblaient en rien à celles de son quartier. Elles étaient grises, tristes, sans jardin, sans arbres, sans fleurs. Des enfants, livrés à eux-mêmes, traînaient dans les rues une bonne partie de la journée. Leurs mains, leurs visages étaient sales. Les chemises qu'ils portaient, probablement héritées de leurs aînés, étaient souvent trop grandes. Les pantalons chiffonnés et rapiécés étaient, au contraire, généralement trop courts.

M. Neuschäfer-Carlon, *Violon et guitare*, Pocket.

**** CM2 2 Lis le texte, en remplaçant l'imparfait par le passé simple.**
Quel changement de sens constates-tu ?

L'eau arrivait avec les longues pluies du Pays de Galles. Elle s'égouttait tout le jour des nuages et des arbres, des toits, des auvents et du nez. Elle éventrait les routes, crevassait les jardins et remplissait les fossés avec un bruit de succion ; les ruisseaux sortaient des trous et y rentraient de nouveau, tels de bruyants convois souterrains.

D'après **Laurie Lee**, *Rosie ou le goût du cidre*, Phébus.

**** CM2 3 Lis le texte, en remplaçant le passé simple par l'imparfait.**
Quel changement de sens constates-tu ?

Il était une fois un roi et une reine. Après cinq ans de vie commune ils n'avaient pas d'enfants. Ils allèrent au fleuve sacré sous les murailles de la ville. Ils s'y baignèrent. La reine s'allongea sur l'eau et pria. Le roi fit de même. Un rayon de soleil toucha l'époux au nombril, puis l'épouse au même point. Neuf mois après leur naquit un garçon. On l'appela Don Gan.

Henri Gougaud, *Don Gan*, *L'Arbre d'amour et de sagesse*, Éditions du Seuil.

*** CM1 4 À quel genre appartient ce texte ? Selon ta réponse, choisis entre l'imparfait et le passé simple pour conjuguer tous les verbes.**

La fenêtre de la chambre des enfants *(être)* grande ouverte sur la nuit, sur la rumeur du vent qui *(parcourir)* le haut plateau.
Le point d'or de la veilleuse *(clignoter)*, projetant au plafond l'ombre agrandie de la rondelle de liège qui *(flotter)* dans l'huile. Cette veilleuse *(être)* là pour protéger Lise des terreurs nocturnes.

D'après **S. Ratel**, *La Maison des Bories*, Plon.

*** CM1 5 Observe le passage de l'imparfait au passé simple. Explique ce qui entraîne le passage au passé simple.**

Il était une fois une paire de chaussures qui étaient mariées ensemble. La chaussure droite, qui était le monsieur, s'appelait Nicolas, et la chaussure gauche, qui était la dame, s'appelait Tina.
Elles habitaient une belle boîte en carton où elles étaient roulées dans du papier de soie. Elles s'y trouvaient parfaitement heureuses, et espéraient bien que ça durerait toujours.
Mais voilà qu'un beau matin une vendeuse les sortit de leur boîte afin de les essayer à une dame. La dame les mit et fit quelques pas, elle paya et sortit.

D'après **Pierre Gripari**, *Contes de la rue Broca*, Éditions de la Table Ronde

Je m'entraîne et j'apprends à rédiger

grammaire

CM1 * **6 Quel temps principal est employé dans chaque texte?** Précise à quel type ou à quel genre appartient le texte (narration, relation d'événements habituels, description, récit de vie avec dialogues, etc.).

a. Quand Don Gan eut quatre ans, sa mère mourut d'une maladie rare qui l'avait en quelques semaines racornie comme une vieille. Son époux la pleura, puis il se remaria.

D'après **Henri Gougaud**, *Don Gan, in L'Arbre d'amour et de sagesse, Contes du monde entier*, Édition du Seuil.

b. Un officier accourut et me demanda en français à qui j'en avais.
« Comment, monsieur, m'écriai-je, comment ! vous ne voyez pas ce que ce drôle me faisait ?
- Que vous faisait-il donc ?
- Il me frottait la figure avec de la neige...
- Mais, monsieur, il vous rendait un énorme service, me répondit l'officier.
- Comment cela ?
- Sans doute : vous aviez le nez gelé.
- Miséricorde ! » m'écriai-je, en portant la main à la partie menacée.

Alexandre Dumas, *Voyage en Russie*.

c. Chaque matin, l'une des trois sorcières était de corvée pour fabriquer les boules de gomme qui les rendaient magiques et éternelles. La sorcière de corvée commençait par réunir les ingrédients nécessaires pour réussir la préparation des gommes. Elle les comptait au fur et à mesure qu'elle les mélangeait dans une cocotte-minute géante... Elle écrasait, mixait, tournait à l'aide d'une cuillère en bois dont le manche mesurait plus d'un mètre.

D'après **Maryse Wolynski**, *Les Sorcières du Boisjoli*, Hatier.

d. Cette belle fille avait pour coiffure une sorte de casque formé par une pintade dont les ailes à demi déployées s'abattaient sur ses tempes et dont la jolie tête effilée s'avançait jusqu'au milieu de son front, tandis que la queue, constellée de points blancs, se déployait sur sa nuque.

Théophile Gautier, *Le Roman de la momie*.

CM1 * **7 À quel genre appartient ce texte? Selon ta réponse, choisis entre l'imparfait et le passé simple pour conjuguer tous les verbes.**

Un mouvement soudain devant Jody le *(faire)* reculer. Le faon *(lever)* son museau vers lui ; il *(tourner)* la tête d'un geste étonné, et le regard de ses yeux livides *(bouleverser)* Jody. Le faon ne *(faire)* cependant aucun mouvement pour se lever ou s'enfuir. Il *(lever)* le nez pour flairer le garçon. Jody *(tendre)* une main et la *(poser)* sur la douce nuque. Ce contact le *(ravir)*. Il *(s'approcher)* du faon à quatre pattes. Il l'*(enlacer)* de son bras. Un spasme léger *(parcourir)* le petit animal, mais il ne *(résister)* pas. Jody lui *(caresser)* les flancs aussi légèrement que s'il eût été en porcelaine.

M. K. Rawlings, *Jody et le faon*, Albin Michel.

CM2 ** **8 Même consigne que l'exercice 7.**

a. Nos deux familles *(pouvoir)* à peine se passer l'une de l'autre. Souvent, le soir, maman *(sortir)* sur la galerie ouverte de notre grande maison, et elle *(dire)* à ma sœur Odette d'aller chercher son père chez les Guilbert.

Odette *(partir)* à travers champs. En arrivant chez les Guilbert, elle y *(trouver)* mon père, pipe au bec, appuyé à la barrière de nos voisins, qui *(discourir)* placidement avec M. Guilbert de rosiers, de pommiers, et d'asperges. Mais Odette *(apercevoir)* le visage de Gisèle à une fenêtre de la maison. Gisèle l'*(appeler)*.
Et les fillettes *(se livrer)* toutes les deux furieusement, quand ce n'*(être)* pas au piano, à une sorte de dentelle qui *(se faire)* avec une navette.

b. Ma mère *(envoyer)* alors mon frère Gervais voir ce qui *(pouvoir)* retenir là-bas mon père et Odette. Gervais *(rencontrer)* au bout des champs son camarade de collège, Lucien Guilbert, et celui-ci *(entraîner)* mon frère derrière une vieille grange pour jouer.
Ma mère exaspérée m'*(envoyer)* les chercher tous. Mais il m'*(arriver)* de rencontrer le chien des Guilbert, et l'on *(se mettre)* à jouer parmi la folle avoine.
Finalement ma mère *(arracher)* son tablier et, par le sentier, s'en *(venir)* nous réprimander.
Alors Mme Guilbert *(sortir)* sur la galerie et elle *(dire)* aimablement : « Restez donc à souper, puisque vous êtes tous là ! »

D'après **Gabrielle Roy**,
Rue Deschambault, Flammarion.

** CM2 **10** **Réécris le texte en choisissant l'imparfait ou le passé simple pour chaque verbe entre parenthèses.**
Plusieurs solutions sont parfois possibles, compare tes choix avec ceux de tes camarades.

Élias enfonça...

Élias *(enfoncer)* le lattis à coups de pied, *(s'ouvrir)* un passage, *(s'y glisser)* et *(tomber)* victorieusement au beau milieu des épis de maïs qui *(sécher)* au grenier. Il *(entendre)* soudain une légère toux. Il *(plisser)* les yeux et *(tendre)* l'oreille. Les crépitements et le ronflement du bois qui *(brûler)* lui *(permettre)* de suivre l'avancée des flammes, et il ne *(tarder)* pas à savoir quelles parties de la maison en *(être)* la proie. Il *(trouver)* la petite fille dans sa chambre opaque de fumée. Elle *(être)* allongée, les yeux ouverts, sous le châssis du lit, ses dents *(serrer)* sa poupée de chiffons. Il *(saisir)* le petit bras d'Elsbeth, la *(tirer)* de dessous le lit, lui *(passer)* le bras autour des hanches, la *(soulever)* et *(serrer)* fermement le petit corps contre son buste...

Robert Schneider,
Frère Sommeil, Calmann-Lévy

* CM1 **9** **Recopie le texte. Choisis pour chaque verbe le temps qui convient : imparfait ou passé simple.**

Il < fut / était une fois un crabe qui n'< avait / eut rien de mieux à faire qu'observer les poissons qui < vécurent / vivaient dans un grand bassin. Ils < furent / étaient sept et le crabe les < trouvait / trouva tous plus beaux l'un que l'autre.
Un matin en se réveillant le crabe < découvrait / découvrit qu'un des poissons avait disparu, < ce fut / c'était le plus beau et le plus gras de tous. Les six poissons qui < restaient / restèrent < se serrèrent / se serraient dans un coin du bassin et le crabe, leur ayant demandé où < se trouvait / se trouva leur frère, ils ne < savaient / surent que rouler des yeux et répondre qu'ils ne < savaient / surent pas.

Les plus beaux contes d'animaux, Flammarion

grammaire

CM2 ** **11** **Réécris au passé le texte, en utilisant correctement l'imparfait, le passé simple et, pour les verbes à un temps composé, le plus-que-parfait.**

Le poisson rouge ***était*** *heureux...*

Le poisson rouge est heureux dans son bocal sur le buffet, dans la maison du petit garçon. Il a trouvé une famille. Dans sa cage, le canari chante pour lui. Le poisson tourne en rond toute la journée : c'est ça le bonheur (pour un poisson rouge).
Mais un jour...
Un jour, un pauvre chat misérable qui n'appartient à personne entend le canari chanter. Il entend le canari chanter parce que le petit garçon, en partant pour l'école, a laissé la fenêtre ouverte. Le canari et le poisson sont seuls.

D'après **Roger Mauge**, *Histoire d'un poisson rouge*, Hachette.

CM2 ** **12** **Lis attentivement les deux phrases puis réponds aux questions.**

1. L'enfant s'approcha du chien qui aboyait.
2. L'enfant s'approcha du chien, qui aboya.

- Quelle différence de sens constates-tu entre ces deux phrases ? À quoi est-elle due ?
- Place les verbes sur un axe du temps pour le montrer.

CM2 ** **13** Corrige **les six erreurs commises par un élève qui n'a pas su choisir correctement entre l'imparfait et le passé simple.**

Le bonhomme partit. Il n'eut plus que trente milles pour arriver à sa maison, et il se réjouissait déjà du plaisir de voir ses enfants ; mais comme il fallut passer par un grand bois avant de rentrer chez lui, il se perdait. Il neigea horriblement, le vent fut si grand qu'il le jetait deux fois à bas de son cheval.

D'après **Mme Leprince de Beaumont**, *La Belle et la Bête*.

CM1 * **14** **En t'aidant du sens et du choix du temps (imparfait et passé simple), rétablis au bon endroit les verbes qui ont été enlevés.**

Verbes à l'imparfait : • *était* • *était*
Verbes au passé simple : • *respira* • *fallut* • *fit* • *saisit* • *se remit* • *repartit* • *dut* • *empoigna* • *eut*

Cosette ... l'anse à deux mains. Elle ... de la peine à soulever le seau. Elle ... ainsi une douzaine de pas, mais le seau ... plein, il ... lourd, elle ... le reposer à terre. Elle ... un instant, puis elle ... l'anse de nouveau et ... à marcher, cette fois un peu plus longtemps. Mais il ... s'arrêter encore. Après quelques secondes de repos, elle ... .

D'après **Victor Hugo**, *Les Misérables*.

CM2 ** **15** **Pour la suite du texte, les verbes te sont donnés à l'infinitif. Choisis le bon temps et fais bien tous les accords.**

• *s'arrêter* • *marcher* • *se passer* • *tomber* • *tendre* • *être* • *achever* • *être forcée* • *déborder*

Elle ... penchée en avant, la tête baissée, comme une vieille ; le poids du seau ... ses bras maigres ; l'anse de fer ... d'engourdir et de geler ses petites mains mouillées ; de temps en temps elle ... de s'arrêter, et chaque fois qu'elle ..., l'eau froide qui ... du seau ... sur ses jambes nues. Cela ... au fond d'un bois, la nuit, en hiver, loin de tout regard humain ; c'... une enfant de huit ans.

D'après **Victor Hugo**, *Les Misérables*.

CM2 ** **16** **Essaie de retrouver les verbes qui ont été retirés. Choisis entre l'imparfait et le passé simple pour chaque verbe.**

a. Le petit chacal ... beaucoup les coquillages. Il ... l'habitude de descendre chaque jour au bord de la rivière pour y chercher des moules et des crabes. Un jour, comme il ... très faim, il ... sa patte dans l'eau sans regarder. "Snap !" le vieux crocodile ... la patte dans sa gueule.

« Pauvre de moi ! ... le petit chacal. Le crocodile tient ma patte. Il va me tirer dans l'eau et me manger. Que pourrais-je faire pour qu'il me lâche ? »

b. Il ... et ... à rire tout haut.

« Oh ! oh ! oh ! ...-t-il, est-ce que Monsieur le Crocodile est aveugle ? Il a attrapé une vieille racine et il croit que c'est ma patte. J'espère qu'il la trouvera tendre. »

Le vieux crocodile ... couché dans la boue.

Il ... : « Tiens, je me suis trompé. »

Il ... les mâchoires, et le petit chacal ... en criant :

« Oh ! Monsieur Crocodile. C'est bien aimable à vous de me laisser partir. »

Le crocodile ... de la queue avec colère, mais le petit chacal ... déjà loin.

D'après **Miss Sara Cone Bryant**, *Comment raconter des histoires à nos enfants*, Nathan.

Vocabulaire

CM1 * **17 Relis le texte de l'exercice 5 p. 175, puis réponds aux questions.**

- Qu'est-ce que le papier de soie ? Trouve au moins deux autres sortes de papier.
- Employé au pluriel le groupe nominal les papiers peut avoir un autre sens : lequel ?

Orthographe

DICTÉE DE CONTRÔLE

Le garçon était grand et musclé pour ses douze ans.

Debout à l'arrière de son bateau, les pieds nus bien calés, Folco avait planté solidement sa perche dans la vase.

Il passa ses doigts dans cette broussaille de cheveux qui collaient jusqu'aux yeux à son visage tout mouillé de sueur. Puis il pesa de toutes ses forces sur sa perche pour faire avancer le bateau.

D'après **René Guillot**, *Crin-Blanc*, Hachette Jeunesse.

1. À quel temps sont les verbes qui servent à décrire le décor (l'arrière-plan) ?

2. À quel temps sont les verbes qui racontent l'histoire ?

30 Le conditionnel

« J'épouserais un prince… Un prince que je n'aurais jamais vu, qui viendrait un soir, au jour tombant, me prendre par la main et m'emmener dans un palais… Il serait très beau, très riche, oh ! le plus beau, le plus riche de la terre ! J'entendrais des chevaux hennir sousmes fenêtres, des pierreries ruisselleraient sur mes genoux, de l'or, une pluie, un déluge d'or tomberait de mes deux mains, dès que je les ouvrirais… Mon prince m'aimerait à la folie, et je l'aimerais moi-même comme une folle. Nous serions très jeunes, très purs et très nobles, toujours, toujours ! »

D'après Émile Zola, *Le Rêve*.

J'observe

➤ Relève les verbes qui situent les événements dans l'imaginaire : ils sont au conditionnel.

➤ Pour bien comprendre quelle valeur a cet emploi du conditionnel, lis le texte en mettant ces verbes au futur : quelle différence de sens constates-tu ?

➤ Observe la terminaison des verbes au conditionnel : quels sont les deux temps de l'indicatif auxquels elle te fait penser ?

Vocabulaire ➤ Quel est le sens du verbe *ruisseler* ? Sur quel nom est-il formé ? Est-il employé dans le texte au sens propre ou au sens figuré ?

Je retiens

Le conditionnel présent des verbes des 1er et 2e groupes, et de nombreux verbes du 3e groupe, se forme ainsi :
infinitif + terminaisons de l'imparfait : *-ais -ais -ait -ions -iez -aient*

Chanter	Rougir	Prendre	Venir
Je chanterais	Je rougirais	Je prendrais	Je viendrais
Tu chanterais	Tu rougirais	Tu prendrais	Tu viendrais
Il/elle/on chanterait	Il/elle/on rougirait	Il/elle/on prendrait	Il/elle/on viendrait
Nous chanterions	Nous rougirions	Nous prendrions	Nous viendrions
Vous chanteriez	Vous rougiriez	Vous prendriez	Vous viendriez
Ils/elles chanteraient	Ils/elles rougiraient	Ils/elles prendraient	Ils/elles viendraient

CM2 • Le conditionnel est un **mode** quand il s'emploie pour exprimer des faits imaginaires ou incertains. Il sert aussi à indiquer que des faits sont soumis à une condition.

*J'**épouserais** un prince qui **viendrait** un soir me prendre par la main.*

CM2 • Le conditionnel n'est plus un mode mais joue le rôle d'un **futur** quand, employé dans une phrase au passé, il signifie qu'un fait se déroulera après l'action principale.

*Elle **savait** qu'elle **épouserait** un prince. (→ Elle **sait** qu'elle **épousera** un prince.)*

Est-ce que je sais faire ?

CM2 * **1 Transforme la phrase en utilisant successivement les sujets donnés.**

1. Vous enverriez un message dans une bouteille.
   - *Nous* • *Tu* • *Le naufragé* • *Je* • *Les matelots*
2. Nous affronterions une tempête.
   - *Je* • *Tu* • *Le navire* • *Vous* • *Les voiliers*
3. La sécheresse régnerait sur toute la région.
   - *Tu* • *Les sauterelles* • *Je* • *Nous* • *Vous* • *Un roi fou*

CM2 * **2 Transforme la phrase en utilisant successivement les verbes donnés.**

1. Je prendrais bien une brioche.
   - *manger* • *acheter* • *faire* • *donner* • *cuire* • *prendre* • *emporter* • *envoyer*
2. La mère protégerait ses petits.
   - *nourrir* • *voir* • *reconnaître* • *sentir* • *cacher* • *chercher* • *entendre* • *abandonner* • *suivre* • *punir*
3. Tous les spectateurs applaudiraient.
   - *crier* • *sortir* • *rire* • *revenir* • *partir* • *savoir* • *se lever* • *chanter* • *protester*

CM2 ** **3 Réponds à ces questions par des phrases au conditionnel.**

Ex. : Que feriez-vous si vous perdiez votre clé ?
→ *Si nous perdions notre clé, nous irions chez les voisins.*

1. Que feraient les montagnards si l'orage éclatait ?
2. Que ferais-tu si un lion te poursuivait ?
3. Que ferait l'oiseau si on s'approchait de son nid ?
4. Qu'aurait fait l'oiseau si on s'était approché de son nid ?
5. Que feraient les élèves si le maître s'absentait ?
6. Que ferait ton voisin si tu lui prenais sa gomme ?
7. Qu'aurait fait le chien s'il avait été détaché ?

CM2 * **4 Continue la phrase avec une proposition principale au conditionnel.**

Si les moineaux parlaient, …

CM2 * **5 Relève les verbes au conditionnel et analyse-les comme dans l'exemple.**

partirions *: verbe partir, 3e groupe, conditionnel présent, 1re personne du pluriel.*

Le temps des contes

S'il était encore une fois
Nous partirions à l'aventure,
Moi, je serais Robin des Bois,
Et toi tu mettrais ton armure.

Nous irions sur nos alezans,
Animaux de belle prestance,
Nous serions armés jusqu'aux dents
Parcourant les forêts immenses.

CM2 * **6 Même exercice avec la suite du poème.**

S'il était encore une fois
Vers le Château des Contes bleus
Je serais le beau fils du Roi,
Et toi tu cracherais le feu.

Nous irions trouver Blanche-Neige
Dormant dans son cercueil de verre,
Nous pourrions croiser le cortège
De Malbrough revenant de guerre

S'il était encore une fois
Au balcon de Monsieur Perrault,
Nous irions voir Ma Mère l'Oye
Qui me prendrait pour un héros.

Georges Jean, Jean Orizet,
Les Plus Beaux Poèmes pour enfants,
Le Cherche-Midi.

Je m'entraîne

grammaire

CM2 * **7 Recopie le tableau et complète-le.**

	Entrer	Aller	Courir	Peindre	Envoyer	Devenir
je / j'	*entrerais*					
tu		*irais*				
le garagiste			*courrait*			
nous				*peindrions*		
vous					*enverriez*	
les gens						*deviendraient*

CM2 ** **8 Mets au conditionnel présent les verbes, pour exprimer l'imaginaire.**

Je conduis la locomotive.
→ *Je* ***conduirais*** *la locomotive.*

Je conduis la locomotive. Vous vous asseyez derrière moi et vous faites les wagons. Les wagons déraillent, sauf le premier qui reste sur la voie. Nous appelons les secours. Ils arrivent très vite et évacuent les blessés à l'hôpital.

CM2 * **9 Complète chaque phrase par une proposition introduite par** si.

Exemple :
Cette plante fleurirait ***si on lui donnait de l'engrais****.*

1. Les tomates pourriraient…
2. Le chien aboierait…
3. Le rôti serait trop cuit…
4. La voiture démarrerait…
5. Vous réussiriez mieux…

CM2 * **10 Réécris le texte en mettant au conditionnel les verbes entre parenthèses.**

C'est bien vrai que ce ***serait*** *charmant…*

C'est bien vrai que ce *(être)* charmant de vivre ensemble. Il y *(avoir)* des oiseaux plein leurs arbres. Je *(se promener)* avec Cosette. Être des gens qui vivent, qui se disent bonjour, qui s'appellent dans les jardins, ce *(être)* doux. On *(se voir)* dès le matin. Nous *(cultiver)* chacun un petit coin. Elle me *(faire)* manger ses fraises, je lui *(faire)* cueillir mes roses. Ce *(être)* charmant.

D'après **Victor Hugo**, *Les Misérables*.

CM2 * **11 Mets au conditionnel présent le verbe, pour atténuer l'ordre ou la demande.**

1. Je *(vouloir)* un peu de pain.
2. *(Pouvoir)*-tu me faire la courte échelle ?
3. J'*(aimer)* voir cette chemise.
4. Nous *(souhaiter)* avoir un plan de la ville.
5. *(Savoir)*-tu nouer mes lacets ?

CM2 ** **12 Réécris chaque phrase en remplaçant le présent par l'imparfait, et le futur par le conditionnel** (= futur du passé)**.**

Exemple : ***Il dit*** *qu'il* ***viendra*** *pour Noël.*
→ ***Il disait*** *qu'il* ***viendrait*** *pour Noël.*

1. Le pêcheur pense que la mer restera calme.
2. Le plombier estime qu'il lui faudra une heure pour réparer la fuite.
3. Je crois que tu sauras le faire.
4. Nous nous demandons si nous arriverons à temps.
5. Vous voyez bien que la branche cassera sous votre poids.

CM2 13 **Recopie le tableau et complète-le.**

	Rentrer	Aller	Courir	Suivre	Peindre	Lire
je / j'			*aurais couru*			
tu				*aurais suivi*		
le garagiste		*serait allé*				
nous					*aurions peint*	
vous	*seriez rentrés*					
les gens						*auraient lu*

CM2 14 **Mets au conditionnel passé le verbe, pour rendre incertaine l'information.**

Exemple : Le toit de l'école s'est envolé.
→ *Le toit de l'école* ***se serait envolé****.*

1. Tous les pigeons ont quitté Venise.
2. L'incendie a été allumé par un pyromane.
3. Une soucoupe volante a été vue en plusieurs endroits.
4. Une île inconnue a été découverte dans l'océan Pacifique.
5. Des farceurs ont démonté la tour Eiffel.

CM2 15 **Réécris le texte qui introduit la leçon** **p. 180****, en remplaçant** je **par** elle**.**

Elle épouserait *un prince...*

CM2 16 **Réécris au présent le texte.**
Les verbes au conditionnel, qui sont tous des futurs du passé, deviendront donc des futurs.

Dans les heures qui suivent la réponse de mon père, je ***sais*** *ce qui* ***se passera****.*

a. Dans les heures qui suivaient la réponse de mon père, je savais ce qui se passerait. Ma mère m'habillerait, « de propre », selon son expression. Puis au retour du travail, mon père m'emmènerait en promenade. Il me tiendrait par la main, au long de rues peu vivantes, car nous abandonnerions la nôtre, si populaire, pour celles des quartiers plus nobles. **b.** Nous marcherions sans nous parler, la main dans la main, sans but précis. Parfois mon père s'arrêterait, me regarderait. J'attendrais une parole, mais il se tairait, nous repartirions. Enfin, il me dirait : « Voici l'heure de rentrer, ta mère doit nous attendre, maintenant. » Et nous prendrions le chemin du retour.

Max-Pol Fouchet,
Les Évidences secrètes, Grasset.

Vocabulaire

CM1 * **17** **Lis le texte de l'exercice 25 p. 185.**
Le nom avertissement **est formé à partir du verbe** avertir. **Quel nom peut-on former à partir de chacun de ces verbes ?**

- demander
- arrêter
- gémir
- gronder
- immobiliser

CM1 * **18** **Complète le tableau.**

Langue familière	Langue courante	Langue soutenue
Les spectateurs rigolaient.	*Les spectateurs riaient.*	*Les spectateurs s'esclaffaient.*
Tirez-vous en douce.		*Esquivez-vous discrètement.*
J'm'en fiche.		
		On lui a dérobé sa montre.
	Je me suis trompé.	

CM1 * **19** **Classe ces noms, selon qu'ils appartiennent à la langue familière, courante ou soutenue.**
Aide-toi du dictionnaire.

- un casse-pieds
- un gêneur
- un importun
- un pot de colle
- un fâcheux
- un indiscret
- un enquiquineur
- un raseur

CM2 ** **20** **Réécris ce texte en langage courant.**

Le narrateur doit sortir un animal blessé d'une cage pleine de chats sauvages.

J'ai regardé à travers la grille. Duke m'a repoussé.
« Fais gaffe ! qu'il m'crie. Ils te boufferaient en moins de deux !
– Dans ce cas, que j'dis, comment que j'vais la sortir, cette maudite bestiole ?
– T'as qu'à trouver un gros bâton, qu'il m'ré-pond. »
Et le voilà qui s'en va.
J'étais drôlement en rogne, mais j'suis quand même allé chercher ce bâton. J'en ai dégoté un.

James M. Cain, *Retour de flamme*, Minerve.

Orthographe

CM2 ** **21** **1.** Le petit enfant mourait de peur … / Le petit enfant mourrait de peur …
2. Je dirai la vérité … / Je dirais la vérité …

- Justifie la différence d'orthographe du verbe, en disant à quel temps et à quel mode il est conjugué.
- Chaque fois, l'une des deux phrases est inachevée. Laquelle ? Essaie de la compléter.

CM2 ** **22** **Recopie le texte en écrivant correctement les terminaisons effacées.**
Attention, aucun verbe n'est au futur de l'indicatif.

Tous les lapins se regroupèrent dans une sorte de dépression. À perte de vue se dress… autour d'eux les plants bien align… qui les protéger… contre la venue de n'importe quel ennemi et leur offrir… un toit. Ils n'aur… pas ét… plus en sécurité au fond d'un terrier. À la rigueur, ils pourr… même trouv… à mang…, car çà et là pouss… de pâles brins d'herbes ou même un pissenlit.

R. Adams, *Les Garennes de Watershipdown*, Flammarion.

AUTODICTÉE

Dans un quart d'heure, la cavalcade commencerait au premier. Ensuite ce serait la file d'attente devant la salle de bains. Premier levé, premier lavé.
Il avala son café au lait avec une tranche de cake et fonça vers la salle de bains. Là-haut, on commençait à s'ébrouer. Il ouvrit le robinet de la douche au moment même où quelqu'un tournait la poignée de la porte. Il entendit des protestations.

Weller, *La Hargne*, Denoël.

- Relève les verbes au conditionnel. Ce conditionnel est-il un vrai conditionnel ou un futur du passé ?

J'apprends à rédiger

23 Quelle différence de sens vois-tu entre ces phrases ?

- Je crois que tu seras assez fort pour porter le sac.
- Je crois que tu serais assez fort pour porter le sac.
- Je crois que tu aurais été assez fort pour porter le sac.

24 Dis laquelle de ces valeurs a le conditionnel dans chaque phrase.

- *atténuation de politesse*
- *futur dans une phrase au passé*
- *imaginaire dans les jeux d'enfants*
- *fait soumis à une condition*
- *information incertaine*

1. Pardon, Monsieur, auriez-vous un dictionnaire ?
2. S'il me le demandait, je le lui donnerais.
3. Des milliers de méduses auraient envahi les plages méditerranéennes.
4. Tu serais le malade et moi je serais le docteur.
5. Je ne pensais pas qu'il ferait si froid.

25 Mets les verbes au conditionnel présent. Quel nouveau sens prend le texte ?

L'ourson faisait tout ce qu'il pouvait pour demander de l'aide.
Tyr le grizzly s'arrêta à quelques pas, grogna puis chercha la mère du regard. Ne la voyant pas aux alentours, il reporta son attention sur l'ourson qui gémissait doucement. Un avertissement sourd gronda au fond de la poitrine de Tyr. L'ourson s'immobilisa, fit le mort, pattes, nez et ventre aplatis.

D'après **James Oliver Curwood**, *Le Grizzly*, Robert Laffont.

26 Écris un dialogue entre deux enfants jouant aux cowboys et aux Indiens. Utilise le conditionnel (voir l'exercice 8).

27 Écris trois phrases disant ce que tu ferais si tu étais...

- un(e) magicien(ne)
- riche
- un(e) géant(e)
- un(e) lion(ne), *etc.*

28 Écris à l'imparfait de l'indicatif ou au conditionnel (futur du passé) chaque verbe donné entre parenthèses.

a. Mon père ne pouvait pas s'embarrasser de moi. Alors, il me *(mettre)* en nourrice et *(venir)* me voir de temps à autre. Parfois, il me *(prendre)* des semaines entières avec lui, quand il *(avoir)* assez d'argent, me parlant du jour où il *(être)* riche et où il *(pouvoir)* me garder toujours et faire de moi une demoiselle des villes.

b. C'est lui qui m'avait appris à lire. À chaque visite, il m'*(apporter)* des livres. J'*(avoir)* parfois le temps de les apprendre par cœur avant de le revoir. Au début, il *(venir)* souvent, puis de plus en plus rarement. Les fermiers *(être)* payés irrégulièrement, alors ils me *(faire)* participer aux travaux des champs en compensation. Quand les Margy ont compris qu'ils ne *(être)* jamais payés pour l'année de pension qui leur *(être)* due, ils m'ont pratiquement jetée dehors.

D. Desgranges, *Autopsie d'un massacre*, Phébus.

- Dis si le narrateur est un garçon ou une fille. Relève les deux indices qui le prouvent.

31 L'impératif

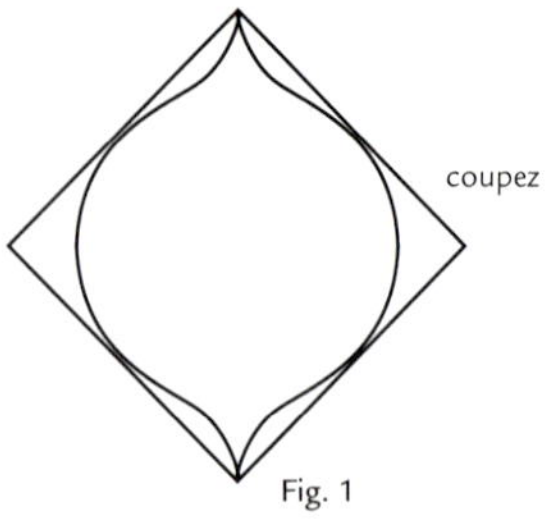

Fig. 1

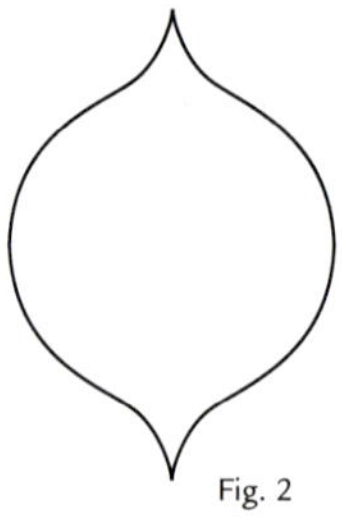
Fig. 2

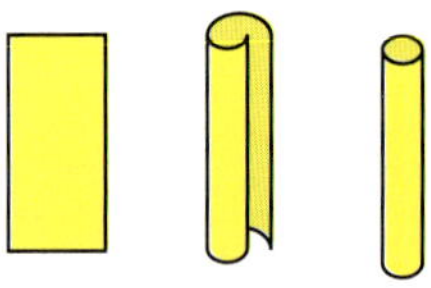
Fig. 3

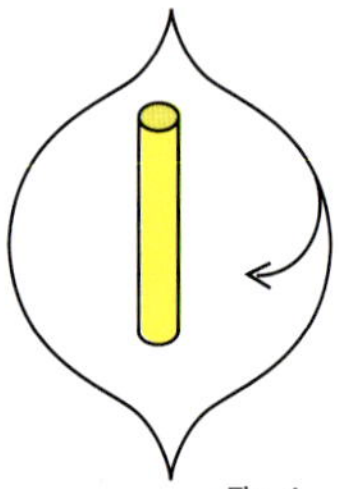
Fig. 4

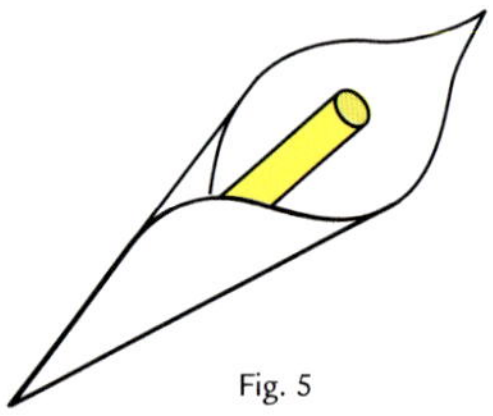
Fig. 5

L'arum

→ Utilisez un carré de papier blanc et un petit rectangle de papier jaune.
→ Découpez le dessin inscrit dans le carré blanc (figure 1). Vous obtenez ainsi la figure 2.
→ Enroulez le rectangle jaune en forme de tube. Collez-le comme indiqué sur la figure 4.
→ Enroulez le papier blanc en forme de cornet et collez-en les bords l'un sur l'autre (figure 5).

Origami, Fleurs et Bouquets,
Éditions Nathan.

J'observe

➤ Relève les verbes à l'impératif et donne leur infinitif. À quelle personne sont-ils tous conjugués ? À quoi as-tu reconnu l'impératif ?

➤ À quoi sert ce type de texte ? Pourquoi est-il accompagné de dessins ? Cite d'autres textes du même type.

Vocabulaire ➤ Qu'est-ce qu'un *arum* ?

Je retiens

- **L'impératif n'existe qu'à trois personnes :** 2e personne du singulier, 1re et 2e personnes du pluriel. Le sujet n'est pas exprimé.

Chanter	Rougir	Venir	Prendre	Offrir	Cueillir
chante chantons chantez	rougis rougissons rougissez	viens venons venez	prends prenons prenez	offre offrons offrez	cueille cueillons cueillez

- **L'impératif est un mode.**
On l'emploie pour exprimer l'ordre, la défense, la prière.
Enroulez *le papier blanc en forme de cornet.*

Est-ce que je sais faire ?

CM1 **1 Mets chaque verbe conjugué à la deuxième personne du singulier.**

Exemple : Allons au cinéma. → ***Va** au cinéma.*

1. Arrêtez-vous.
2. Finissons notre repas.
3. Conduisez prudemment.
4. Prenez encore un fruit.
5. Dites-moi l'heure.
6. Écrivez votre nom.
7. Emmenons-la à l'infirmerie.

CM1 **2 Mets chaque verbe conjugué à la deuxième personne du pluriel.**

Exemple : Va au cinéma. → ***Allez** au cinéma.*

1. Suis-moi sans dire un mot.
2. Mouche-toi.
3. Cachons-nous.
4. Attendons la récréation.
5. Dépêche-toi.
6. Prends ton bonnet et mets-le.
7. Mélangeons les couleurs et peignons.

CM1 **3 Mets chaque verbe conjugué à la première personne du pluriel.**

Exemple : Allez-y. → ***Allons**-y.*

1. Va chercher le pain.
2. Partez tout de suite.
3. Sache tes leçons.
4. Donnez-lui à boire.
5. Pousse-toi.
6. Ne dites rien.

CM2 **4 Lis le texte des vignettes de la bande dessinée, puis réponds aux questions.**

a. Relève les verbes à l'impératif. Donnes-en l'infinitif et conjugue-les aux trois personnes.

b. Le dernier ordre de la première vignette n'est pas à l'impératif. Pourquoi ?

On a marché sur la lune.

CM1 **5 Même exercice que l'exercice 3.**

1. Mêlez-vous de vos affaires.
2. Écoutez la musique.
3. Demande-lui son nom et écris-le ici.
4. Plie la feuille soigneusement.

CM2 **6 Mets cette recette à l'impératif**

a. à la deuxième personne du singulier

***Mets** 90 g de sucre...*

b. à la première personne du pluriel

***Mettons**...*

c. à la deuxième personne du pluriel.

***Mettez**...*

Les petits poissons

Mettre 90 g de sucre semoule, deux cuillerées à soupe de sirop de menthe coloré et 5 cuillerées à soupe d'eau froide dans une casserole.
Laisser dissoudre sur feu doux.
Ajouter 3 cuillerées à soupe de miel liquide, bien mélanger.
Hors du feu, ajouter 18 g de gélatine alimentaire ramollie et 1 cuillerée à soupe de jus de citron.
Mouiller avec un peu d'eau froide un moule à glaçons en forme de poissons.
Y verser la gelée.
Placer le tout dans le réfrigérateur.
Laisser une nuit.
Démouler délicatement, en décollant la gelée des parois du moule.

Famili, n° 14, avril 1994, Groupe Marie-Claire.

Je m'entraîne

grammaire

✱ CM1 **7** **Recopie le tableau et complète-le.**

	Prier	Bondir	Courir	Prendre	Dire	Éteindre	Croire
2e pers. sing.			*cours*	*prends*			
1re pers. pl.		*bondissons*			*disons*	*éteignons*	
2e pers. pl.	*priez*						*croyez*

✱ CM1 **8** **Réécris les phrases en mettant les verbes à la 2e personne du singulier.**

Exemple : Mangez un fruit.
*→ **Mange** un fruit.*

a. **1.** Changez les draps.
2. Mettez les papiers dans la corbeille.
3. Achetons un journal.
4. Ne bougez pas.
5. Ne nous montrons pas.

b. **1.** N'oublions pas nos maillots de bain.
2. Suivons la piste.
3. Ouvrez la porte.
4. Prenez un chocolat.
5. Ne les cueillez pas.

✱✱ CM2 **9** **Réécris ces phrases à l'impératif.**

Exemple : Tu ouvres le paquet.
*→ **Ouvre** le paquet.*

a. **1.** Tu choisis ta place.
2. Vous ne faites pas de bruit.
3. Vous ne courez pas.
4. Nous voyons ce qu'il fait.
5. Tu ne manges pas cela.
6. Tu m'obéis.

b. **1.** Tu te sèches les cheveux.
2. Tu vas dans le couloir.
3. Vous me dites la vérité.
4. Tu te tais.
5. Nous écrirons votre adresse.
6. Vous relisez votre dictée.

✱ CM1 **10** **Réécris chaque phrase en rétablissant le pronom personnel sujet et en mettant chaque verbe au présent de l'indicatif.**

Exemple : Ouvre le paquet.
*→ **Tu ouvres** le paquet.*

a. **1.** Faites-moi un beau dessin.
2. Chantons et dansons ensemble.
3. Asseyons-nous dans l'herbe.
4. Ne parlez pas trop fort.
5. Prends un prospectus et apporte-le-moi.

b. **1.** Tiens-toi droit.
2. Appelle ton frère.
3. Va me chercher du sel.
4. Couche-toi.
5. Prête-moi ta règle.

✱ CM1 **11** **Relève les verbes à l'impératif et fais-les entrer dans un tableau de ce type.**

Verbe	Infinitif	2e pers. sing.	1re pers. plur.
retenez-vous	*se retenir*	*retiens-toi*	*retenons-nous*

Les Conseils de la sorcière

Retenez-vous de rire
dans le petit matin.

N'écoutez pas les arbres
qui gardent les cheminées !
Ne dites votre nom
à la terre endormie
qu'après minuit sonné !

À la neige, à la pluie
ne tendez pas la main !
N'ouvrez votre fenêtre
qu'aux petites planètes
que vous connaissez bien !

Confidence pour confidence
vous qui venez me consulter
méfiance, méfiance,
on ne sait pas ce qui peut arriver.

Jean Tardieu, *Monsieur, Monsieur*, Gallimard.

CM2 ** **12** **Réécris la recette en utilisant l'impératif, à la 2e personne du singulier.**

Mets *125 g de chocolat fin ...*

Truffes au chocolat

a. Mettre 125 g de chocolat fin et 3 cuillerées à soupe d'eau dans une casserole. Régler le feu très doucement. Faire fondre le chocolat. Surveiller la cuisson sans quitter la casserole des yeux. Lorsque le chocolat est fondu, ajouter 75 g de beurre très frais coupé en noisettes, 1 jaune d'œuf et 1 ou 2 cuillerées à soupe de sucre glace (suivant le goût). Retirer du feu et remuer sans arrêt. La pâte est encore tiède et assez molle.

b. Verser dans un saladier et mettre au réfrigérateur pendant 2 ou 3 heures, jusqu'à ce que la pâte soit bien dure. Sortir le saladier. Découper de petites boules dans la pâte à l'aide de deux petites cuillères. Verser dans un verre à fond arrondi deux cuillerées à café de cacao, y rouler chaque boule de pâte en tournant et en agitant le verre. Déposer la truffe dans une caissette. Tenir au frais pendant une nuit, avant de déguster.

Je, tu, ils... font un dessert, CEDUS.

CM1 * **13** **Réécris le texte en utilisant l'impératif, à la 2e personne du pluriel.**

Prenez *un grand napperon de papier ...*

Prends un grand napperon de papier que l'on met sous les gâteaux. Coupe le napperon en deux. Plie le demi-cercle en 6, puis en 12 parties. Coupe 7 cm à l'extrémité de la pointe. Déplie le demi-cercle puis plie les 12 parties en accordéon. Colle six bandes de carton fort sur les marques de plis. Perce un trou à travers l'extrémité des six bandes de carton et fixe-les avec une vis et un écrou. Décore l'extrémité avec un cordonnet de couleur. Tu peux colorier ton éventail.

Alicia, *MilAmi*.

Vocabulaire

CM1 * **14** **L'une des deux phrases est à l'impératif, l'autre, interrogative, au présent de l'indicatif.**

- **Recopie-les en les ponctuant correctement** (point ou point d'interrogation).
- **Donne l'infinitif et le sens du verbe.**

1. Changez-vous de train / Changez-vous
2. Rendons-nous nos livres / Rendons-nous à Ivry
3. Livrez-vous à l'ennemi / Livrez-vous bataille
4. Pressez-vous les citrons / Pressez-vous, les enfants
5. Voyons-nous demain / Voyons-nous l'île

CM1 * **15** **Cherche des verbes et des expressions signifiant** avoir froid**.**

Classe-les selon qu'ils appartiennent à la langue familière, courante ou soutenue.

CM2 ** **16** **Ces phrases ont deux sens selon qu'elles sont en langue courante ou en langue familière. Donne ces deux sens.**

1. Sa sœur lui a donné une tarte.
2. Tu veux une pêche ?
3. Son père lui a passé un savon.
4. Il pleure parce qu'on a piqué son chat.
5. Il a séché.

Orthographe

* CM1 **17 Réécris les phrases pour en faire des phrases impératives.**
Supprime le sujet et modifie la terminaison.

1. Tu écoutes les conseils.
2. Tu ne te ronges pas les ongles.
3. Tu laves les radis.
4. Tu te dépêches.
5. Tu couvres tes livres.
6. Tu ne cueille pas ces fleurs.

* CM1 **18 Réécris les phrases pour en faire des phrases déclaratives.**
Rétablis le sujet et modifie la terminaison.

1. Ne pleure pas.
2. Lace tes chaussures et boutonne ta veste.
3. Cueille du persil.
4. Coupe ta viande en petits morceaux.
5. Chasse cette guêpe.
6. Donne-moi ta place.

** CM2 **19 Recopie ces phrases impératives en rétablissant les traits d'union entre le verbe et les pronoms compléments placés après.**

1. Attrape le.
2. Cachez vous.
3. Lave toi les mains.
4. Allons nous en.
5. Apporte moi ta dictée et lis la moi.
6. Rendez le lui tout de suite.
7. Rendez moi le livre.

** CM2 **21 Réécris les phrases pour en faire des phrases impératives.**
Supprime le sujet, modifie la terminaison et mets les traits d'union nécessaires.

1. Tu vas dans la cour.
2. Tu y vas.
3. Tu cherches un timbre.
4. Tu en cherches un.
5. Tu offres des chocolats.
6. Tu en offres.

* CM1 **22 Recopie et complète ce tableau.**

Indicatif présent	Impératif présent
Tu ne bouges pas.	Ne bouge pas.
Tu accueilles les invités.	...
...	Allume.
Tu parles.	...
...	N'aie pas peur.
Tu es courageux.	...
...	Rions.
Tu ouvres la porte.	...
...	Va le chercher.
Vous faites vite.	...

** CM2 **20 Recopie le texte en choisissant le verbe bien orthographié.**

Le petit poisson, *suppliant*. – Pêcheur, pêcheur, < rejette / lances -moi dans la mer. Ne me < fait / laisse pas mourir, je t'en < pris / supplie ! Si tu me < libères / rejette , tu seras richement récompensé.

Le pêcheur, *abasourdi*. – < Caches / Sauve -toi, poisson doré. < Vis / Soit heureux dans la mer. Je n'ai besoin d'aucune récompense.

D'après **Pouchkine**, *Le Pêcheur et le petit poisson*, in *Contes*.

DICTÉE PRÉPARÉE

Va, éreinte-toi, gèle, crève, souffle sur les braises, aspire à pleine bouche la vapeur des cuissons, emplis-toi la gorge de cendre, écale les marrons, gonfle les sacs, vends ta marchandise aux enfants goulus, aux femmes attardées ; entonne à tue-tête, dans le froid, ton refrain de misère : eh ! chauds, chauds, les marrons !

D'après **Huysmans**, *Croquis parisiens*.

1. Relève les verbes à l'impératif, donne l'infinitif de chacun et justifie sa terminaison.
2. Justifie l'accord des adjectifs et des participes passés.
3. Que signifie l'expression à tue-tête ?
4. Relève tous les mots qui comportent une consonne double.
5. À qui s'adressent tous les ordres ou recommandations du texte ?

J'apprends à rédiger

CM1 * **23 Imagine quelques conseils qu'on pourrait donner à quelqu'un qui apprend à faire de la bicyclette.**
Utilise l'impératif à la 2e personne du singulier.

*Exemple : **Regarde** devant toi …*

CM2 ** **24 L'une des deux phrases est à l'impératif, l'autre, interrogative, est au présent de l'indicatif. Recopie-les en les ponctuant correctement** (point ou point d'interrogation).

1. Caches-tu la serviette de ton frère / Cache-toi sous la serviette de ton frère
2. Dis-tu des bêtises / Dis-toi que ce sont des bêtises
3. Lavez-vous les mains / Lavez-vous la vaisselle

CM1 * **25 Démêle ces deux fiches de jardinage, en prenant comme repère le mode utilisé pour exprimer l'ordre.**

1. Mettre 7 à 8 graines de luzerne dans un pot à confiture ou autre bocal en verre clair.
2. Lave bien trois pots de petits suisses.
3. Décore-les en les peignant de toutes les couleurs.
4. Recouvrir d'eau et laisser tremper toute une nuit.
5. Fermer le récipient avec un morceau de mousseline fixé par un élastique.
6. Bourre-les de coton.
7. Vider l'eau à travers la mousseline.
8. Emplir à nouveau avec de l'eau fraîche.
9. Plante les petites graines de lentilles dans le coton.
10. Arrose légèrement.
11. Vider une fois de plus.
12. Rincer les graines chaque jour de cette façon.
13. Installe tes pots dans un endroit chaud.
14. Tenir le pot dans un local chauffé à 20 °C et normalement éclairé, sans toutefois être exposé au soleil.
15. N'oublie pas de les arroser tous les jours.
16. Les pousses sont bonnes à récolter en 5-7 jours quand elles emplissent le bocal en une masse de tiges blanches et de brillantes feuilles vertes.
17. Une semaine après, tu verras pousser tes plantes et sortir de petites tiges.
18. Les prendre par touffes séparées à la demande.

• **Attribue à chaque fiche le matériel nécessaire.**

a. *1 bocal de verre, des graines de luzerne, un morceau de mousseline*
b. *3 pots de petits suisses, des lentilles sèches, du coton, de la peinture et 1 pinceau fin*

Le verbe et sa conjugaison

Modes personnels (formes conjuguées)

Modes	Temps simples		Temps composés	
Indicatif	Présent	*je dresse* *tu dresses ...*	Passé composé	*j'ai dressé* *tu as dressé ...*
	Imparfait	*je dressais* *tu dressais ...*	Plus-que-parfait	*j'avais dressé* *tu avais dressé ...*
	Passé simple	*je dressai* *tu dressas ...*	Passé antérieur	*j'eus dressé* *tu eus dressé ...*
	Futur	*je dresserai* *tu dresseras ...*	Futur antérieur	*j'aurai dressé* *tu auras dressé ...*
Conditionnel	Présent	*je dresserais* *tu dresserais ...*	Passé	*j'aurais dressé* *tu aurais dressé ...*
Impératif	Présent	*dresse* *dressons* *dressez*		

Modes impersonnels (formes non conjuguées)

Modes	Temps simple		Temps composé	
Participe	Présent	*dressant*	Passé	*ayant dressé*
Infinitif	Présent	*dresser*	Passé	*avoir dressé*

Annexes

Conjugaison

Auxiliaires

Être

INDICATIF

Présent

je	suis
tu	es
il/elle	est
nous	sommes
vous	êtes
ils/elles	sont

Passé composé

j'	ai	été
tu	as	été
il/elle	a	été
nous	avons	été
vous	avez	été
ils/elles	ont	été

Imparfait

j'	étais
tu	étais
il/elle	était
nous	étions
vous	étiez
ils/elles	étaient

Plus-que-parfait

j'	avais	été
tu	avais	été
il/elle	avait	été
nous	avions	été
vous	aviez	été
ils/elles	avaient	été

Passé simple

je	fus
tu	fus
il/elle	fut
nous	fûmes
vous	fûtes
ils/elles	furent

Passé antérieur

j'	eus	été
tu	eus	été
il/elle	eut	été
nous	eûmes	été
vous	eûtes	été
ils/elles	eurent	été

Futur

je	serai
tu	seras
il/elle	sera
nous	serons
vous	serez
ils/elles	seront

Futur antérieur

j'	aurai	été
tu	auras	été
il/elle	aura	été
nous	aurons	été
vous	aurez	été
ils/elles	auront	été

CONDITIONNEL

Présent

je	serais
tu	serais
il/elle	serait
nous	serions
vous	seriez
ils/elles	seraient

Passé

j'	aurais	été
tu	aurais	été
il/elle	aurait	été
nous	aurions	été
vous	auriez	été
ils/elles	auraient	été

IMPÉRATIF

Présent

sois
soyons
soyez

PARTICIPE

Présent	Passé
étant	ayant été

Avoir

INDICATIF

Présent

j'	ai
tu	as
il/elle	a
nous	avons
vous	avez
ils/elles	ont

Passé composé

j'	ai	eu
tu	as	eu
il/elle	a	eu
nous	avons	eu
vous	avez	eu
ils/elles	ont	eu

Imparfait

j'	avais
tu	avais
il/elle	avait
nous	avions
vous	aviez
ils/elles	avaient

Plus-que-parfait

j'	avais	eu
tu	avais	eu
il/elle	avait	eu
nous	avions	eu
vous	aviez	eu
ils/elles	avaient	eu

Passé simple

j'	eus
tu	eus
il/elle	eut
nous	eûmes
vous	eûtes
ils/elles	eurent

Passé antérieur

j'	eus	eu
tu	eus	eu
il/elle	eut	eu
nous	eûmes	eu
vous	eûtes	eu
ils/elles	eurent	eu

Futur

j'	aurai
tu	auras
il/elle	aura
nous	aurons
vous	aurez
ils/elles	auront

Futur antérieur

j'	aurai	eu
tu	auras	eu
il/elle	aura	eu
nous	aurons	eu
vous	aurez	eu
ils/elles	auront	eu

CONDITIONNEL

Présent

j'	aurais
tu	aurais
il/elle	aurait
nous	aurions
vous	auriez
ils/elles	auraient

Passé

j'	aurais	eu
tu	aurais	eu
il/elle	aurait	eu
nous	aurions	eu
vous	auriez	eu
ils/elles	auraient	eu

IMPÉRATIF

Présent

aie
ayons
ayez

PARTICIPE

Présent	Passé
ayant	ayant eu

Verbes irréguliers

Aller

INDICATIF

Présent		Passé composé		
je	vais	je	suis	allé(e)
tu	vas	tu	es	allé(e)
il/elle	va	il/elle	est	allé(e)
nous	allons	nous	sommes	allé(e)s
vous	allez	vous	êtes	allé(e)s
ils/elles	vont	ils/elles	sont	allé(e)s

Imparfait		Plus-que-parfait		
j'	allais	j'	étais	allé(e)
tu	allais	tu	étais	allé(e)
il/elle	allait	il/elle	était	allé(e)
nous	allions	nous	étions	allé(e)s
vous	alliez	vous	étiez	allé(e)s
ils/elles	allaient	ils/elles	étaient	allé(e)s

Passé simple		Passé antérieur		
j'	allai	je	fus	allé(e)
tu	allas	tu	fus	allé(e)
il/elle	alla	il/elle	fut	allé(e)
nous	allâmes	nous	fûmes	allé(e)s
vous	allâtes	vous	fûtes	allé(e)s
ils/elles	allèrent	ils/elles	furent	allé(e)s

Futur		Futur antérieur		
j'	irai	je	serai	allé(e)
tu	iras	tu	seras	allé(e)
il/elle	ira	il/elle	sera	allé(e)
nous	irons	nous	serons	allé(e)s
vous	irez	vous	serez	allé(e)s
ils/elles	iront	ils/elles	seront	allé(e)s

CONDITIONNEL

Présent		Passé		
j'	irais	je	serais	allé(e)
tu	irais	tu	serais	allé(e)
il/elle	irait	il/elle	serait	allé(e)
nous	irions	nous	serions	allé(e)s
vous	iriez	vous	seriez	allé(e)s
ils/elles	iraient	ils/elles	seraient	allé(e)s

IMPÉRATIF

Présent
va
allons
allez

PARTICIPE

Présent	Passé
allant	étant allé(e)(s)

Faire

INDICATIF

Présent		Passé composé		
je	fais	j'	ai	fait
tu	fais	tu	as	fait
il/elle	fait	il/elle	a	fait
nous	faisons	nous	avons	fait
vous	faites	vous	avez	fait
ils/elles	font	ils/elles	ont	fait

Imparfait		Plus-que-parfait		
je	faisais	j'	avais	fait
tu	faisais	tu	avais	fait
il/elle	faisait	il/elle	avait	fait
nous	faisions	nous	avions	fait
vous	faisiez	vous	aviez	fait
ils/elles	faisaient	ils/elles	avaient	fait

Passé simple		Passé antérieur		
je	fis	j'	eus	fait
tu	fis	tu	eus	fait
il/elle	fit	il/elle	eut	fait
nous	fîmes	nous	eûmes	fait
vous	fîtes	vous	eûtes	fait
ils/elles	firent	ils/elles	eurent	fait

Futur		Futur antérieur		
je	ferai	j'	aurai	fait
tu	feras	tu	auras	fait
il/elle	fera	il/elle	aura	fait
nous	ferons	nous	aurons	fait
vous	ferez	vous	aurez	fait
ils/elles	feront	ils/elles	auront	fait

CONDITIONNEL

Présent		Passé		
je	ferais	j'	aurais	fait
tu	ferais	tu	aurais	fait
il/elle	ferait	il/elle	aurait	fait
nous	ferions	nous	aurions	fait
vous	feriez	vous	auriez	fait
ils/elles	feraient	ils/elles	auraient	fait

IMPÉRATIF

Présent
fais
faisons
faites

PARTICIPE

Présent	Passé
faisant	ayant fait

Verbes du 1er groupe

Chanter

INDICATIF

Présent		Passé composé		
je	chante	j'	ai	chanté
tu	chantes	tu	as	chanté
il/elle	chante	il/elle	a	chanté
nous	chantons	nous	avons	chanté
vous	chantez	vous	avez	chanté
ils/elles	chantent	ils/elles	ont	chanté

Imparfait		Plus-que-parfait		
je	chantais	j'	avais	chanté
tu	chantais	tu	avais	chanté
il/elle	chantait	il/elle	avait	chanté
nous	chantions	nous	avions	chanté
vous	chantiez	vous	aviez	chanté
ils/elles	chantaient	ils/elles	avaient	chanté

Passé simple		Passé antérieur		
je	chantai	j'	eus	chanté
tu	chantas	tu	eus	chanté
il/elle	chanta	il/elle	eut	chanté
nous	chantâmes	nous	eûmes	chanté
vous	chantâtes	vous	eûtes	chanté
ils/elles	chantèrent	ils/elles	eurent	chanté

Futur		Futur antérieur		
je	chanterai	j'	aurai	chanté
tu	chanteras	tu	auras	chanté
il/elle	chantera	il/elle	aura	chanté
nous	chanterons	nous	aurons	chanté
vous	chanterez	vous	aurez	chanté
ils/elles	chanteront	ils/elles	auront	chanté

CONDITIONNEL

Présent		Passé		
je	chanterais	j'	aurais	chanté
tu	chanterais	tu	aurais	chanté
il/elle	chanterait	il/elle	aurait	chanté
nous	chanterions	nous	aurions	chanté
vous	chanteriez	vous	auriez	chanté
ils/elles	chanteraient	ils/elles	auraient	chanté

IMPÉRATIF

Présent
chante
chantons
chantez

PARTICIPE

Présent	Passé
chantant	ayant chanté

Lancer

INDICATIF

Présent		Passé composé		
je	lance	j'	ai	lancé
tu	lances	tu	as	lancé
il/elle	lance	il/elle	a	lancé
nous	lançons	nous	avons	lancé
vous	lancez	vous	avez	lancé
ils/elles	lancent	ils/elles	ont	lancé

Imparfait		Plus-que-parfait		
je	lançais	j'	avais	lancé
tu	lançais	tu	avais	lancé
il/elle	lançait	il/elle	avait	lancé
nous	lancions	nous	avions	lancé
vous	lanciez	vous	aviez	lancé
ils/elles	lançaient	ils/elles	avaient	lancé

Passé simple		Passé antérieur		
je	lançai	j'	eus	lancé
tu	lanças	tu	eus	lancé
il/elle	lança	il/elle	eut	lancé
nous	lançâmes	nous	eûmes	lancé
vous	lançâtes	vous	eûtes	lancé
ils/elles	lancèrent	ils/elles	eurent	lancé

Futur		Futur antérieur		
je	lancerai	j'	aurai	lancé
tu	lanceras	tu	auras	lancé
il/elle	lancera	il/elle	aura	lancé
nous	lancerons	nous	aurons	lancé
vous	lancerez	vous	aurez	lancé
ils/elles	lanceront	ils/elles	auront	lancé

CONDITIONNEL

Présent		Passé		
je	lancerais	j'	aurais	lancé
tu	lancerais	tu	aurais	lancé
il/elle	lancerait	il/elle	aurait	lancé
nous	lancerions	nous	aurions	lancé
vous	lanceriez	vous	auriez	lancé
ils/elles	lanceraient	ils/elles	auraient	lancé

IMPÉRATIF

Présent
lance
lançons
lancez

PARTICIPE

Présent	Passé
lançant	ayant lancé

Nager

INDICATIF

Présent

je	nage
tu	nages
il/elle	nage
nous	nageons
vous	nagez
ils/elles	nagent

Passé composé

j'	ai	nagé
tu	as	nagé
il/elle	a	nagé
nous	avons	nagé
vous	avez	nagé
ils/elles	ont	nagé

Imparfait

je	nageais
tu	nageais
il/elle	nageait
nous	nagions
vous	nagiez
ils/elles	nageaient

Plus-que-parfait

j'	avais	nagé
tu	avais	nagé
il/elle	avait	nagé
nous	avions	nagé
vous	aviez	nagé
ils/elles	avaient	nagé

Passé simple

je	nageai
tu	nageas
il/elle	nagea
nous	nageâmes
vous	nageâtes
ils/elles	nagèrent

Passé antérieur

j'	eus	nagé
tu	eus	nagé
il/elle	eut	nagé
nous	eûmes	nagé
vous	eûtes	nagé
ils/elles	eurent	nagé

Futur

je	nagerai
tu	nageras
il/elle	nagera
nous	nagerons
vous	nagerez
ils/elles	nageront

Futur antérieur

j'	aurai	nagé
tu	auras	nagé
il/elle	aura	nagé
nous	aurons	nagé
vous	aurez	nagé
ils/elles	auront	nagé

CONDITIONNEL

Présent

je	nagerais
tu	nagerais
il/elle	nagerait
nous	nagerions
vous	nageriez
ils/elles	nageraient

Passé

j'	aurais	nagé
tu	aurais	nagé
il/elle	aurait	nagé
nous	aurions	nagé
vous	auriez	nagé
ils/elles	auraient	nagé

IMPÉRATIF

Présent

nage
nageons
nagez

PARTICIPE

Présent	Passé
nageant	ayant nagé

Conjuguer

INDICATIF

Présent

je	conjugue
tu	conjugues
il/elle	conjugue
nous	conjuguons
vous	conjuguez
ils/elles	conjuguent

Passé composé

j'	ai	conjugué
tu	as	conjugué
il/elle	a	conjugué
nous	avons	conjugué
vous	avez	conjugué
ils/elles	ont	conjugué

Imparfait

je	conjuguais
tu	conjuguais
il/elle	conjuguait
nous	conjuguions
vous	conjuguiez
ils/elles	conjuguaient

Plus-que-parfait

j'	avais	conjugué
tu	avais	conjugué
il/elle	avait	conjugué
nous	avions	conjugué
vous	aviez	conjugué
ils/elles	avaient	conjugué

Passé simple

je	conjuguai
tu	conjuguas
il/elle	conjugua
nous	conjuguâmes
vous	conjuguâtes
ils/elles	conjuguèrent

Passé antérieur

j'	eus	conjugué
tu	eus	conjugué
il/elle	eut	conjugué
nous	eûmes	conjugué
vous	eûtes	conjugué
ils/elles	eurent	conjugué

Futur

je	conjuguerai
tu	conjugueras
il/elle	conjuguera
nous	conjuguerons
vous	conjuguerez
ils/elles	conjugueront

Futur antérieur

j'	aurai	conjugué
tu	auras	conjugué
il/elle	aura	conjugué
nous	aurons	conjugué
vous	aurez	conjugué
ils/elles	auront	conjugué

CONDITIONNEL

Présent

je	conjuguerais
tu	conjuguerais
il/elle	conjuguerait
nous	conjuguerions
vous	conjugueriez
ils/elles	conjugueraient

Passé

j'	aurais	conjugué
tu	aurais	conjugué
il/elle	aurait	conjugué
nous	aurions	conjugué
vous	auriez	conjugué
ils/elles	auraient	conjugué

IMPÉRATIF

Présent

conjugue
conjuguons
conjuguez

PARTICIPE

Présent	Passé
conjuguant	ayant conjugué

Verbes du 1er groupe (suite)

Nettoyer

Les verbes terminés par **-uyer** fonctionnent de la même manière.

INDICATIF

Présent		**Passé composé**		
je	nettoie	j'	ai	nettoyé
tu	nettoies	tu	as	nettoyé
il/elle	nettoie	il/elle	a	nettoyé
nous	nettoyons	nous	avons	nettoyé
vous	nettoyez	vous	avez	nettoyé
ils/elles	nettoient	ils/elles	ont	nettoyé
Imparfait		**Plus-que-parfait**		
je	nettoyais	j'	avais	nettoyé
tu	nettoyais	tu	avais	nettoyé
il/elle	nettoyait	il/elle	avait	nettoyé
nous	nettoyions	nous	avions	nettoyé
vous	nettoyiez	vous	aviez	nettoyé
ils/elles	nettoyaient	ils/elles	avaient	nettoyé
Passé simple		**Passé antérieur**		
je	nettoyai	j'	eus	nettoyé
tu	nettoyas	tu	eus	nettoyé
il/elle	nettoya	il/elle	eut	nettoyé
nous	nettoyâmes	nous	eûmes	nettoyé
vous	nettoyâtes	vous	eûtes	nettoyé
ils/elles	nettoyèrent	ils/elles	eurent	nettoyé
Futur		**Futur antérieur**		
je	nettoierai	j'	aurai	nettoyé
tu	nettoieras	tu	auras	nettoyé
il/elle	nettoiera	il/elle	aura	nettoyé
nous	nettoierons	nous	aurons	nettoyé
vous	nettoierez	vous	aurez	nettoyé
ils/elles	nettoieront	ils/elles	auront	nettoyé

CONDITIONNEL

Présent		**Passé**		
je	nettoierais	j'	aurais	nettoyé
tu	nettoierais	tu	aurais	nettoyé
il/elle	nettoierait	il/elle	aurait	nettoyé
nous	nettoierions	nous	aurions	nettoyé
vous	nettoieriez	vous	auriez	nettoyé
ils/elles	nettoieraient	ils/elles	auraient	nettoyé

IMPÉRATIF

Présent
nettoie
nettoyons
nettoyez

PARTICIPE

Présent	**Passé**
nettoyant	ayant nettoyé

Payer

INDICATIF

Présent		**Passé composé**		
je	paie/paye	j'	ai	payé
tu	paies/payes	tu	as	payé
il/elle	paie/paye	il/elle	a	payé
nous	payons	nous	avons	payé
vous	payez	vous	avez	payé
ils/elles	paient/payent	ils/elles	ont	payé
Imparfait		**Plus-que-parfait**		
je	payais	j'	avais	payé
tu	payais	tu	avais	payé
il/elle	payait	il/elle	avait	payé
nous	payions	nous	avions	payé
vous	payiez	vous	aviez	payé
ils/elles	payaient	ils/elles	avaient	payé
Passé simple		**Passé antérieur**		
je	payai	j'	eus	payé
tu	payas	tu	eus	payé
il/elle	paya	il/elle	eut	payé
nous	payâmes	nous	eûmes	payé
vous	payâtes	vous	eûtes	payé
ils/elles	payèrent	ils/elles	eurent	payé
Futur		**Futur antérieur**		
je	paierai/payerai	j'	aurai	payé
tu	paieras/payeras	tu	auras	payé
il/elle	paiera/payera	il/elle	aura	payé
nous	paierons/payerons	nous	aurons	payé
vous	paierez/payerez	vous	aurez	payé
ils/elles	paieront/payeront	ils/elles	auront	payé

CONDITIONNEL

Présent		**Passé**		
je	paierais/payerais	j'	aurais	payé
tu	paierais/payerais	tu	aurais	payé
il/elle	paierait/payerait	il/elle	aurait	payé
nous	paierions/payerions	nous	aurions	payé
vous	paieriez/payeriez	vous	auriez	payé
ils/elles	paieraient/payeraient	ils/elles	auraient	payé

IMPÉRATIF

Présent
paie/paye
payons
payez

PARTICIPE

Présent	**Passé**
payant	ayant payé

Jeter

INDICATIF

Présent		Passé composé		
je	jette	j'	ai	jeté
tu	jettes	tu	as	jeté
il/elle	jette	il/elle	a	jeté
nous	jetons	nous	avons	jeté
vous	jetez	vous	avez	jeté
ils/elles	jettent	ils/elles	ont	jeté

Imparfait		Plus-que-parfait		
je	jetais	j'	avais	jeté
tu	jetais	tu	avais	jeté
il/elle	jetait	il/elle	avait	jeté
nous	jetions	nous	avions	jeté
vous	jetiez	vous	aviez	jeté
ils/elles	jetaient	ils/elles	avaient	jeté

Passé simple		Passé antérieur		
je	jetai	j'	eus	jeté
tu	jetas	tu	eus	jeté
il/elle	jeta	il/elle	eut	jeté
nous	jetâmes	nous	eûmes	jeté
vous	jetâtes	vous	eûtes	jeté
ils/elles	jetèrent	ils/elles	eurent	jeté

Futur		Futur antérieur		
je	jetterai	j'	aurai	jeté
tu	jetteras	tu	auras	jeté
il/elle	jettera	il/elle	aura	jeté
nous	jetterons	nous	aurons	jeté
vous	jetterez	vous	aurez	jeté
ils/elles	jetteront	ils/elles	auront	jeté

CONDITIONNEL

Présent		Passé		
je	jetterais	j'	aurais	jeté
tu	jetterais	tu	aurais	jeté
il/elle	jetterait	il/elle	aurait	jeté
nous	jetterions	nous	aurions	jeté
vous	jetteriez	vous	auriez	jeté
ils/elles	jetteraient	ils/elles	auraient	jeté

IMPÉRATIF

Présent
jette
jetons
jetez

PARTICIPE

Présent	Passé
jetant	ayant jeté

Acheter

Se conjuguent comme **acheter** : *crocheter, fureter, haleter.*

INDICATIF

Présent		Passé composé		
j'	achète	j'	ai	acheté
tu	achètes	tu	as	acheté
il/elle	achète	il/elle	a	acheté
nous	achetons	nous	avons	acheté
vous	achetez	vous	avez	acheté
ils/elles	achètent	ils/elles	ont	acheté

Imparfait		Plus-que-parfait		
j'	achetais	j'	avais	acheté
tu	achetais	tu	avais	acheté
il/elle	achetait	il/elle	avait	acheté
nous	achetions	nous	avions	acheté
vous	achetiez	vous	aviez	acheté
ils/elles	achetaient	ils/elles	avaient	acheté

Passé simple		Passé antérieur		
j'	achetai	j'	eus	acheté
tu	achetas	tu	eus	acheté
il/elle	acheta	il/elle	eut	acheté
nous	achetâmes	nous	eûmes	acheté
vous	achetâtes	vous	eûtes	acheté
ils/elles	achetèrent	ils/elles	eurent	acheté

Futur		Futur antérieur		
j'	achèterai	j'	aurai	acheté
tu	achèteras	tu	auras	acheté
il/elle	achètera	il/elle	aura	acheté
nous	achèterons	nous	aurons	acheté
vous	achèterez	vous	aurez	acheté
ils/elles	achèteront	ils/elles	auront	acheté

CONDITIONNEL

Présent		Passé		
j'	achèterais	j'	aurais	acheté
tu	achèterais	tu	aurais	acheté
il/elle	achèterait	il/elle	aurait	acheté
nous	achèterions	nous	aurions	acheté
vous	achèteriez	vous	auriez	acheté
ils/elles	achèteraient	ils/elles	auraient	acheté

IMPÉRATIF

Présent
achète
achetons
achetez

PARTICIPE

Présent	Passé
achetant	ayant acheté

Verbes du 1er groupe (suite)

Appeler

INDICATIF

Présent		Passé composé		
j'	appelle	j'	ai	appelé
tu	appelles	tu	as	appelé
il/elle	appelle	il/elle	a	appelé
nous	appelons	nous	avons	appelé
vous	appelez	vous	avez	appelé
ils/elles	appellent	ils/elles	ont	appelé

Imparfait		Plus-que-parfait		
j'	appelais	j'	avais	appelé
tu	appelais	tu	avais	appelé
il/elle	appelait	il/elle	avait	appelé
nous	appelions	nous	avions	appelé
vous	appeliez	vous	aviez	appelé
ils/elles	appelaient	ils/elles	avaient	appelé

Passé simple		Passé antérieur		
j'	appelai	j'	eus	appelé
tu	appelas	tu	eus	appelé
il/elle	appela	il/elle	eut	appelé
nous	appelâmes	nous	eûmes	appelé
vous	appelâtes	vous	eûtes	appelé
ils/elles	appelèrent	ils/elles	eurent	appelé

Futur		Futur antérieur		
j'	appellerai	j'	aurai	appelé
tu	appelleras	tu	auras	appelé
il/elle	appellera	il/elle	aura	appelé
nous	appellerons	nous	aurons	appelé
vous	appellerez	vous	aurez	appelé
ils/elles	appelleront	ils/elles	auront	appelé

CONDITIONNEL

Présent		Passé		
j'	appellerais	j'	aurais	appelé
tu	appellerais	tu	aurais	appelé
il/elle	appellerait	il/elle	aurait	appelé
nous	appellerions	nous	aurions	appelé
vous	appelleriez	vous	auriez	appelé
ils/elles	appelleraient	ils/elles	auraient	appelé

IMPÉRATIF

Présent
appelle
appelons
appelez

PARTICIPE

Présent	Passé
appelant	ayant appelé

Geler

Se conjuguent comme **geler** : *ciseler, déceler, démanteler, écarteler, marteler, modeler, peler, receler.*

INDICATIF

Présent		Passé composé		
je	gèle	j'	ai	gelé
tu	gèles	tu	as	gelé
il/elle	gèle	il/elle	a	gelé
nous	gelons	nous	avons	gelé
vous	gelez	vous	avez	gelé
ils/elles	gèlent	ils/elles	ont	gelé

Imparfait		Plus-que-parfait		
je	gelais	j'	avais	gelé
tu	gelais	tu	avais	gelé
il/elle	gelait	il/elle	avait	gelé
nous	gelions	nous	avions	gelé
vous	geliez	vous	aviez	gelé
ils/elles	gelaient	ils/elles	avaient	gelé

Passé simple		Passé antérieur		
je	gelai	j'	eus	gelé
tu	gelas	tu	eus	gelé
il/elle	gela	il/elle	eut	gelé
nous	gelâmes	nous	eûmes	gelé
vous	gelâtes	vous	eûtes	gelé
ils/elles	gelèrent	ils/elles	eurent	gelé

Futur		Futur antérieur		
je	gèlerai	j'	aurai	gelé
tu	gèleras	tu	auras	gelé
il/elle	gèlera	il/elle	aura	gelé
nous	gèlerons	nous	aurons	gelé
vous	gèlerez	vous	aurez	gelé
ils/elles	gèleront	ils/elles	auront	gelé

CONDITIONNEL

Présent		Passé		
je	gèlerais	j'	aurais	gelé
tu	gèlerais	tu	aurais	gelé
il/elle	gèlerait	il/elle	aurait	gelé
nous	gèlerions	nous	aurions	gelé
vous	gèleriez	vous	auriez	gelé
ils/elles	gèleraient	ils/elles	auraient	gelé

IMPÉRATIF

Présent
gèle
gelons
gelez

PARTICIPE

Présent	Passé
gelant	ayant gelé

Verbes du 2e groupe

Choisir

INDICATIF

Présent		Passé composé		
je	choisis	j'	ai	choisi
tu	choisis	tu	as	choisi
il/elle	choisit	il/elle	a	choisi
nous	choisissons	nous	avons	choisi
vous	choisissez	vous	avez	choisi
ils/elles	choisissent	ils/elles	ont	choisi

Imparfait		Plus-que-parfait		
je	choisissais	j'	avais	choisi
tu	choisissais	tu	avais	choisi
il/elle	choisissait	il/elle	avait	choisi
nous	choisissions	nous	avions	choisi
vous	choisissiez	vous	aviez	choisi
ils/elles	choisissaient	ils/elles	avaient	choisi

Passé simple		Passé antérieur		
je	choisis	j'	eus	choisi
tu	choisis	tu	eus	choisi
il/elle	choisit	il/elle	eut	choisi
nous	choisîmes	nous	eûmes	choisi
vous	choisîtes	vous	eûtes	choisi
ils/elles	choisirent	ils/elles	eurent	choisi

Futur		Futur antérieur		
je	choisirai	j'	aurai	choisi
tu	choisiras	tu	auras	choisi
il/elle	choisira	il/elle	aura	choisi
nous	choisirons	nous	aurons	choisi
vous	choisirez	vous	aurez	choisi
ils/elles	choisiront	ils/elles	auront	choisi

CONDITIONNEL

Présent		Passé		
je	choisirais	j'	aurais	choisi
tu	choisirais	tu	aurais	choisi
il/elle	choisirait	il/elle	aurait	choisi
nous	choisirions	nous	aurions	choisi
vous	choisiriez	vous	auriez	choisi
ils/elles	choisiraient	ils/elles	auraient	choisi

IMPÉRATIF

Présent
choisis
choisissons
choisissez

PARTICIPE

Présent	Passé
choisissant	ayant choisi

Haïr

INDICATIF

Présent		Passé composé		
je	hais	j'	ai	haï
tu	hais	tu	as	haï
il/elle	hait	il/elle	a	haï
nous	haïssons	nous	avons	haï
vous	haïssez	vous	avez	haï
ils/elles	haïssent	ils/elles	ont	haï

Imparfait		Plus-que-parfait		
je	haïssais	j'	avais	haï
tu	haïssais	tu	avais	haï
il/elle	haïssait	il/elle	avait	haï
nous	haïssions	nous	avions	haï
vous	haïssiez	vous	aviez	haï
ils/elles	haïssaient	ils/elles	avaient	haï

Passé simple		Passé antérieur		
je	haïs	j'	eus	haï
tu	haïs	tu	eus	haï
il/elle	haït	il/elle	eut	haï
nous	haïmes	nous	eûmes	haï
vous	haïtes	vous	eûtes	haï
ils/elles	haïrent	ils/elles	eurent	haï

Futur		Futur antérieur		
je	haïrai	j'	aurai	haï
tu	haïras	tu	auras	haï
il/elle	haïra	il/elle	aura	haï
nous	haïrons	nous	aurons	haï
vous	haïrez	vous	aurez	haï
ils/elles	haïront	ils/elles	auront	haï

CONDITIONNEL

Présent		Passé		
je	haïrais	j'	aurais	haï
tu	haïrais	tu	aurais	haï
il/elle	haïrait	il/elle	aurait	haï
nous	haïrions	nous	aurions	haï
vous	haïriez	vous	auriez	haï
ils/elles	haïraient	ils/elles	auraient	haï

IMPÉRATIF

Présent
hais
haïssons
haïssez

PARTICIPE

Présent	Passé
haïssant	ayant haï

Verbes du 3e groupe

Dire

INDICATIF

Présent		Passé composé		
je	dis	j'	ai	dit
tu	dis	tu	as	dit
il/elle	dit	il/elle	a	dit
nous	disons	nous	avons	dit
vous	dites	vous	avez	dit
ils/elles	disent	ils/elles	ont	dit

Imparfait		Plus-que-parfait		
je	disais	j'	avais	dit
tu	disais	tu	avais	dit
il/elle	disait	il/elle	avait	dit
nous	disions	nous	avions	dit
vous	disiez	vous	aviez	dit
ils/elles	disaient	ils/elles	avaient	dit

Passé simple		Passé antérieur		
je	dis	j'	eus	dit
tu	dis	tu	eus	dit
il/elle	dit	il/elle	eut	dit
nous	dîmes	nous	eûmes	dit
vous	dîtes	vous	eûtes	dit
ils/elles	dirent	ils/elles	eurent	dit

Futur		Futur antérieur		
je	dirai	j'	aurai	dit
tu	diras	tu	auras	dit
il/elle	dira	il/elle	aura	dit
nous	dirons	nous	aurons	dit
vous	direz	vous	aurez	dit
ils/elles	diront	ils/elles	auront	dit

CONDITIONNEL

Présent		Passé		
je	dirais	j'	aurais	dit
tu	dirais	tu	aurais	dit
il/elle	dirait	il/elle	aurait	dit
nous	dirions	nous	aurions	dit
vous	diriez	vous	auriez	dit
ils/elles	diraient	ils/elles	auraient	dit

IMPÉRATIF

Présent
dis
disons
dites

PARTICIPE

Présent	Passé
disant	ayant dit

Pouvoir

INDICATIF

Présent		Passé composé		
je	peux/puis	j'	ai	pu
tu	peux	tu	as	pu
il/elle	peut	il/elle	a	pu
nous	pouvons	nous	avons	pu
vous	pouvez	vous	avez	pu
ils/elles	peuvent	ils/elles	ont	pu

Imparfait		Plus-que-parfait		
je	pouvais	j'	avais	pu
tu	pouvais	tu	avais	pu
il/elle	pouvait	il/elle	avait	pu
nous	pouvions	nous	avions	pu
vous	pouviez	vous	aviez	pu
ils/elles	pouvaient	ils/elles	avaient	pu

Passé simple		Passé antérieur		
je	pus	j'	eus	pu
tu	pus	tu	eus	pu
il/elle	put	il/elle	eut	pu
nous	pûmes	nous	eûmes	pu
vous	pûtes	vous	eûtes	pu
ils/elles	purent	ils/elles	eurent	pu

Futur		Futur antérieur		
je	pourrai	j'	aurai	pu
tu	pourras	tu	auras	pu
il/elle	pourra	il/elle	aura	pu
nous	pourrons	nous	aurons	pu
vous	pourrez	vous	aurez	pu
ils/elles	pourront	ils/elles	auront	pu

CONDITIONNEL

Présent		Passé		
je	pourrais	j'	aurais	pu
tu	pourrais	tu	aurais	pu
il/elle	pourrait	il/elle	aurait	pu
nous	pourrions	nous	aurions	pu
vous	pourriez	vous	auriez	pu
ils/elles	pourraient	ils/elles	auraient	pu

IMPÉRATIF

Présent
inusité

PARTICIPE

Présent	Passé
pouvant	ayant pu

Partir

INDICATIF

Présent		Passé composé		
je	pars	je	suis	parti(e)
tu	pars	tu	es	parti(e)
il/elle	part	il/elle	est	parti(e)
nous	partons	nous	sommes	parti(e)s
vous	partez	vous	êtes	parti(e)s
ils/elles	partent	ils/elles	sont	parti(e)s

Imparfait		Plus-que-parfait		
je	partais	j'	étais	parti(e)
tu	partais	tu	étais	parti(e)
il/elle	partait	il/elle	était	parti(e)
nous	partions	nous	étions	parti(e)s
vous	partiez	vous	étiez	parti(e)s
ils/elles	partaient	ils/elles	étaient	parti(e)s

Passé simple		Passé antérieur		
je	partis	je	fus	parti(e)
tu	partis	tu	fus	parti(e)
il/elle	partit	il/elle	fut	parti(e)
nous	partîmes	nous	fûmes	parti(e)s
vous	partîtes	vous	fûtes	parti(e)s
ils/elles	partirent	ils/elles	furent	parti(e)s

Futur		Futur antérieur		
je	partirai	je	serai	parti(e)
tu	partiras	tu	seras	parti(e)
il/elle	partira	il/elle	sera	parti(e)
nous	partirons	nous	serons	parti(e)s
vous	partirez	vous	serez	parti(e)s
ils/elles	partiront	ils/elles	seront	parti(e)s

CONDITIONNEL

Présent		Passé		
je	partirais	je	serais	parti(e)
tu	partirais	tu	serais	parti(e)
il/elle	partirait	il/elle	serait	parti(e)
nous	partirions	nous	serions	parti(e)s
vous	partiriez	vous	seriez	parti(e)s
ils/elles	partiraient	ils/elles	seraient	parti(e)s

IMPÉRATIF

Présent
pars
partons
partez

PARTICIPE

Présent	Passé
partant	étant parti(e)(s)

Prendre

INDICATIF

Présent		Passé composé		
je	prends	j'	ai	pris
tu	prends	tu	as	pris
il/elle	prend	il/elle	a	pris
nous	prenons	nous	avons	pris
vous	prenez	vous	avez	pris
ils/elles	prennent	ils/elles	ont	pris

Imparfait		Plus-que-parfait		
je	prenais	j'	avais	pris
tu	prenais	tu	avais	pris
il/elle	prenait	il/elle	avait	pris
nous	prenions	nous	avions	pris
vous	preniez	vous	aviez	pris
ils/elles	prenaient	ils/elles	avaient	pris

Passé simple		Passé antérieur		
je	pris	j'	eus	pris
tu	pris	tu	eus	pris
il/elle	prit	il/elle	eut	pris
nous	prîmes	nous	eûmes	pris
vous	prîtes	vous	eûtes	pris
ils/elles	prirent	ils/elles	eurent	pris

Futur		Futur antérieur		
je	prendrai	j'	aurai	pris
tu	prendras	tu	auras	pris
il/elle	prendra	il/elle	aura	pris
nous	prendrons	nous	aurons	pris
vous	prendrez	vous	aurez	pris
ils/elles	prendront	ils/elles	auront	pris

CONDITIONNEL

Présent		Passé		
je	prendrais	j'	aurais	pris
tu	prendrais	tu	aurais	pris
il/elle	prendrait	il/elle	aurait	pris
nous	prendrions	nous	aurions	pris
vous	prendriez	vous	auriez	pris
ils/elles	prendraient	ils/elles	auraient	pris

IMPÉRATIF

Présent
prends
prenons
prenez

PARTICIPE

Présent	Passé
prenant	ayant pris

Verbes du 3e groupe (suite)

Venir

INDICATIF

Présent		Passé composé		
je	viens	je	suis	venu(e)
tu	viens	tu	es	venu(e)
il/elle	vient	il/elle	est	venu(e)
nous	venons	nous	sommes	venu(e)s
vous	venez	vous	êtes	venu(e)s
ils/elles	viennent	ils/elles	sont	venu(e)s

Imparfait		Plus-que-parfait		
je	venais	j'	étais	venu(e)
tu	venais	tu	étais	venu(e)
il/elle	venait	il/elle	était	venu(e)
nous	venions	nous	étions	venu(e)s
vous	veniez	vous	étiez	venu(e)s
ils/elles	venaient	ils/elles	étaient	venu(e)s

Passé simple		Passé antérieur		
je	vins	je	fus	venu(e)
tu	vins	tu	fus	venu(e)
il/elle	vint	il/elle	fut	venu(e)
nous	vînmes	nous	fûmes	venu(e)s
vous	vîntes	vous	fûtes	venu(e)s
ils/elles	vinrent	ils/elles	furent	venu(e)s

Futur		Futur antérieur		
je	viendrai	je	serai	venu(e)
tu	viendras	tu	seras	venu(e)
il/elle	viendra	il/elle	sera	venu(e)
nous	viendrons	nous	serons	venu(e)s
vous	viendrez	vous	serez	venu(e)s
ils/elles	viendront	ils/elles	seront	venu(e)s

CONDITIONNEL

Présent		Passé		
je	viendrais	je	serais	venu(e)
tu	viendrais	tu	serais	venu(e)
il/elle	viendrait	il/elle	serait	venu(e)
nous	viendrions	nous	serions	venu(e)s
vous	viendriez	vous	seriez	venu(e)s
ils/elles	viendraient	ils/elles	seraient	venu(e)s

IMPÉRATIF

Présent

viens
venons
venez

PARTICIPE

Présent	Passé
venant	étant venu(e)s

Voir

INDICATIF

Présent		Passé composé		
je	vois	j'	ai	vu
tu	vois	tu	as	vu
il/elle	voit	il/elle	a	vu
nous	voyons	nous	avons	vu
vous	voyez	vous	avez	vu
ils/elles	voient	ils/elles	ont	vu

Imparfait		Plus-que-parfait		
je	voyais	j'	avais	vu
tu	voyais	tu	avais	vu
il/elle	voyait	il/elle	avait	vu
nous	voyions	nous	avions	vu
vous	voyiez	vous	aviez	vu
ils/elles	voyaient	ils/elles	avaient	vu

Passé simple		Passé antérieur		
je	vis	j'	eus	vu
tu	vis	tu	eus	vu
il/elle	vit	il/elle	eut	vu
nous	vîmes	nous	eûmes	vu
vous	vîtes	vous	eûtes	vu
ils/elles	virent	ils/elles	eurent	vu

Futur		Futur antérieur		
je	verrai	j'	aurai	vu
tu	verras	tu	auras	vu
il/elle	verra	il/elle	aura	vu
nous	verrons	nous	aurons	vu
vous	verrez	vous	aurez	vu
ils/elles	verront	ils/elles	auront	vu

CONDITIONNEL

Présent		Passé		
je	verrais	j'	aurais	vu
tu	verrais	tu	aurais	vu
il/elle	verrait	il/elle	aurait	vu
nous	verrions	nous	aurions	vu
vous	verriez	vous	auriez	vu
ils/elles	verraient	ils/elles	auraient	vu

IMPÉRATIF

Présent

vois
voyons
voyez

PARTICIPE

Présent	Passé
voyant	ayant vu

Vouloir

INDICATIF

Présent		Passé composé		
je	veux	j'	ai	voulu
tu	veux	tu	as	voulu
il/elle	veut	il/elle	a	voulu
nous	voulons	nous	avons	voulu
vous	voulez	vous	avez	voulu
ils/elles	veulent	ils/elles	ont	voulu

Imparfait		Plus-que-parfait		
je	voulais	j'	avais	voulu
tu	voulais	tu	avais	voulu
il/elle	voulait	il/elle	avait	voulu
nous	voulions	nous	avions	voulu
vous	vouliez	vous	aviez	voulu
ils/elles	voulaient	ils/elles	avaient	voulu

Passé simple		Passé antérieur		
je	voulus	j'	eus	voulu
tu	voulus	tu	eus	voulu
il/elle	voulut	il/elle	eut	voulu
nous	voulûmes	nous	eûmes	voulu
vous	voulûtes	vous	eûtes	voulu
ils/elles	voulurent	ils/elles	eurent	voulu

Futur		Futur antérieur		
je	voudrai	j'	aurai	voulu
tu	voudras	tu	auras	voulu
il/elle	voudra	il/elle	aura	voulu
nous	voudrons	nous	aurons	voulu
vous	voudrez	vous	aurez	voulu
ils/elles	voudront	ils/elles	auront	voulu

CONDITIONNEL

Présent		Passé		
je	voudrais	j'	aurais	voulu
tu	voudrais	tu	aurais	voulu
il/elle	voudrait	il/elle	aurait	voulu
nous	voudrions	nous	aurions	voulu
vous	voudriez	vous	auriez	voulu
ils/elles	voudraient	ils/elles	auraient	voulu

IMPÉRATIF

Présent

veux / veuille
voulons / veuillons
voulez / veuillez

PARTICIPE

Présent	Passé
voulant	ayant voulu

Connaître

INDICATIF

Présent		Passé composé		
je	connais	j'	ai	connu
tu	connais	tu	as	connu
il/elle	connaît	il/elle	a	connu
nous	connaissons	nous	avons	connu
vous	connaissez	vous	avez	connu
ils/elles	connaissent	ils/elles	ont	connu

Imparfait		Plus-que-parfait		
je	connaissais	j'	avais	connu
tu	connaissais	tu	avais	connu
il/elle	connaissait	il/elle	avait	connu
nous	connaissions	nous	avions	connu
vous	connaissiez	vous	aviez	connu
ils/elles	connaissaient	ils/elles	avaient	connu

Passé simple		Passé antérieur		
je	connus	j'	eus	connu
tu	connus	tu	eus	connu
il/elle	connut	il/elle	eut	connu
nous	connûmes	nous	eûmes	connu
vous	connûtes	vous	eûtes	connu
ils/elles	connurent	ils/elles	eurent	connu

Futur		Futur antérieur		
je	connaîtrai	j'	aurai	connu
tu	connaîtras	tu	auras	connu
il/elle	connaîtra	il/elle	aura	connu
nous	connaîtrons	nous	aurons	connu
vous	connaîtrez	vous	aurez	connu
ils/elles	connaîtront	ils/elles	auront	connu

CONDITIONNEL

Présent		Passé		
je	connaîtrais	j'	aurais	connu
tu	connaîtrais	tu	aurais	connu
il/elle	connaîtrait	il/elle	aurait	connu
nous	connaîtrions	nous	aurions	connu
vous	connaîtriez	vous	auriez	connu
ils/elles	connaîtraient	ils/elles	auraient	connu

IMPÉRATIF

Présent

connais
connaissons
connaissez

PARTICIPE

Présent	Passé
connaissant	ayant connu

Verbes du 3e groupe (suite)

Ouvrir

INDICATIF

Présent		Passé composé		
j'	ouvre	j'	ai	ouvert
tu	ouvres	tu	as	ouvert
il/elle	ouvre	il/elle	a	ouvert
nous	ouvrons	nous	avons	ouvert
vous	ouvrez	vous	avez	ouvert
ils/elles	ouvrent	ils/elles	ont	ouvert

Imparfait		Plus-que-parfait		
j'	ouvrais	j'	avais	ouvert
tu	ouvrais	tu	avais	ouvert
il/elle	ouvrait	il/elle	avait	ouvert
nous	ouvrions	nous	avions	ouvert
vous	ouvriez	vous	aviez	ouvert
ils/elles	ouvraient	ils/elles	avaient	ouvert

Passé simple		Passé antérieur		
j'	ouvris	j'	eus	ouvert
tu	ouvris	tu	eus	ouvert
il/elle	ouvrit	il/elle	eut	ouvert
nous	ouvrîmes	nous	eûmes	ouvert
vous	ouvrîtes	vous	eûtes	ouvert
ils/elles	ouvrirent	ils/elles	eurent	ouvert

Futur		Futur antérieur		
j'	ouvrirai	j'	aurai	ouvert
tu	ouvriras	tu	auras	ouvert
il/elle	ouvrira	il/elle	aura	ouvert
nous	ouvrirons	nous	aurons	ouvert
vous	ouvrirez	vous	aurez	ouvert
ils/elles	ouvriront	ils/elles	auront	ouvert

CONDITIONNEL

Présent		Passé		
j'	ouvrirais	j'	aurais	ouvert
tu	ouvrirais	tu	aurais	ouvert
il/elle	ouvrirait	il/elle	aurait	ouvert
nous	ouvririons	nous	aurions	ouvert
vous	ouvririez	vous	auriez	ouvert
ils/elles	ouvriraient	ils/elles	auraient	ouvert

IMPÉRATIF

Présent
ouvre
ouvrons
ouvrez

PARTICIPE

Présent	Passé
ouvrant	ayant ouvert

Courir

INDICATIF

Présent		Passé composé		
je	cours	j'	ai	couru
tu	cours	tu	as	couru
il/elle	court	il/elle	a	couru
nous	courons	nous	avons	couru
vous	courez	vous	avez	couru
ils/elles	courent	ils/elles	ont	couru

Imparfait		Plus-que-parfait		
je	courais	j'	avais	couru
tu	courais	tu	avais	couru
il/elle	courait	il/elle	avait	couru
nous	courions	nous	avions	couru
vous	couriez	vous	aviez	couru
ils/elles	couraient	ils/elles	avaient	couru

Passé simple		Passé antérieur		
je	courus	j'	eus	couru
tu	courus	tu	eus	couru
il/elle	courut	il/elle	eut	couru
nous	courûmes	nous	eûmes	couru
vous	courûtes	vous	eûtes	couru
ils/elles	coururent	ils/elles	eurent	couru

Futur		Futur antérieur		
je	courrai	j'	aurai	couru
tu	courras	tu	auras	couru
il/elle	courra	il/elle	aura	couru
nous	courrons	nous	aurons	couru
vous	courrez	vous	aurez	couru
ils/elles	courront	ils/elles	auront	couru

CONDITIONNEL

Présent		Passé		
je	courrais	j'	aurais	couru
tu	courrais	tu	aurais	couru
il/elle	courrait	il/elle	aurait	couru
nous	courrions	nous	aurions	couru
vous	courriez	vous	auriez	couru
ils/elles	courraient	ils/elles	auraient	couru

IMPÉRATIF

Présent
cours
courons
courez

PARTICIPE

Présent	Passé
courant	ayant couru

Annexes

Tableaux

La ponctuation

Les signes de ponctuation

	Emploi	*Suivi d'une majuscule*
Point .	Il se met à la fin d'une phrase. *C'est l'hiver. La neige couvre les sommets.*	oui
Point d'interrogation ?	Il se met à la fin d'une phrase interrogative. *On interrogea le suspect : « Quel âge avez-vous ? »* *« Quel âge avez-vous ? » lui demanda-t-on.*	oui non
Point d'exclamation !	• Il se met à la fin d'une phrase exclamative. *Quel beau spectacle ! Tous les spectateurs applaudirent.* • On le trouve aussi derrière des mots exclamatifs. *Aïe ! tu me fais mal !* • On peut encore le mettre à la fin d'une phrase impérative pour insister sur l'intonation injonctive. *Approchez ! Dépêchez-vous un peu !*	oui non oui
Points de suspension ...	On les emploie soit pour marquer qu'une phrase n'est pas achevée, soit pour marquer une pause importante ou laisser imaginer la suite. *« Je suis en retard, parce que...* *- Tais-toi, tu es toujours en retard.* *- Mais cette fois, c'est parce que... heu... je suis tombé en courant... »*	oui non
Deux points :	• On les met pour introduire – une explication, une précision : *Le naufragé grelottait : il avait très froid.* – une énumération : *Il vida ses poches : un mouchoir, un canif et une bille.* • Ils peuvent aussi introduire une citation. *L'avare répétait souvent ce proverbe : Qui dort dîne.*	non non oui
Point virgule ;	• À la fin d'une phrase, il implique, lors de la lecture, une pause moins importante que le point. *L'orage menaçait ; les marins étaient tendus, inquiets.*	non
Virgule ,	• Elle sépare les propositions juxtaposées ou les termes d'une énumération. *Un homme, une femme et un petit enfant entrèrent, s'approchèrent de la fenêtre puis s'assirent.* • Elle isole les groupes mobiles. *Au bout de quelque temps, il demanda un verre d'eau.*	non non
Guillemets « » “ ”	On met les guillemets pour introduire une citation : une phrase, un mot, un groupe de mots. *Le malade a, paraît-il, une "fièvre de cheval".*	
Tirets –	Dans les dialogues, les guillemets encadrent les paroles rapportées et les tirets marquent le changement des interlocuteurs. *« Qui frappe à notre porte ?* *– C'est votre mère, la chèvre blanche !* *– Montre donc patte blanche et nous t'ouvrirons. »*	
Parenthèses ( )	On les met pour encadrer une précision, une remarque, un renseignement supplémentaire pour le lecteur. *Pierre (son frère) est un excellent élève.*	

Les majuscules

Majuscules **A, B, C...**	On met une majuscule au début des noms propres : Antoine – l'Yonne Dans un texte, on met une majuscule au début d'une phrase, après chaque sorte de points (. ? ! ...) : Il fait beau. Nous allons à la plage. En poésie, on met une majuscule au début de chaque vers, même si ce n'est pas le début d'une phrase : J'admire les papillons frêles Dans les ronces du vieux castel : Je ne touche point à leurs ailes. Un papillon est un pastel. (Hugo)

Les accents et quelques autres signes

Accent aigu **(é)**	L'accent aigu sur le **e** permet de le lire [e] : vérité, blé, fée, coupé...
Accent grave **(è à ù)**	• L'accent grave sur le **e** permet de le lire [ɛ] : mère, crème, il lève... • L'accent grave sur le **a** et le **u** permet de différencier des homonymes : a / à - ou / où – la / là
Accent circonflexe **(â ê î ô û)**	• L'accent circonflexe sur le **e** permet de le lire [ɛ] : fête, rêve, il arrête... • Il permet, sur le **a**, de lire [α] et sur le **o** de lire [o] : pâle, drôle... • On le trouve aussi sur le **i** et le **u** : île, piqûre... • Il peut remplacer une lettre aujourd'hui disparue : forêt (forestier) – hôpital (hospitaliser) • Il permet aussi de différencier des homonymes : du lait / il a dû – sur le lit / il est sûr de lui
Tréma **(ë ï ü)**	Le tréma indique le plus souvent qu'il faut prononcer séparément les deux voyelles qui se suivent : haïr, Noël, Saül, ambiguë...
Cédille **(ç)**	La cédille sous le c permet de le prononcer [s] devant **a**, **o**, **u** : lançant, balançoire, garçon, aperçu...
Apostrophe **(')**	L'apostrophe se place à droite d'une lettre pour remplacer **a**, **e**, **i**, devant une autre voyelle ou un **h** muet : l'arme, un soir d'hiver, l'huile, lorsqu'on veut, s'il sait (mais si elle sait)...
Trait d'union **(-)**	• Le trait d'union lie les éléments d'un mot composé : petit-fils... et ceux d'un nombre, au-dessous de cent : deux cent soixante-dix-neuf • Il unit le verbe et le pronom sujet qui le suit : Le sais-tu ? Jean est-il parti ? • Il unit l'impératif à ses pronoms compléments : Dis-le-lui. Prends-en.

- On met l'accent sur le **e** lorsqu'il termine la syllabe (le **e** du féminin et le **s** du pluriel n'entraînent pas la disparition de l'accent) : é/té siè/cle mais res/pect – res/pec/té – ef/fa/cer – er/rer
  Exceptions : fo/rêt – pro/cès...
- On ne met jamais l'accent sur le **e** lorsqu'il est suivi de **x** : e/xa/men – ve/xée

Homonymes grammaticaux différenciés par l'orthographe

conjonction de coordination Les garçons **et** (+) les filles chantent **et** (+) dansent.	et	est	verbe *être*, présent, 3e pers. du sing. Le garçon **est** (était) sale. Il **est** (était) couvert de boue.
préposition **À** la récréation, j'ai prêté ma corde **à** sauter **à** une amie.	à	a	verbe *avoir*, présent, 3e pers. du sing. Cet enfant **a** (avait) froid, il **a** (avait) oublié sa veste.
pronom indéfini **On** (il) ne peut pas dire cela.	on	ont	verbe *avoir*, présent, 3e pers. du plur. Les zèbres **ont** (avaient) peur, ils **ont** (avaient) senti les lions
pronom (phrase affirmative) **On** a bien mangé.	on	on n'	pronom (phrase négative) **On n'**a pas bien mangé.
déterminant possessif Il promène **son** (un) chien.	son	sont	verbe *être*, présent, 3e pers. du plur. Les enfants **sont** (étaient) contents : ils **sont** (étaient) allés au cirque..
déterminant possessif Le coucou pond **ses** œufs dans les nids d'autres oiseaux.	ses	ces	déterminant démonstratif **Ces** œufs (-là) ne sont pas frais.
déterminant démonstratif **Ce** (le) fleuve est très long.	ce	se	pronom personnel réfléchi Le soleil **se** lève (**se** lèvera).
pronom démonstratif, neutre Je sais **ce** que tu diras, **ce** (cela) sera une bêtise.	ce	ceux	pronom démonstratif, masc. plur. Je préfère **ceux** (les livres) qui sont illustrés.
déterminant démonstratif, masc. sing. Je ne connais pas **cet** (un) oiseau.	cet	cette	déterminant démonstratif, fém. sing. J'ai déjà lu **cette** (une) histoire.
déterminant démonstratif, sing. **Cette** (la) page (-là) est déchirée.	cet / cette	sept	déterminant numéral, plur. Les **sept** (quatre, cinq…) nains travaillaient en chantant.
pronom démonstratif + verbe *être* **C'est/c'était** (cela est/était) très beau.	c'est (c'était)	s'est (s'était)	pronom personnel réfléchi + verbe *être* L'oiseau **s'est/s'était** envolé (s'envolera).
déterminant possessif Ils ont mis **leurs** (des) chaussures.	leur/ leurs	leur	pronom personnel Je ne **leur** parle plus (à eux).
conjonction de coordination Veux-tu un gâteau **ou** (ou bien) une glace ?	ou	où	pronom relatif ou adverbe de lieu J'ai visité la maison **où** est né Victor Hugo.
nom commun J'ai fait tomber mon **réveil** (stylo, cahier).	réveil(s)	réveille(nt)	verbe, présent, 3e pers. Il se **réveille** (réveillera, lève) toujours tôt.
nom commun Ce **travail** (récit) m'ennuie.	travail	travaille(nt)	verbe, présent, 3e pers. Son père **travaille** (travaillera, lit) la nuit.

préposition Il est sorti **sans** (avec) son manteau.	sans	s'en	pronom personnel réfléchi + pronom ***en*** Il **s'en** moque (je m'en moque, tu t'en moques).
conjonction de coordination Cet enfant n'a pas de frère **ni** (et) de sœur.	ni	n'y	adverbe négatif + pronom ***y*** Il **n'y** a plus de pain.
préposition Il a pris le vélo **de** son frère.	de	deux	déterminant numéral Dans la cour, il y a **deux** (trois…) vélos.
déterminant, article ou pronom personnel COD **La** (cette) fenêtre, je **la** repeindrai demain.	la	là	adverbe de lieu Ne restez pas **là** (ici).
pronom personnel COD + *avoir,* 3e pers. sing. Ce DVD, on **l'a** déjà. Elle ne **l'a** pas vu.	l'a	l'as	pronom personnel COD + *avoir*, 2e pers. sing. Ce DVD, tu **l'as** déjà. Tu ne **l'as** pas vu.
déterminant possessif au pluriel. J'ai perdu **mes** (mon) gants.	mes	mais	conjonction de coordination Il neige **mais** (et) je n'ai pas froid.
pronom relatif Voici le livre **dont** (de quoi) je vous ai parlé.	dont	d'on	préposition + pronom indéfini Il vient **d'on ne sait où** (de je ne sais où).
déterminant exclamatif ou interrogatif **Quel** (qu'il) âge avez-vous ? **Quelle** (qu'il) belle maison !	quel/ quelle	qu'elle	pronom relatif COD ou conjonction de subordination + pronom personnel ***elle***. Voici le stylo **qu'elle** (qu'il) m'a donné. Je sais **qu'elle** (qu'il) a raison.

Mots invariables

Quelques mots invariables dont il faut connaître l'orthographe

Sens	Prépositions	Conjonctions	Adverbes
Temps	à, après, avant, depuis, dès, durant, jusqu'à, pendant, vers	après que, avant que, dès que, jusqu'à ce que, lorsque, quand, sitôt que	alors, aujourd'hui, auparavant, aussitôt, autrefois, bientôt, déjà, demain, désormais, dorénavant, enfin, ensuite, hier, jadis, maintenant, parfois, quelquefois, quelque temps, soudain, souvent, tard, tôt, tout à coup, tout d'un coup, toujours
Lieu	à, à côté de, au-dessous de, au-dessus de, au milieu de, chez, contre, dans, derrière, devant, en bas de, en haut de, entre, le long de, parmi, près de, sous, vers		ailleurs, à travers, aux alentours, dedans, dehors, dessous, dessus, en avant, en bas, en haut, ici, là, loin, où, partout
Manière	à, avec, en, par		ainsi, à reculons, à tâtons, bien, comment, debout, de travers, ensemble, gentiment, heureusement, lentement, mal, mieux
Cause	à cause de, en raison de, étant donné, grâce à, par, sous prétexte de	car parce que, puisque, sous prétexte que, vu que	
Conséquence	de façon à, de manière à	donc de façon que, de manière que, de sorte que, si bien que	alors
Quantité			assez, aussi, autant, beaucoup, davantage, moins, peu, plus, si, très, trop
Opinion			jamais, ne pas, oui/non, peut-être, plus, sans doute

Les déterminants

Les articles

	Singulier		Pluriel
	masculin	féminin	
Indéfinis	un arbre	une jeune fille	des arbres - de grands arbres
Définis	le soleil - l'arbre	la jeune fille - l'eau	les arbres
Contractés	la lumière du (= de le) soleil au (= à le) marché		le miel des (= de les) abeilles aux (= à les) champs
Partitifs	du miel - de l'or	de la purée - de l'eau	

Les déterminants possessifs

Objet possédé \ Possesseur		1re pers. singulier	2e pers. singulier	3e pers. singulier	1re pers. pluriel	2e pers. pluriel	3e pers. pluriel
Singulier	masculin	mon âge	ton âge	son âge	notre âge	votre âge	leur âge
	féminin	ma vie mon eau	ta vie ton eau	sa vie son eau	notre vie	votre vie	leur vie
Pluriel		mes yeux	tes yeux	ses yeux	nos yeux	vos yeux	leurs yeux

Les déterminants démonstratifs

	masculin	féminin
Singulier	ce miel - cet arbre	cette jeune fille
Pluriel	ces arbres	ces jeunes filles

Les déterminants exclamatifs et interrogatifs

	masculin	féminin
Singulier	quel arbre ? (!)	quelle fleur ? (!)
Pluriel	quels arbres ? (!)	quelles fleurs ? (!)

Les déterminants numéraux

un crayon, cinq crayons, soixante-dix crayons, deux cents crayons.

Formation du FÉMININ des noms et des adjectifs

Formation du féminin	+e sans doublement de la consonne	
-ain → -aine	un vilain châtelain → une vilaine châtelaine	
-in → -ine	un lapin coquin → une lapine coquine	sauf malin → maligne
-an → -ane	un sultan persan → une sultane persane	sauf un paysan → une paysanne
-at → -ate	un avocat ingrat → une avocate ingrate	sauf un chat → une chatte
-it → -ite	petit → petite	
-ot → -ote	idiot → idiote	sauf sot → sotte
-al → -ale	central, amical → centrale, amicale	
-eul → -eule	seul → seule	
-il → -ile	civil → civile	sauf gentil → gentille
-ais → -aise	un Français → une Française	sauf épais → épaisse - frais → fraîche
-is → -ise	un marquis gris → une marquise grise	

Formation du féminin	+e avec doublement de la consonne	
-en → -enne	un chien vendéen → une chienne vendéenne	
-on → -onne	un bon lion → une bonne lionne	
-et → -ette	un cadet muet → une cadette muette	sauf complet → complète - secret → secrète - inquiet → inquiète - discret → discrète
-el → -elle	un industriel criminel → une industrielle criminelle	
-ul → -ulle	nul → nulle	
-eil → -eille	pareil → pareille	
-as → -asse	gras → grasse	sauf ras → rase
-os → -osse	gros → grosse	

Formation du féminin	+e avec ajout d'une consonne ou d'un suffixe
+ -te	un favori rigolo → une favorite rigolote
+ -esse	un tigre, un âne, un maître → une tigresse, une ânesse, une maîtresse

Formation du féminin	+e avec changement de la consonne	
-f → -ve	un veuf vif → une veuve vive	
-x → -sse	roux → rousse	sauf doux → douce
-x → -se	un époux orgueilleux et jaloux → une épouse orgueilleuse et jalouse	
-c → -che	blanc, franc → blanche, franche	

Formation du féminin	+e avec changement de la voyelle
-ou → -olle	mou, fou → molle, folle
-eau → -elle	un beau jumeau → une belle jumelle - nouveau → nouvelle

Formation du féminin	Modification du suffixe
-er → -ère	un boulanger étranger → une boulangère étrangère
-eur → -euse	un vendeur menteur → une vendeuse menteuse
-eur → -trice	un empereur → une impératrice - un directeur → une directrice
-eur → -oresse	un docteur → une doctoresse

Formation du PLURIEL des noms et des adjectifs

Formation du pluriel	+s
-ou → -ous	un kangourou fou → des kangourous fous sauf un bijou, un caillou, un chou, un genou, un hibou, un joujou, un pou → des bijoux, des cailloux, des choux, des genoux, des hiboux, des joujoux, des poux
-ale → -ales	un cannibale sale → des cannibales sales une cigale amicale → des cigales amicales
-ail → -ails	un rail, un détail → des rails, des détails sauf un bail, un corail, un émail, un soupirail, un travail, un vantail, un vitrail → des baux, des coraux, des émaux, des soupiraux, des travaux, des vantaux, des vitraux
-aille → -ailles	une volaille, une écaille → des volailles, des écailles

Formation du pluriel	+x
-eu → -eux	un cheveu, un vœu, un dieu → des cheveux, des vœux, des dieux sauf un pneu bleu → des pneus bleus
-eau → -eaux	le nouveau couteau → les nouveaux couteaux
-au → -aux	un noyau, un tuyau, un préau → des noyaux, des tuyaux, des préaux sauf un landau → des landaus
-al → -aux	un cheval amical → des chevaux amicaux sauf des bals - des chacals - des festivals - des régals...

Les pronoms personnels

Les pronoms personnels du dialogue

	Locuteur		Interlocuteur	
	1re pers. du sing.	1re pers. du plur.	2e pers. du sing.	2e pers. du plur.
Sujet	Je viens.	Nous venons.	Tu viens.	Vous venez.
COD	Il me regarde.	Il nous regarde.	Il te regarde.	Il vous regarde.
COI	On me parle. Il pense à moi.	On nous parle. On parle de nous.	On te parle. On pense à toi.	On vous parle. On parle de vous.
Ct Circ.	Allons chez moi.	Rentrons chez nous.	Allons chez toi.	Allons chez vous.

Les pronoms personnels de la narration

	3e pers du sing.		3e pers. du plur.	
	masculin	féminin	masculin	féminin
Sujet	Il riait.	Elle riait.	Ils riaient.	Elles riaient.
COD	Il le regardait. J'en ai mangé. (du fromage)	Il la regardait. J'en ai mangé. (de la crème)	Il les regardait. J'en ai mangé. (des abricots)	Il les regardait. J'en ai mangé. (des cerises)
COI	On lui dit… On pense à lui. J'y pense. (à ce voyage) On en parle. (du temps)	On lui dit… On pense à elle. J'y pense. (à cette aventure) On en parle. (de la neige)	On leur dit… On pense à eux. J'y pense. (à ces récits) On en parle. (des embouteillages)	On leur dit… On pense à elles. J'y pense. (à ces histoires) On en parle. (des vacances)
Ct Circ.	L'or était chez lui. Le supermarché ? J'y vais. Le supermarché, j'en reviens.	L'or était chez elle.	L'or était chez eux.	L'or était chez elles.

Les pronoms démonstratifs

		Formes simples	Formes composées
Singulier	**masculin**	Je prends celui de Jean.	Je prends celui-ci, pas celui-là.
	féminin	Voici celle que je veux.	Préférez-vous celle-ci ou celle-là ?
Pluriel	**masculin**	Ceux du fond sont bavards.	Ceux-ci lisent, ceux-là écrivent.
	féminin	On l'a dit à celles qui jouaient.	On l'a dit à celles-ci, pas à celles-là.
Neutre		C'est ce qu'il faut.	Ceci m'intéresse. Cela (ça) ne fait rien.

Les pronoms possessifs

Objet possédé / Possesseur		1re pers. singulier	2e pers. singulier	3e pers. singulier	1re pers. pluriel	2e pers. pluriel	3e pers. pluriel
Singulier	**masculin**	le mien	le tien	le sien	le nôtre	le vôtre	le leur
	féminin	la mienne	la tienne	la sienne	la nôtre	la vôtre	la leur
Pluriel	**masculin**	les miens	les tiens	les siens	les nôtres	les vôtres	les leurs
	féminin	les miennes	les tiennes	les siennes	les nôtres	les vôtres	les leurs

Les pronoms relatifs

Les pronoms relatifs à la forme simple

Fonctions	Pronoms relatifs	Exemples
Sujet	QUI	Voici le rat qui a mangé la farine.
COD	QUE	Voici la maison que Pierre a bâtie.
COI	DE QUI - DE QUOI À QUI - À QUOI DONT	Voici l'homme de qui nous avons parlé. Voici l'homme à qui nous avons parlé. Voici le chien dont nous avons parlé.
Complément circonstanciel	OÙ préposition + QUI préposition + QUOI	Voici la maison où nous habitons. Voici l'homme chez qui nous habitons. Voici le véhicule dans quoi nous avons voyagé.
Complément du nom	DONT	Voici la porte dont nous avons perdu la clé. (= nous avons perdu la clé **de la porte**)

Les pronoms relatifs à la forme composée

Exemples de fonctions	Singulier		Pluriel	
	masculin	**féminin**	**masculin**	**féminin**
COI	Voici le garçon auquel j'écris. Voici le garçon duquel je parle.	Voici la dame à laquelle j'écris. Voici la dame de laquelle je parle.	Voici les garçons auxquels j'écris. Voici les garçons desquels je parle.	Voici les jumelles auxquelles j'écris. Voici les jumelles desquelles je parle.
Complément circonstanciel	Voici le garçon chez lequel j'habite.	Voici la dame chez laquelle j'habite.	Voici les garçons chez lesquels j'habite.	Voici les jumelles chez lesquelles j'habite.

Les pronoms interrogatifs

	Exemples
qui	Qui parle ? Qui regardes-tu ? Qui êtes-vous ?
que	Que veux-tu ?
préposition + qui - quoi	À qui parles-tu ? De quoi parles-tu ? Sur qui comptez-vous ? Avec quoi le fait-on ?

Les pronoms interrogatifs à la forme composée ont les mêmes formes que les pronoms relatifs.
Laquelle voulez-vous ? Chez lequel habitez-vous ? Desquelles parle-t-on ?

Quelques notions de vocabulaire

1. LE SENS DES MOTS

La synonymie

■ Deux mots sont dits synonymes lorsqu'ils peuvent être remplacés l'un par l'autre dans une phrase, sans modification importante de sens. Les synonymes appartiennent à la même classe grammaticale :

*Cet enfant méchant **a battu** (**frappé, tapé**) un camarade. Les spectateurs **battent** (**frappent, tapent**) des mains (**applaudissent**).*

■ **La synonymie varie avec les contextes**
Deux mots, synonymes dans certains phrases, ne le sont plus dans d'autres. Ces deux mots ne peuvent pas alors être remplacés l'un par l'autre :

*Les bleus **ont battu** (**~~frappé, tapé~~**) les verts. Le cuisinier **bat** (**~~frappent, tapent~~**) l'omelette. L'oiseau **battait** (**~~frappait, tapait~~**) des ailes.*

Selon la phrase, le même mot aura des synonymes différents :

*Les bleus **ont battu** (**vaincu**) les verts. Le cuisinier **bat** (**fouette**) l'omelette. L'oiseau **battait** des ailes (**agitait** les ailes).*

■ Lorsque la signification d'un mot englobe de nombreux autres mots, on parle de terme générique :

***habitation** : maison, immeuble, appartement, villa, cabane, hutte, tente, isba, tipi, igloo…*

■ **Le choix des mots est rarement indifférent**
Les sens des mots, même synonymes dans une phrase, ne sont jamais exactement identiques.

Les mots peuvent marquer des intensités différentes :

*Les enfants **inquiets** < **effrayés** < **terrorisés** < **épouvantés** s'arrêtèrent…*

Les mots peuvent appartenir à des registres de langue différents :

*Les spectateurs **riaient*** (courant)/ ***rigolaient*** (familier)/ ***s'esclaffaient*** (soutenu).

Les mots peuvent impliquer un jugement différent :

*Un homme **gros, maigre*** (péjoratif)/ ***fort, mince*** (mélioratif).

La polysémie

■ Un même mot peut avoir plusieurs sens. On dit qu'il est polysémique.

*Le musée expose de nouveaux **tableaux**.*
*J'écris la consigne au **tableau**.*

■ Au **sens propre**, le plus souvent physique et concret, s'oppose le **sens figuré**, moral ou abstrait.

*La chatte et ses petits formaient un charmant **tableau**.*

Un mot peut avoir plusieurs sens figurés (qui, dans la plupart des cas, ne font plus image dans la langue moderne).

*se heurter à un **mur** de briques/à un **mur** de mépris, de silence/au **mur** de l'argent...*

L'ensemble de ces sens est appelé le **champ sémantique** du mot.

L'homonymie

- Deux mots de sens différents mais qui s'écrivent et/ou se prononcent de la même manière sont appelés **homonymes**.

- La plupart des homonymes se prononcent de la même manière, mais s'écrivent différemment.

*une **peau** de phoque / un **pot** de miel*

- D'autres s'écrivent de la même manière mais se prononcent différemment :

*Les eaux sales de l'égout **affluent** dans **l'affluent**.*

- Enfin, il existe des homonymes qui se prononcent et s'écrivent de la même manière :

*un texte **court**, un **court** de tennis, elle **court** vite...*

L'antonymie (les contraires)

Deux idées contraires sont deux idées qui, à partir d'une même notion, présentent la plus grande différence possible.

- Pour exprimer **le contraire**, la langue dispose de plusieurs moyens :
- la négation :

*Ce visage **est beau**. ≠ Ce visage **n'est pas beau**.*

- l'utilisation de préfixes :

*Cet homme est **patient**. ≠ Cet homme est **impatient**.*

- l'utilisation de suffixes :

*une manifestation **russophile** ≠ une manifestation **russophobe***

- l'emploi d'un autre mot (antonyme) :

*Ce visage est **beau**. ≠ Ce visage est **laid**.*

- Les contraires, qui permettent de distinguer les divers sens d'un même mot et d'opposer les homonymes, dépendent évidemment de la phrase dans laquelle le mot est employé :

*un fruit **vert** ≠ un fruit **mûr***
*le feu **vert** ≠ le feu **rouge***
*du bois **vert** ≠ du bois **sec***

Quelques notions de vocabulaire (suite)

2. LA FORMATION DES MOTS

Pour former de nouveaux mots, le français peut utiliser des mots existant déjà dans la langue, soit en y ajoutant des suffixes ou des préfixes, soit en les faisant changer de classe grammaticale, soit en les regroupant dans des *mots composés*.

Les suffixes

Le suffixe est un élément qu'on ajoute à la fin du radical d'un mot pour former un autre mot.

■ Le mot ne change pas de classe grammaticale.
✳ Suffixes pour désigner
– un métier, une boutique : *épices* → *épic**ier**, épic**erie***
couteau → *coutel**ier**, coutel**lerie**...*
– un arbre produisant... : *pomme* → *pomm**ier*** *orange* → *orang**er**...*
– un lieu planté de... : *oranger* → *oranger**aie*** *palmier* → *palmer**aie**...*
– un contenu : *assiette* → *assiett**ée*** *pelle* → *pellet**ée**...*
– une série : *vingt* → *vingt**aine*** *cent* → *cent**aine**...*
✳ Suffixes diminutifs : *planch**ette**, mouch**eron**, flott**ille**, maigr**elet**, pâli**chon**, vole**ter**...*
✳ Suffixes péjoratifs : *popul**ace**, paper**asse**, faibl**ard**, blanch**âtre**, rêv**asser**...*

■ Le mot change de classe grammaticale.
✳ Suffixes pour désigner
– l'action de... : *changer* → *le change**ment*** *régler* → *le régl**age***
noter → *la not**ation***
– un objet qui sert à... : *raser* → *un ras**oir*** *arroser* → *un arros**oir**, une arros**euse***
– une qualité : *étroit* → *l'étroit**esse*** *large* → *la larg**eur**...*
– ce qui peut... : *être vu* → *vis**ible*** *être mangé* → *mange**able***
– ce qui a : *de la barbe* → *barb**u*** *du gibier* → *giboy**eux***
✳ Suffixes factitifs qui ont le sens de *rendre...*
blanc → *blanch**ir*** *général* → *général**iser*** *solide* → *solid**ifier***

Les préfixes

Le préfixe est un élément qu'on ajoute au début du radical d'un mot pour former un autre mot.
Le mot ne change jamais de classe grammaticale.

■ Préfixes diminutifs : ***mini**jupe* ***sous**-chef* ***micro**film...*

■ Préfixes augmentatifs : ***super**marché* ***hyper**marché* ***sur**production* ***macro**photographie...*

■ Préfixe privatif : *estimer* → ***més**estimer* *chausser* → ***dé**chausser*
armer → ***dés**armer...*

- Préfixe exprimant la répétition : *faire* → ***re**faire*   *construire* → ***re**construire...*

- Préfixe de sens réciproque : aider → *s'**entr**aider*   *tuer* → *s'**entre**tuer...*

- Préfixe ayant le sens d'une préposition :
courir → ***ac**courir* (vers)   ***par**courir* (à travers)
porter → ***ex**porter* (hors de)   ***im**porter* (dans)   ***trans**porter* (à travers, au delà)
***em**porter* (de là)   ***ap**porter* (vers)...

Le changement de classe grammaticale

La langue française autorise à faire passer un mot d'une classe grammaticale à une autre.

Adjectif qualificatif → nom : *Le **rouge** te va bien.*
Adverbe → nom : *Cet homme a passé sa vie à faire le **bien**.*
Verbe → nom : *On leur a fourni le **boire**, le **manger** et le **coucher**.*
Adjectif qualificatif → adverbe : *La tempête souffle **fort**.*

Les mots composés

On peut encore former des mots nouveaux (*mots composés*) en regroupant des mots ayant déjà une existence indépendante dans la langue. Ces mots forment une seule unité du point de vue du sens. Le pluriel de ces mots pose de multiples problèmes, il est conseillé de consulter un dictionnaire pour les accorder.

Mots composés écrits en un seul mot : *monsieur, malheur, vinaigre, portefeuille...*
Mots composés écrits avec un trait d'union : *chou-fleur, coffre-fort, avant-bras, gratte-ciel...*
Mots composés écrits sans trait d'union : *pomme de terre, chaise longue...*

Les familles de mots

Les mots formés à partir d'une même racine constituent une famille.
pain : *panier, panetière, paneton, panade, paner, pané, compagnon, panifier, panification...*

Le champ lexical

Le champ lexical regroupe tous les mots, appartenant aux classes grammaticales les plus variées, que l'on peut employer lorsqu'on parle ou écrit à propos d'une notion donnée. Il est impossible de dresser l'inventaire complet d'un champ lexical.
pain : tous les mots cités dans l'exemple précédent + *boulanger, boulangerie, pâte, levure, blé, farine, seigle, sandwich, chaud, frais, rassis, travailler la pâte, lever (pour la pâte), cuire...*

Glossaire

A

Accents L'île est là, près de la côte.

Accord de l'adjectif épithète
de grandes fleurs bleues

Accord des adjectifs de couleur
des yeux bleus, des bas bleu clair

Accord de l'attribut du sujet
Ces machines sont très bruyantes.

Accord du participe passé conjugué avec *avoir*
J'ai reçu la lettre que tu as envoyée.

Accord du participe passé conjugué avec *être*
Mes sœurs sont allées au cinéma.

Accord du verbe avec le sujet
Des étoiles brillent dans le ciel.

Adjectif qualificatif
Cette jolie pierre noire est très rare.

Adverbe
Hier, il s'est fait très mal, en tombant lourdement.

Apostrophe L'enfant s'approcha d'une échelle.

Article défini Les oiseaux chantent dans la cage.

Article défini contracté
J'ai mal au bout du nez.

Article indéfini Des oiseaux chantent dans une cage.

Article partitif J'achète de la crème et du lait.

Attribut du sujet La pièce semblait vide.

Auxiliaire Il a frappé à la porte et est entré.

C

Comparatif d'égalité
Ce livre est aussi lourd qu'un dictionnaire.

Comparatif d'infériorité
Ce livre est moins lourd qu'un dictionnaire.

Comparatif de supériorité
Ce livre est plus lourd qu'un dictionnaire.

Complément circonstanciel
Ce matin, je reste dans mon lit.

Complément d'objet direct (COD)
Les déménageurs *portent* le canapé.

Complément d'objet indirect (COI)
Les élèves *obéissent* à leur professeur.

Complément d'objet second (COS)
Jeanne *passe* le ballon (COD) à Léa (COS).

Complément du nom
Il sort une *tasse* à thé du *tiroir* du buffet.
Il faut réparer *le robinet* qui fuit.

Conditionnel Le chien voudrait sortir.

Conjonction de coordination
du pain et des croissants

Coordination
J'ai fait des courses et je suis allé au cinéma.

D

Degrés d'intensité de l'adjectif
Le texte est aussi long que…, moins long que…, plus long que…
Un texte très long.

Degrés d'intensité de l'adverbe
Il court aussi vite que…, moins vite que…, plus vite que… Il court très vite.

Déplacement Je pars demain. / Demain, je pars.

Déterminant
Le lac /- un lac - ce lac - votre lac

Déterminant démonstratif
J'aime cette couleur.

Déterminant exclamatif
Quelle belle couleur !

Déterminant interrogatif
Quel âge avez-vous ?

Déterminant numéral J'ai dix ans.

Déterminant possessif
Mon grand-père a perdu ses lunettes.

E-F

Épithète Le petit garçon mange un gros gâteau.

Expansions du nom
un grand sac de cuir qui pèse très lourd

Féminin La grande tente est déchirée.

Futur Le train partira dès que la voie sera libre.

Futur antérieur
Elle se lavera quand elle aura fait son lit.

Futur proche Ce vase va tomber !

G

Gérondif Il est arrivé en courant.

Groupe nominal
Un grand jardin entoure la maison.

Groupe sujet
Les élèves finissent leur travail.

Groupe verbal
Les élèves finissent leur travail.

H-I

Homonymes le/la mousse – un champ/un chant

Imparfait de l'indicatif
Autrefois, Lyon s'appelait Lugdunum.

Impératif Rangez vos affaires.

Infinitif chanter, rougir, lire…

Interjection Allô ! Ah ! Tiens !

J

Juxtaposition
Regarde cette maison, je la trouve vraiment jolie.

M

Masculin Le grand sac est déchiré.

Mise en relief
C'est toi qui as dessiné de beaux arbres.
Ce sont de beaux arbres que tu as dessinés.

Modes impersonnels du verbe
infinitif, participe, gérondif

Modes personnels du verbe
indicatif, conditionnel, impératif, subjonctif

N

Nom Le bateau est à Marseille.

Nom commun Le bateau est à Marseille.

Nom composé
une pomme de terre – un porte-monnaie

Nom propre Le bateau est à Marseille.

P

Participe passé
Elle a dessiné des montagnes enneigées.

Participe présent
On a vu des éléphants se baignant dans la mare.

Passé composé
Quand il a fini, il se couche.

Passé du conditionnel
Tu aurais dû te coucher plus tôt.

Passé proche
Le brouillard vient de se lever.

Passé simple
Quand il eut fini, il se coucha.

Phrase Cet ordinateur fonctionne très bien.

Phrase affirmative Tu as dessiné de beaux arbres.

Phrase complexe
Regarde cette maison, je la trouve vraiment jolie.
J'ai fait des courses et je suis allé au cinéma.
Jeanne m'a donné un cadeau qui m'a beaucoup plu.

Phrase déclarative
Tu as dessiné de beaux arbres.

Phrase exclamative
Quels beaux arbres tu as dessinés !

Phrase injonctive
Tu dessines de beaux arbres.
Dessine de beaux arbres.
Dessiner de beaux arbres.

Phrase injonctive impérative
Dessine de beaux arbres.

Phrase interrogative
As-tu dessiné de beaux arbres ?

Phrase minimale Le professeur ramasse les copies.

Phrase négative
Tu n'as pas dessiné de beaux arbres.

Phrase nominale Quels beaux *arbres* !

Phrase passive
Ces beaux arbres ont été dessinés par Marc.

Phrase simple Tu *as dessiné* de beaux arbres.

Phrase verbale Tu *as dessiné* de beaux arbres.

Place de l'adjectif épithète
un curieux animal /un animal curieux

Place du COD
Mon chat guette un oiseau. Il le guette.

Place du COI Je parle à mon frère. Je lui parle.

Place du sujet Il pleut. Pleut-il ?

Pluriel Les grands sacs sont déchirés.

Plus-que-parfait Quand il avait fini, il se couchait.

Préfixe revenir, défaire, apprendre...

Préposition
Dès le réveil, il boit une tasse de lait à la vanille.

Présent de l'indicatif Quand il a fini, il se couche.

Présent du conditionnel
Il serait le roi et tu serais la reine...

Pronom Il me prêtera les siennes.

Pronom démonstratif
Je voudrais celui qui sonne fort.

Pronom interrogatif Que cherches-tu ?

Pronom personnel Je la prendrai avec moi.

Pronom possessif Donne-moi le tien.

Pronom relatif
Je lis un le livre qui me fait pleurer.

Proposition indépendante Il *pleut* très fort.

Proposition principale
Jeanne m'a donné un cadeau qui m'a beaucoup plu.

Proposition subordonnée relative
Jeanne m'a donné un cadeau qui m'a beaucoup plu.

R

Radical
Nous pensons que ces oiseaux mangent des fruits.

Réduction
Ce petit poisson grandit vite. / Ce poisson grandit.

Registre (niveau) de langue
On a piqué ma bagnole. / On a volé ma voiture. / On a dérobé mon véhicule.

Remplacement
Ce poisson mange peu. / Mon chien mange peu.

S

Singulier Le grand sac est déchiré.

Suffixe une maisonnette blanchâtre

Sujet du verbe Le ciel s'assombrit.

Superlatif absolu
Elle portait un sac très lourd.

Superlatif relatif
Prenez le sac le moins lourd, je prends le sac le plus lourd.

T

Temps du verbe
Je chante (présent du verbe *chanter*)

Temps
simples : présent, imparfait, futur, passé simple
composés : passé composé, plus-que-parfait, futur antérieur

Terminaison
Nous pensons que ces oiseaux mangent des fruits.

Transformation Ce chien mord.
Ce chien mord-il ? Ce chien ne mord pas.

Tréma Nous haïssons les farces de Joël.

V

Verbe La dame court chercher son courrier.

Verbe attributif (verbe d'état)
Le ciel devient (est, semble...) sombre.

Verbe impersonnel Il pleut : il faut rentrer.

Verbe intransitif Jacques dort.

Verbe pronominal
Le villageois s'empare d'une fourche.

Verbe transitif direct
Le joueur lance le ballon (COD).

Verbe transitif indirect
Notre sortie dépendra de la température (COI).

Illustrations

Couverture : Laurent Richard

Intérieur : Alexandre Bonnefoy, Gwen Keraval, Marie-Élise Masson

Crédits

Images

P. 6, image associée au texte d'ouverture : *Lagaffe mérite des baffes*
© Marsu 2008 by Franquin – www.gastonlagaffe.com

P. 9, ex. 20 : *Histoire de Schtroumpfs* © Peyo 1972 – Lic. IMPS (Bruxelles) 2009.

P. 148, image associée au texte d'ouverture : *Le Petit Nicolas* © Éditions Denoël, 1960, 2002.

P. 154, ex. 9 : Roba © Studio Boule & Bill – 2008.

P. 187, ex. 4 : Hergé, *On a marché sur la lune,* Casterman © Hergé/Moulinsart 2008.

Textes

P. 44, texte d'ouverture et page 47, ex. 20 : *Dictionnaire pratique du français,* Hachette Livre © 1990.

P. 76, ex. 5 : d'après Georges Simenon, *L'Horloger d'Everton,*
Georges Simenon Limited, a Chorion Company, all rights reserved.

Imprimé en France par Mame à Tours
N° d'imprimeur : 08120100 - N° d'édition : 004999-01
Dépôt légal : janvier 2009